5 シリーズ〈都市地震工学〉

東京工業大学都市地震工学センター 編

都市構造物の耐震補強技術

二羽淳一郎 ………… 編

竹村次朗　井澤　淳　山野辺慎一
二羽淳一郎　林　静雄　篠原保二 ………… 著

朝倉書店

シリーズ〈都市地震工学〉

東京工業大学都市地震工学センター
(編集代表：大町達夫，翠川三郎，盛川　仁)
編集

編集者（第5巻）

二羽　淳一郎　　東京工業大学大学院理工学研究科土木工学専攻・教授

執筆者（執筆順）

竹村　次朗　　東京工業大学大学院理工学研究科土木工学専攻・准教授
井澤　　淳　　鉄道総合技術研究所構造物技術研究部耐震構造・副主任研究員
山野辺　慎一　　鹿島建設株式会社技術研究所土木構造グループ・上席研究員
二羽　淳一郎　　東京工業大学大学院理工学研究科土木工学専攻・教授
林　静雄　　東京工業大学応用セラミックス研究所・教授
篠原　保二　　東京工業大学建築物理研究センター・准教授

シリーズ〈都市地震工学〉刊行にあたって

　日本は，世界有数の地震国として知られています．日本のような地震国に住み，安心・安全で質の高い文化生活を営むためには，地震に強い社会環境づくりが欠かせません．とりわけ人口や社会資本の集積が著しい現代都市を震災から守ることの重要性は明らかで，それを実現するための知識や技術が地震被害に苦しむ世界中の国や地域から日本に期待されています．近年，特に1995年阪神淡路大震災以降，都市の地震防災に関する学術研究や技術開発は大幅に進展しました．そこで都市震災軽減のための地震工学を新たに都市地震工学と呼び，この分野の学問と技術の体系化を試みることにしました．

　現代都市を，モノ（都市施設），ヒト（市民），社会（都市システム）の3要素に分けてみると，各要素が，老朽化，高齢化，複雑化などの問題点を内蔵しています．ひとたび大地震に直撃されると，それらを弱点として発生したさまざまな被害が連鎖的に悪循環を形成して，都市全体を巻き込む大震災にまで拡大し，やがて世界中に波及して未曾有の大災害を招く危険性があります．従来の地震防災対策では，モノの耐震性に主力が注がれてきましたが，地震被害の発生を抑え，悪循環の連鎖を断って，都市震災の軽減をはかるためには，ヒトや社会も含めた都市全体の総合防災力を学問と技術の有機的連携によって高めることが必要です．

　上記のような考えから，この都市地震工学シリーズは，地震ハザードや耐震性能の評価あるいは耐震補強技術だけでなく，地震時火災や防災教育，さらに防災投資などの分野を広く取り入れた構成にしています．本シリーズの出版は，文部科学省が支援する21世紀COEプログラム「都市地震工学の展開と体系化」の活動の一環として当初から目標にしていたもので，本プログラムの事業推進担当者と協力者とで執筆しました．都市地震工学の体系化という大きな課題に対して漸く出版にまで漕ぎつけましたが，もとよりこれは最初の一歩であり今後も研鑽を積みながら内容を一層充実させて参りたいと考えています．読者の皆さまの率直なご批判やご叱正をお願いする次第です．

　このシリーズの出版に関して，さまざまなご協力を賜った朝倉書店編集部をはじめ，関係各位には，末筆ながら，厚くお礼申し上げます．

東京工業大学都市地震工学センター
前 センター長　大 町 達 夫

序

　2011年3月11日に発生した東日本大震災における甚大な津波被害と，現在もなお完全な収束に向かっていない東京電力・福島第一原子力発電所の問題が，わが国全体に重くのしかかっている．また昨年に続いて今年も国を挙げての節電の動きとなっている．一方で九州ではいまだかつて経験したことのない集中豪雨の被害を受けている．このように2012年も例年にも増して暑い夏を迎えている．

　世界最先端の科学技術力を誇るわが国において，地震や集中豪雨の被害が例年のように頻発し，少なからぬ被災者が出ていることに悔しさを感じずにはいられない．安全安心な社会を実現するためのインフラのレベルは，わが国においてもいまだ完成の途上にあると思われるのである．

　今回のシリーズ〈都市地震工学〉第5巻は，『都市構造物の耐震補強技術』である．都市構造物をどのように耐震補強し，都市全体を強靭なものとしていくかについて，具体的に解説することを目指すものである．すなわち都市構造物を地盤構造物と鉄筋コンクリート（RC）構造物に大別し，さらにRC構造物は土木分野と建築分野に区別して，その耐震補強の基本的な考え方を具体的に解説した．

　第1章「地盤構造物と地震被害」では，地盤構造物の耐震補強について概観した後，グラウンドアンカー工法を取り上げて，その設計・施工・維持管理の方法を詳述した．さらに補強土工法について詳述するとともに，基礎の補強について解説した．

　第2章「RC構造物（土木）」では，主として橋梁のRC橋脚を取り上げて，耐震補強の考え方を詳述した．さらに，耐震補強の方法を具体的に紹介し，部材増設による補強，困難な施工条件への対応，全体系を考慮した耐震補強，支承の耐震補強と落橋防止システムの構築など，実務的で有用な内容を，多数の図や写真を用いて，できるだけ具体的に解説した．

　第3章「RC構造物（建築）」では，建物の耐震設計の歴史から説きおこし，地震被害と基準法の関係，建物の耐震診断について詳述した後，建物の耐震補強について，具体例をもとにわかりやすく解説した．

　以上，本書はできるだけ実務的な内容とし，構造物の耐震補強のために日夜尽力されている技術者・実務者の方々に役立つことを目指した．また同時に，この分野の研究を始めようとする学生・院生諸君の参考書としても有用であるように配慮した．ご一読いただければ，誠に幸甚である．

　2012年8月

二羽　淳一郎

目　次

1 　**地盤構造物と地震被害** ──────────────────［竹村次朗・井澤　淳］─1
　1.1　地盤構造物の耐震補強　1
　1.2　グラウンドアンカー工法　6
　1.3　補強土工法　16
　1.4　基礎の補強　29
　1.5　まとめ：合理的な地盤構造物の耐震補強にむけて　31

2 　**RC構造物（土木）** ──────────────────［山野辺慎一・二羽淳一郎］─35
　2.1　耐震補強の考え方　35
　2.2　構造部材の耐震補強　44
　2.3　部材増設による補強　50
　2.4　困難な施工条件への対応　52
　2.5　全体系を考慮した耐震補強　60
　2.6　支承の耐震補強と落橋防止システムの構築　70
　2.7　ま　と　め　81

3 　**RC構造物（建築）** ──────────────────［林　静雄・篠原保二］─85
　3.1　建築耐震設計の歴史　85
　3.2　地震被害と基準法の関係　92
　3.3　耐　震　診　断　104
　3.4　耐　震　補　強　109

　索　　引 ────────────────────────────────115

1 地盤構造物と地震被害

　地球上のほぼすべての構造物は，地盤上，あるいは地盤中に存在し，多くの構造物は地盤を主たる材料として築造される．これら地盤に関係した構造物は，目的，特徴などによって，土構造物（盛土，切土，路床・路盤・舗装など），土留め構造物（擁壁，根切り山留め，仮締切りなど），基礎構造物（直接基礎，杭基礎，ケーソン基礎など），地下構造物（埋設物，トンネル，地下空洞など），水理構造物（フィルダム，コンクリートダム，地下ダム，堤防，水路など），港湾・沿岸・海洋構造物（岸壁，護岸，防波堤，埋立てなど）などに分類され，道路・鉄道，港湾，空港などの交通インフラ，上下水道，電力，ガスなどのライフラインの主要構成要素となっている．また，自然斜面も住居地区，交通インフラなどに隣接している場合は，一種の地盤構造物と見なすことができる．

　これら地盤構造物は地震時に大きな地震動，液状化や地すべりなどによる地盤変位などを受けて，大きな被害，災害を引き起こす．人的被害，施設被害，それに伴う機能被害など，社会や経済に与えるそれらの影響は甚大なものとなる．たとえば1995（平成7）年兵庫県南部地震では，神戸港の港湾施設が壊滅的な被害を受け[1]，新潟県中越地震では新幹線トンネルが大きな被害を受け，その復旧には2カ月以上を要し[2]，国，地域レベルの経済活動に大きな影響をもたらした．

　地震によって地盤構造物がどのような被害を受け，災害をもたらすかは，1) 地震条件（規模，震源域からの距離，発生場所（海洋ならば津波の恐れもある）），2) 地形・地質条件（斜面が平地か，良好地盤か軟弱地盤か），3) 国土事情・生活様式（人口密集度，住居形式，ライフラインへの依存度など），4) 地震の発生時刻・季節・天候，など様々な要因によって異なったものとなる．その結果として生ずる地震災害のタイプは，① 強地震動，② 山崩れ・地すべり地震，③ 地盤破壊地震（断層，液状化など），④ 津波地震，⑤ 火災地震，などに分類されるが，複数のタイプの災害が混じっているのが通常である．上記タイプのうち，特に①～③は地盤構造物の被害と直接関係し，規模，強度が大きくなればなるほど，1つの地震で盛土，基礎，擁壁の沈下，傾斜，破壊などが強振動や液状化などによって引き起こされる．

　地盤地震災害の予防でも，他の構造物と同様，新設であるならば適切な耐震設計により構造物を構築すること，また既存のものに対しては想定される地震動に対して耐力が不足と考えられる場合は何らかの対策工，補強工を行うこと，さらには構造物に被害が生じた場合でも迅速に復旧対応ができるように準備しておくことが必要である．本章では，地盤構造物の耐震補強工を概説するとともに，主として土構造物（切土，盛土斜面，擁壁）に適用される，アースアンカー工法，補強土工法について解説し，その他の地盤構造物に対するいくつかの工法について紹介する．

1.1 地盤構造物の耐震補強

▶ 1.1.1 土構造物崩壊の原因と分類

　地盤構造物の地震災害は，対象構造物，地震災害タイプなどによって分類されるが，過去の地震被害は，強振動によるもの，液状化によるもの，あるいはその組合せによるものが多い．完全な液状化が発

生しなくとも，過剰間隙水圧の上昇により強度・剛性が低下した盛土や基礎地盤の大変形や破壊はこの組合せの代表的な例といえる．また，多くの地盤構造物の場合，地震は被災の1つの要因であり，その他に多くの要因が重なり災害が生じることに注意する必要がある．同種の構造物でも，被災，崩壊パターンは，地盤条件などによって様々である．

図1.1は，斜面崩壊を例にとり，その主たる原因を示したものである．破砕帯，断層，褶曲，単斜構造，特に地層面や節理面といった地質的不連続面と斜面との相対的な角度（これによって流れ盤，受け盤な どを決める）などの地質構造は，地すべりや，崖崩れに大きく関係する．また，地質，土質，地形も斜面の安定性を決める潜在的な原因であることはいうまでもない．一方，潜在原因をもつ斜面に対し，地震力，それによる地盤強度の劣化[3]は崩壊を引き起こす直接的な原因（誘因）と分類でき，降雨，融雪などによる飽和度の増加，地下水上昇も誘因となる．また，侵食や風化も崩壊の要因となりうる．当然のことながら，上記の誘因が重なると崩壊の危険性は高まり，長雨の後の地震や，地震後の降雨は被害を増大させる．2004（平成16）年新潟県中越地震は数量，規模ともに特筆すべき山崩れ・地すべり地震の典型といえるが，強地震動，地すべり地形に加えて，地震前の降雨履歴がその大きな要因の1つと考えられている[4]．また，兵庫県南部地震でも，被災地において地震後降雨による大規模な斜面崩壊が報告されている[5]．

図1.2は各種斜面における崩壊形式に注目した斜面崩壊の概略の分類である．このように斜面の種類によって崩壊の形式は異なるが，同じ斜面でもいくつかの崩壊パターンがあり，これらは図1.1に示す原因，特に地質構造，地質・土質，地形条件といったものによって決まる[6-8]．

2004年新潟県中越地震では，数多くの斜面崩壊が発生し，空中写真から判読された斜面崩壊は1662カ所に及び，そのうち234カ所が崩壊幅50 m以上の大規模崩壊であった．その推定崩壊土砂量は合計7000万 m^3 に達し，崩壊土砂量100万 m^3 以上の大規模な崩壊が10カ所あった．震源が浅く山岳・丘陵地のほぼ直下に位置していたことと並んで，地質が新第三紀と第四紀で新しく，脆弱な斜面であっ

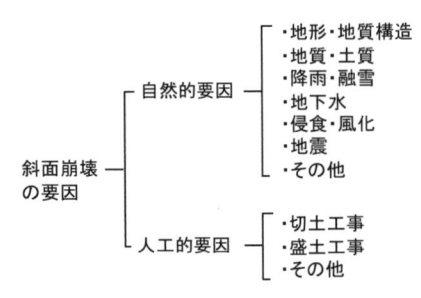

図1.1 斜面崩壊の主たる原因の分類

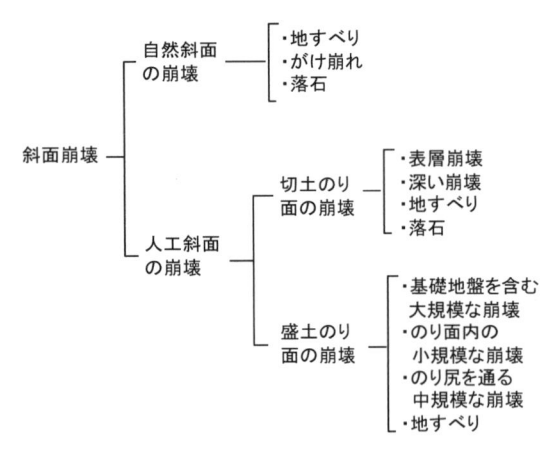

図1.2 斜面分類ごとの崩壊形式

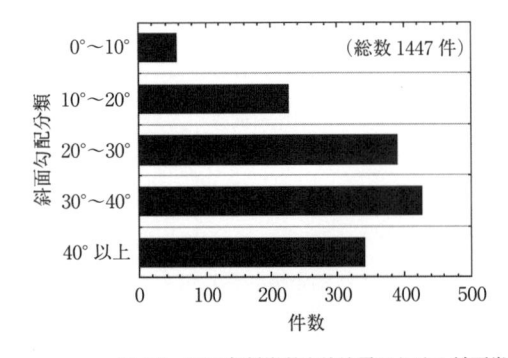

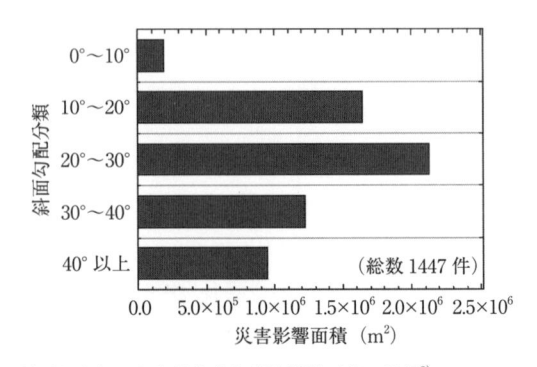

図1.3 2004年新潟県中越地震における斜面崩壊の斜面最大勾配と崩壊件数と崩壊影響面積の関係[8]

たことが典型的な山崩れ・地すべり地震となった主たる原因と考えられている[8]．図1.3は新潟県中越地震における崩壊斜面の勾配を崩壊件数と崩壊影響面積について整理したヒストグラム[8]である．崩壊件数が30°〜40°，20°〜30°の順で大きいのに対し，崩壊影響面積は，20°〜30°，10°〜20°の順で大きくなっており，比較的緩勾配の流れ盤で大規模な崩壊が起きていることを示している．

▶1.1.2　地盤構造物の耐震補強

地盤構造物の地震災害対策は，構造物被災後の復旧を対象とするか，新設，既設の予防を対象とするかでとるべき対策，具体的な工種は異なったものとなる．さらに地震災害タイプ，地盤構造物によってもとるべき対策は異なったものとなるが，それらが同じでも，前述した潜在的原因に応じて崩壊パターンは異なるため，それらに応じて対策が必要となる．

(1)　被災構造物の復旧

地震により各種構造物が被害を受けた場合，二次災害の防止ならびに機能回復のための早急な処置が必要となる．図1.4は旧建設省[9]がまとめた震災復旧のための標準的な流れであり，この手順は，構造物の種類や目的によって若干は異なるが，これによると，復旧過程は以下の3段階に分けられる．

1)　第一段階　重要な箇所を中心に全体的な被害概要を把握し，大きな二次災害につながる危険性がある箇所に緊急的な対応をとる．この緊急調査では，各施設の大規模な被害の有無，その被害が周辺住民または資産に大きな影響を与えるか，あるいはその可能性について目視程度の確認を行う．この現地踏査に加えて，空中写真やビデオなどによる広域的な被害確認を行う．

2)　第二段階　やや詳細な調査により被害の特性・程度を判定し，全体的な被害状況を把握し，必要に応じて応急復旧を行う．ここでは，平面・縦断測量により被害の詳細を把握するとともに，既往資料などにより，建設箇所の力学的背景についても調査する．また，必要に応じて地盤調査も実施する．

3)　第三段階　震災の混乱が収まった後，本復旧のためのより詳細な現地調査（測量,地盤調査（原位置試験，サンプリング，室内試験））を実施する．

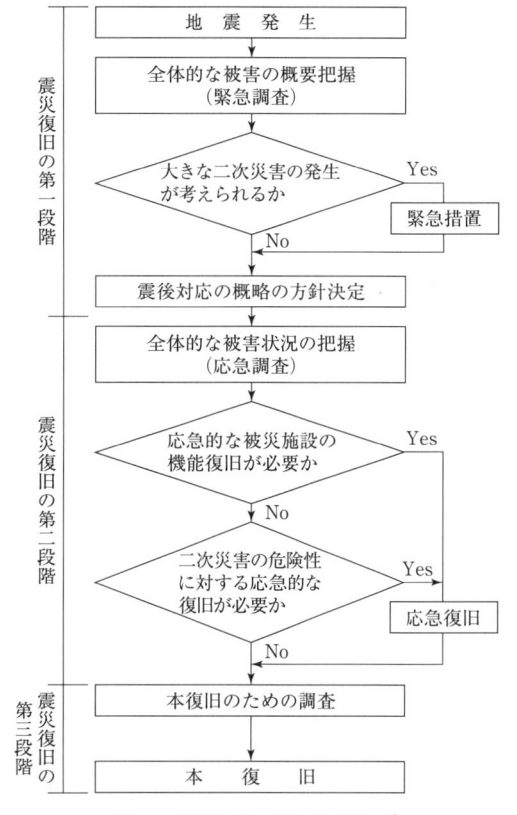

図1.4　震災復旧の基本的な流れ[9]

表1.1は，地盤構造物ごとの調査項目をまとめたものであり，各種構造物の主たる目的に応じた一般的な応急復旧工法と本復旧工法を表1.2と表1.3にそれぞれ示す．

(2)　地震災害の予防と対策

地震災害の予防には，適切な耐震設計による構造物の構築に加えて，耐力不足と判断された既設構造物に対する補強工が必要である．

1)　耐震危険度の評価　耐震補強工は，耐震設計が十分行われてこなかった構造物や古い耐震基準によって建設された構造物，経年劣化により耐力が低下したものが対象となるが，このためには，耐震危険度を評価し，補強対象を抽出する必要がある．危険度評価では，設計基準，当該地域の既往最大地震動，想定地震からの距離などを考慮して地震危険度を評価し，これを考慮して既存構造物に対して耐震性の点検を行う．その点検の一般的な手順は，① 対象構造物を抽出，② 構造諸元，完成時期などによるふるい分け，簡単な計算による簡易な点検，③ 構造計算による詳細な点検，である．

1.1　地盤構造物の耐震補強

表 1.1　地盤・基礎等について被害調査を行うべき項目[10]

対　象	調査項目
地盤	水平移動，沈下，亀裂，噴砂
斜面等	
山腹斜面	崩壊規模
渓床	崩土の堆積，崩土によるせき止め湖の形成と決壊の危険性，施設の被災状況
地すべり	滑動の発生，亀裂，施設の変状
急傾斜地（崖）	崩壊の発生，落石の発生，亀裂，はらみ出し，施設の変状
盛土	
堤防（特殊堤・護岸含む）	縦断亀裂，横断亀裂，沈下，のり面崩壊，樋門等構造物との間の段差・開口，のり尻隆起，高水敷の沈下・移動・噴砂
道路（平地部・山岳部）	擁壁の傾斜・転倒，継目のずれ・開口，護岸の開口・はらみ出し・崩壊 路面の亀裂・沈下・段差，橋梁等構造物との段差・開口 のり面・盛土本体の崩壊，擁壁・のり面保護工の亀裂・傾斜・ずれ・転倒崩壊，のり尻隆起，崩壊部の含水状況，周辺地盤の変状
基礎　杭基礎	杭上部・頭部の変形・破損，残留変位，周辺地盤の変状
直接基礎，ケーソン	残留変位，周辺地盤の変状

表 1.2　地盤構造物の応急復旧工法[10]

構造物	主目的	工　種
堤防・護岸	雨水浸透防止	土砂充填・盛土，切返し
	天端高確保	土砂充填・盛土，切返し，土のう積み，仮締切
	堤体漏水防止	土砂充填・盛土，切返し，土のう積み，良質土による表のりの保護，止水矢板
	地盤漏水防止	表のり尻に止水矢板
	洗掘防止・破損護岸の修繕	土のう積み，目詰めコンクリート
	堤体の安定確保	土のう積み，土留め矢板，押え盛土
	特殊堤の亀裂・目地ずれ	土のう積み，目詰めコンクリート，仮締切
道路盛土	雨水侵入による盛土崩壊防止	土砂充填・アスファルトシール，土のう積み，アスファルトカーブ，ビニルシート張り，仮設排水路
	交通による盛土崩壊防止	盛土，土のう積み，土留め矢板工，木杭
	通行の確保（幅員の確保，迂回路の設定）	盛土・舗装工，土留め矢板工，桟橋・応急仮設橋（ベーリー橋），迂回路工事
	通行の安全確保（段差・陥没の処理）	すりつけ工，土砂充填・盛土，アスファルトパッチング
切土のり面斜面	早急な通行確保	崩土除去工，地表水排除工（仮排水路，シート被覆），切土工，ネット工，崩土防護工（崩土防止柵，親杭横矢板），杭工（木杭），押え盛土（土のう積み）
	二次災害の防止	切土工，地表水排除工（仮排水路，シート被覆），ネット工，杭工（木杭，H鋼，鋼管杭，土留め柵，編柵），押え盛土工（押え盛土，土のう積み，蛇かご，ふとんかご）
擁　壁	擁壁の変状の進行停止 ・雨水侵入による安定性の低下防止	土のう積み，ビニルシート張り，仮設排水路
	・変状の進行停止	支保工の設置，腹付け（押え盛土，土のう積み等）
	・作用外力の軽減	裏込め土砂の撤去による土圧軽減
	擁壁の機能維持および機能回復 ・天端の沈下，段差	アスファルトの打直し，土のう積み
	・積み石等の崩落	土のう積み，ビニルシート張り
橋梁基礎	上部工の安定保持	一般に困難，地盤改良工（注入等）
建築基礎	建築物の安定保持	一般に困難，地盤改良工（注入等）
岸　壁	港湾機能の確保	裏込め土砂充填

表 1.3 地盤構造物の本復旧工法[10]

構造物	主目的	工種
堤防・護岸	堤体強度確保	切返し，盛土，裏のりドレーン
	堤体漏水防止	切返し，盛土
	地盤漏水防止	止水矢板
	洗掘防止	護岸工
	堤体の安定確保	押え盛土，地盤改良，土留め矢板
	特殊堤の安定確保	擁壁再施工，擁壁補強，擁壁補修
道路盛土	雨水処理	排水溝，アスファルトカーブ
	道路機能確保	盛土・舗装工，アスファルトシート・注入，踏掛け板
	盛土が問題となる場合の盛土安定性確保	盛土工，擁壁工，のり枠工，補強土工（テールアルメ，ジオテキスタイル），蛇かご工，地下排水工
	地盤が問題となる場合の盛土安定性確保	押え盛土工，地盤改良工，土留め矢板工
擁壁	躯体の安定性向上	腹付け（コンクリート腹付け打設），アンカー工，枠工+アンカー工 土圧軽減（軽量裏込め材による置換） 雨水処理（排水溝，水抜き孔）
	躯体強度の向上	躯体のひび割れ注入（エポキシ樹脂，モルタル） 腹付け（コンクリート増し打ち，鋼板張り付け） 破損躯体への継足し
	支持地盤に起因する変状対策	地盤改良，杭の増し打ち，地すべり抑止（アンカー工等）
切土のり面・斜面	侵食，崩壊，落石等の発生の抑制（雨水等の作用を受けないようにする）	排水工，植生工，吹付け工，張工，枠工，部分的な切土工
	崩壊，落石等の発生の抑止（力のバランスをとる）	擁壁工，アンカー工，杭工，押え盛土工，落石予防工
	抑制および抑止	柵工，蛇かご工
	崩壊，落石等の防護（崩壊，落石が発生しても被害を生じさせない）	ポケット式落石防止網工，落石防止柵工，落石防止擁壁工，落石覆工
橋梁基礎		基礎損傷部の補修 杭，フーチングの増設 地中連続壁，地中連続梁の設置 矢板締切工 地盤改良工 アースアンカー工 根固め工 取替え
建築基礎		基礎損傷部の補修 杭の増設 直接基礎の不陸調整 地盤改良工
岸壁		新岸壁を前置き 岸壁据直し 背面部地盤改良（土圧軽減，液状化防止）

2) 耐震対策　耐震対策は新設構造物，既設構造物ともに必要であるが，新設時でも経済性，施工環境に応じいくつもの工法の選択肢がある．既設構造では，一般的に数多くの制約のために工法選定はさらに難しく，慎重な検討が必要となる．

表 1.4 は，各種地盤構造物ごとに耐震補強工の工種をまとめたものである．表からわかるように補強工は同種の補強目的でも多種多様である．基礎地盤が対象となる場合は，地盤改良，押え盛土，矢板や杭などによる補強，盛土が対象となる場合は，擁壁工，のり枠工など，補強土工，擁壁が対象となる場合は，アンカー工，土圧低減工などがある．また，切土が対象となる場合は，図 1.1, 1.2 に示すように崩壊のパターン，その原因が多様であり，原因を抑

表 1.4 地盤構造物の耐震補強工法[10]

構造物	主目的	工種
堤防・護岸	堤体の安定確保 特殊堤の安定確保	押え盛土，地盤改良，土留め矢板 擁壁補強，地盤改良
道路盛土	盛土が問題となる場合の盛土安定性確保	盛土工，擁壁工，のり枠工，補強土工（テールアルメ，ジオテキスタイル），蛇かご工，地下排水工
	地盤が問題となる場合の盛土安定性確保	押え盛土工，地盤改良工，土留め矢板工
擁壁	躯体の安定性向上	アンカー工，枠工＋アンカー工，コンクリート腹付け増し打ち土圧軽減（軽量裏込め材への置換）
	躯体強度の向上	腹付け（コンクリート増し打ち，鋼板張付け）
	支持地盤の安定性向上	地盤改良，杭の増し打ち
	耐震性の高い擁壁に撤去新設	片持ち梁式擁壁，補強土擁壁
切土のり面・斜面	侵食，崩壊，落石等の発生の抑制（雨水等の作用を受けないようにする）	排水工，植生工，吹付け工，張工，枠工，部分的な切土工
	崩壊，落石等の発生の抑止（力のバランスをとる）	擁壁工，アンカー工，枠工，押え盛土工，落石予防工
	抑制および抑止	柵工，蛇かご工
	崩壊，落石等の防護（崩壊，落石が発生しても被害を生じさせない）	ポケット式落石防止網工，落石防止柵工，落石防止擁壁工，落石覆工
橋梁基礎	基礎の移動防止	杭，フーチングの増設 地中連続壁，地中連続梁の設置 矢板締切工 地盤改良工 アースアンカー工 根固め工
建築基礎	建物の安定保持	地盤改良工 杭の補強
岸壁		新岸壁を前置き 背面部地盤改良（土圧軽減，液状化防止）

制する対策（排水工，植生工，吹付け工，枠工などの抑制工），崩壊を抑止する対策（アンカー工，擁壁工，杭工，落石防止工などの抑止工），さらには，崩壊の被害を軽減する対策などがとられる．

この多くの対策工の中で，適用性の高さと高い耐震性のために近年施工実績を伸ばしているグラウンドアンカー工法と補強土工法を中心に次節以降で解説する．

1.2 グラウンドアンカー工法

▶ 1.2.1 グラウンドアンカー工法の概要

(1) 概要，適用範囲

グラウンドアンカー工法は，自然斜面や切土，構造物などの安定化を図る目的で用いられ，1957 年にわが国において導入されて以来，半世紀以上が経ち，この間に施工技術や使用材料の改良が重ねられ，施工事例も年々増加し，1996 年から 10 年間のデータによると，仮設以外の永久アンカーで年平均約 2400 件，1500 km の施工時実績[11]となっている．グラウンドアンカーは，その引張力を利用することにより，経済的に構造物，斜面の安定を図ることができるので，図 1.5 に示すとおり多くの目的，用途に使用されている．

(2) 基本構成と補強のメカニズム

グラウンドアンカーとは，作用する引張力を適当な地盤に伝達するためのシステムであり，図 1.6(a) に示す基本要素からなる．工事においては直径 90〜160 mm 程度の削孔内に引張材を挿入し，硬化材（グラウト）を注入，養生しアンカー体を築造する．構造体に反力をとり，引張材を緊張し，アンカー頭

部を介して，構造体に定着する．

図1.7は標準的なアンカーの構成と名称を示したものである．構造物は図1.5に示すように用途によって異なるが，のり面・斜面安定工では受圧板（鋼製板，鋳鋼製板，PC板，コンクリート板など），のり枠工（プレキャストのり枠，コンクリート吹付のり枠など），擁壁工が用いられ，滑動土塊を構造物で抑えつけ崩壊を防止する．地盤の地耐力や施工条件によって様々な受圧構造物が用いられる．

アンカー頭部は，構造物から引張力を適切に引張材に伝達させるためのものであり，長期の使用期間においても，設計アンカー力に対して有害な変形や障害を生じない構造としなければならない．

引張部は，図1.6(b)に示すようにアンカー頭部から引張力をアンカー体に伝達させる部分である．引張材（テンドン）と周辺地盤との間に摩擦があるとアンカー頭部の荷重が確実にアンカー体へ伝達されない．そのためにテンドンは防錆油が充填されたシースによって保護されており，これによって防錆と摩擦低減が図られる．

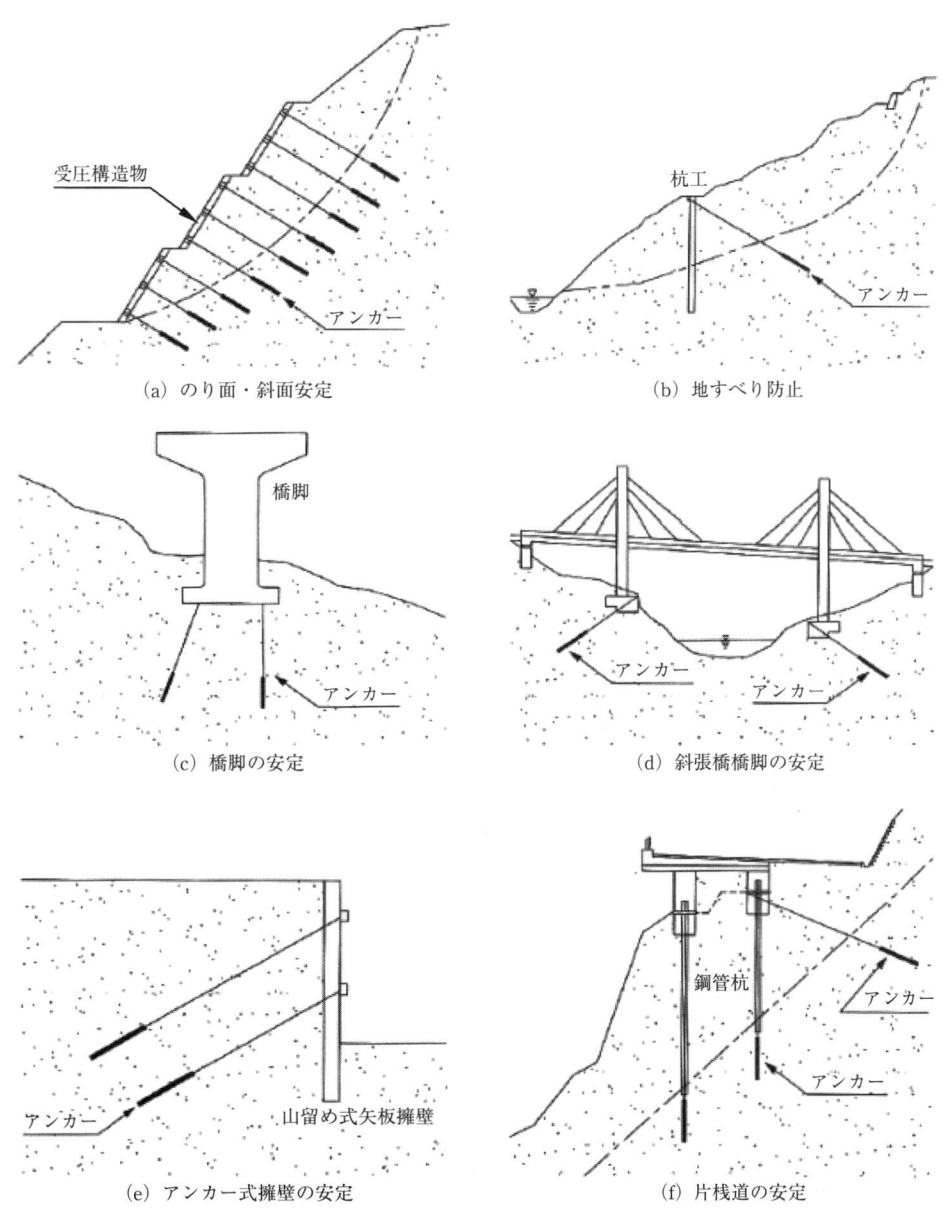

(a) のり面・斜面安定

(b) 地すべり防止

(c) 橋脚の安定

(d) 斜張橋橋脚の安定

(e) アンカー式擁壁の安定

(f) 片桟道の安定

図1.5 グラウンドアンカーの用途例[11]

(g) 構造物の浮き上がり防止　　　（h）ダムの安定

(i) 石積擁壁の補強　　　（j）防災および景観の保全

(k) 吊り橋ケーブル反力

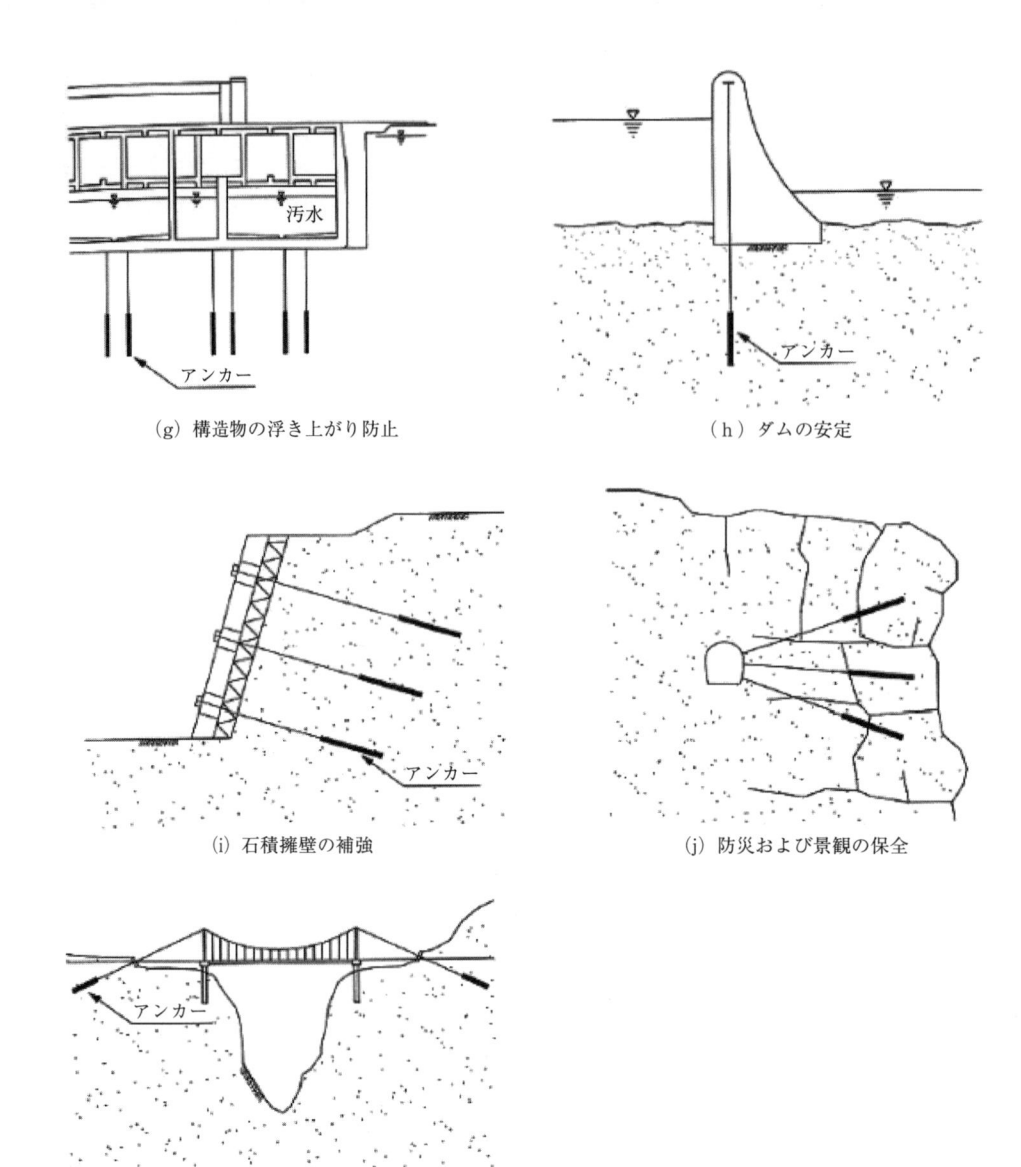

図 1.5（続き）　グラウンドアンカーの用途例[1]

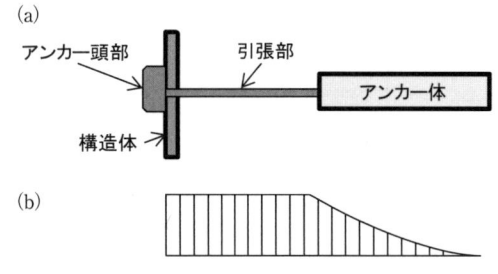

図 1.6　グラウンドアンカーの基本要素と荷重伝達模式図

アンカー体は，引張力を地盤に伝達させる部分で，力の伝達方式には図 1.8 に示すようなアンカー体周面と地盤との摩擦によるもの，支圧によるもの，そ れらの組合せによるものがある．

摩擦方式のグラウンドアンカーの引張材に働く引張力は図 1.6（b）のようになる．グラウンドアンカーと他の地盤補強材（ロックボルトやネイリング，補強土盛土の補強材）との大きな違いは，施工時から引張力が導入され，その制御，計測が可能であることである．図 1.9 はロックボルトの荷重伝達の模式図である．ロックボルトは地盤を削孔し，補強材としての引張材を挿入し，硬化材を注入することによって引張材全長にわたって地盤と引張材を定着し，構造物（のり枠など）の固定や，岩盤表面の崩

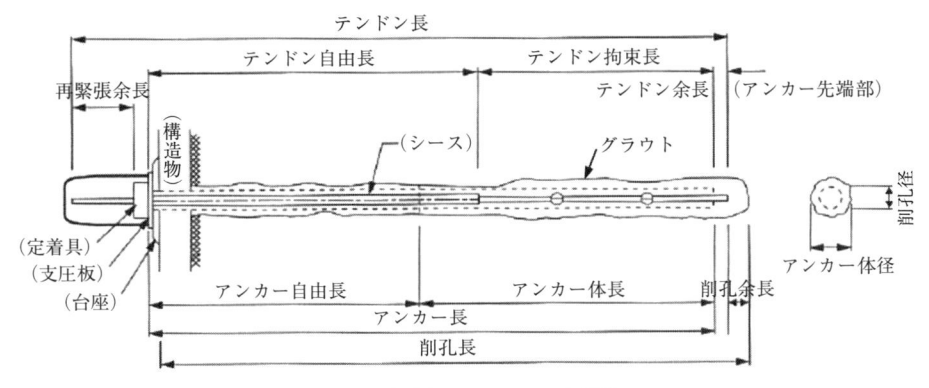

図1.7 標準的なアンカーの名称[12]

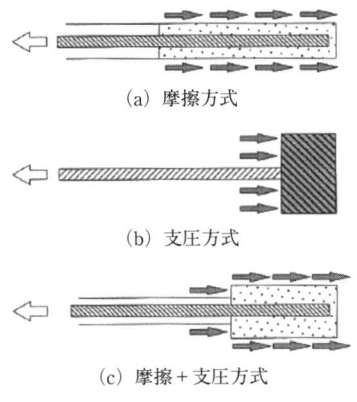

図1.8 定着地盤の支持方式による分類

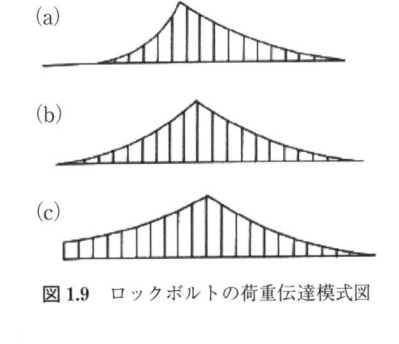

(a) 摩擦方式
(b) 支圧方式
(c) 摩擦＋支圧方式

図1.9 ロックボルトの荷重伝達模式図

壊を防ぐために広く用いられている．この場合，滑動土塊は，グラウンドアンカーのように地表面から押し付けられているのではなく，地盤とボルトの付着によって引き留められる．図1.9(a), (b)のように地盤内で応力がゼロとなる場合には，安定上はのり枠などの表面工は必要ないが，すべり層までの距離が短いか，自山の付着強度が足りない場合は表面工が必要となり(c)のような荷重分布となる．グラウンドアンカーとロックボルトなどの補強材の構造上の違いは，プレストレスを与えるか否かである．前者は後述する引張力による補強の効果が，地震力のような外力が作用する前から発揮されているのに対して，後者は外力が作用することにより地盤が変形してはじめて効果（引張力）が発揮されるため，設計荷重に達したときにはかなりの変形が生じている可能性がある．

(3) アンカーの極限状態

アンカーの引張力を増加し続けると，終局限界状態である破壊が発生し，このときのアンカー力を極限アンカー力という．図1.10に示すように1) テンドンの破壊，2) テンドンがアンカー体（グラウト）から引き抜けることによる破壊（付着切れ，グラウトの圧縮破壊），3) アンカー体が地盤から引き抜けることによる破壊（アンカー体の摩擦切れ，支圧板の降伏，地盤のせん断すべり）があり，このうち最も弱い部分で終局限界状態の破壊が生じる．また，2), 3)については，図1.8に示した定着地盤の支持方式，アンカータイプ（引張型，圧縮型）によって破壊の形式が決まる．終局状態の破壊が生じたアンカーはそのアンカー力が減少し，これによって構造物の安定性を失う危険性がある．アンカーの設計は，多くの場合，許容応力度法が用いられ，それぞれの破壊に対して十分な安全率を考慮しアンカー力（許容アンカー力）以下となるように設計アンカー力が設定される．許容引張力はアンカーの使用期間（仮設構造物か，永久構造物か），対象外力（常時，地震時），初期緊張時，試験時などによって異なったものとなる[12]．このほか，アンカー力が減少する原

1.2 グラウンドアンカー工法

T_{us}：テンドンの極限引張力　　　　　　T_{ug}：アンカーの極限引抜き力

①テンドンの破断　②グラウトの付着切れ　③グラウトの圧縮破壊　④アンカー体の摩擦切れ（周面摩擦抵抗）　⑤支圧抵抗の降伏　⑥地盤内のせん断すべり

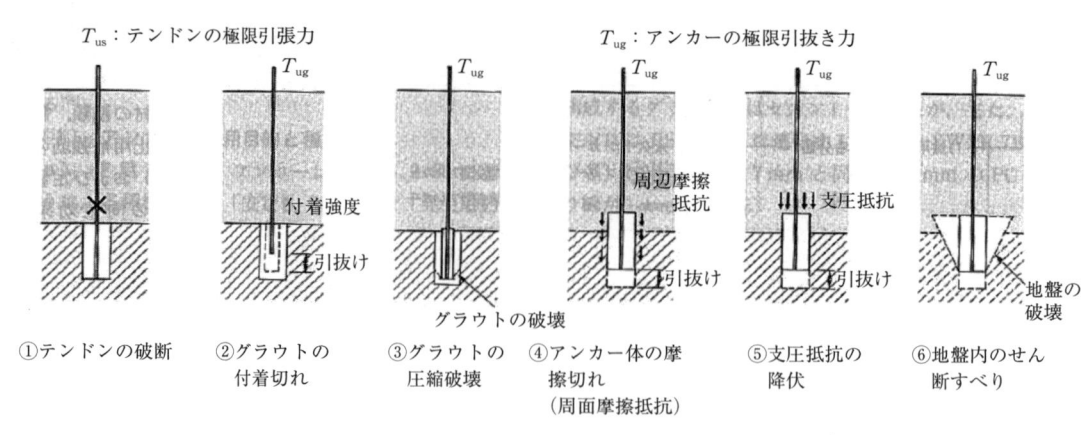

図1.10 アンカーの極限状態（破壊形式），極限アンカー力（T_u）[13]

表1.5 1995年兵庫県南部地震における急傾斜地崩壊防止施設の被災状況[14]

工　種		地震による施設の被災程度				
		A	B	C	D	合計
水路工	数量	9	16	11	26	62
	割合(%)	14.5	26	17.7	41.8	100
コンクリート張工	数量	1	0	3	2	6
	割合(%)	16.7	0	50	33.3	100
アンカー付きのり枠工(現場打ち,吹付)	数量	1	4	4	46	55
	割合(%)	1.8	7.3	7.3	83.6	100
アンカー付きのり枠工	数量	0	0	0	1	1
	割合(%)	0	0	0	100	100
現場打ち・吹付のり枠工	数量	0	1	1	5	7
	割合(%)	0	14.3	14.3	71.4	100
プレキャストのり枠工	数量	0	4	5	12	21
	割合(%)	0	19.1	23.8	57.1	100
吹付工	数量	3	2	6	16	27
	割合(%)	11.1	7.4	22.2	59.3	100
積工	数量	0	7	12	14	33
	割合(%)	0	21.1	36.4	42.4	100
コンクリート擁壁工	数量	2	9	19	24	54
	割合(%)	3.7	16.7	35.2	44.4	100
落石防止工	数量	1	0	1	59	61
	割合(%)	1.6	0	1.6	96.8	100
その他	数量	0	0	1	14	15
	割合(%)	0	0	6.7	93.3	100
合計	数量	17	43	63	219	342

(注) 1) 被災程度の上段は個数，下段は百分率である．
　　 2) 被災の程度のランクの目安は以下のようである．
　　　A：クラック等の幅5cm，長さ100cm以上，または，はらみ出し，ずれ等が5cm以上．
　　　B：クラック等の幅2～5cm，長さ100cm以下，または，はらみ出し，ずれ等が2～5cm．
　　　C：クラック等の幅2cm以下，または，はらみ出し，ずれ等が2cm以下．
　　　D：地震による新たな被災が見られないもの．

因として，頭部定着具の破壊があげられるが，これが生じると，アンカー力が一気に消失してしまい，さらには定着具等の飛び出しなど，危険な状況となるので，定着具の破壊は避けるべきである．

また，それぞれの破壊形式に対する極限アンカー力は，テンドン，グラウトの材質，地盤条件，アンカー体の形式，形状（径，長さ）などによって予測することはできる．しかし，その予測精度は必ずしも高くないため，引抜き試験を実施し，設計アンカー力を決めることが望ましい．

(4) グラウンドアンカーの耐震性

多くの施工実績があるグラウンドアンカー補強構造物（特に，斜面）は，これまでにもいくつかの大地震を経験し，これらの震災履歴からその優れた耐震性が証明されている．

表1.5は，1995年兵庫県南部地震における神戸市中央区，兵庫区，長田区，須磨区の急斜面地崩壊防止施設の被災状況をとりまとめたものである．アンカー付きのり枠工の被災率が小さく，アンカーで補強された多くの施設が無被害であったことが確認された．これらアンカー付き現場打ち・吹付のり枠工は，無補強ではかなり不安定な場所であるために施工されたものであり，しかも多くの設計では，特に地震力を考慮していないのである．前述のとおりプレストレスによるグラウンドアンカーには引張力が作用しており，これによるグラウンドアンカーの締付け効果（後述）により構造物と地山が一体となって挙動することが，被災率の低さの原因と考えられる[14]．

図 1.11 (a) 2004年新潟県中越地震後の山古志村竹沢地区の切土斜面．吹付けコンクリートで保護された斜面がグラウンドアンカーとPC受圧板で補強されている．この斜面が地震により，前方に変位し，(b) そのために歩道部に圧縮破壊による隆起が起きている．(c) 受圧板が吹付けコンクリートにめり込むような大きな力を受けてはいるが，グラウンドアンカーならびに斜面にほとんど被害は生じていない[15]

図 1.12 (a), (b) 2004年新潟県中越地震後の小千谷市山本のグラウンドアンカー補強斜面．斜面先の排水溝は斜面の水平変位のため完全に圧壊 (c) しているが，斜面，グラウンドアンカーともにほぼ変状は見られない[15]

強地震動地震，山崩れ・地すべり地震で特徴付けられる2004年新潟県中越地震でもグラウンドアンカーで補強された斜面は，優れた耐震性を示した．多くの自然斜面，切土斜面が壊滅的な被害を受けたが，アンカー補強斜面は，多少の変形が生じたものもあったが，斜面の安定性は保たれた[15]．図1.11, 1.12は新潟県中越地震の強振動地域におけるアンカー補強斜面の地震後の写真である．いずれも斜面全体が前方に移動し，相当な地震力が作用したことが推察されるが，斜面やアンカーに顕著な変状は見られなかった．

(5) グラウンドアンカーの地震災害復旧工事での実績

新潟県中越地震の復旧では，災害道路，鉄道施設の復旧，地すべり対策，急傾斜地崩壊防止など，多くの目的でグラウンドアンカーが施工された．資料[16]によると，70近い場所で，計4000以上のアンカーが施工された．図1.13は道路斜面の大規模崩壊現場とその復旧状況を示したものであるが，流れ盤に沿った新たな滑り破壊を防止するために長さ46 mを超える長尺から7 mの短尺まで計830本ものアンカーが施工されており，アンカーの特性を生かした工事現場といえる．

地山の補強ばかりでなく，盛土構造物の補強に対しても，補強土，セメント処理土など他の工法と併用することによりグラウンドアンカーが用いられた．図1.14(a), (b)は，鉄道盛土の崩壊状況を示している．この現場は，下り線が盛土，上り線がトンネルになっており，盛土の支持地盤は大きく傾斜した流れ盤となっている．さらに集水地形であり，小規模の崩壊が繰り返された被災履歴のある場所であった．新潟県中越地震により，盛土崩壊とともに隣接するトンネルの側壁基礎部の泥岩とトンネル上部の段丘堆積物が一緒に崩壊し，上部支保工が露出し，のり面保護工も盛土と一緒に滑落した．この被災現場では，工期の短縮，現場の狭隘さを考慮して図1.14(d)に示すようないくつかの対策を組み合わせて復旧が行われた．特に，支持地盤が流れ盤で深い位置にあることから，グラウンドアンカーにより盛土および上り線トンネル部分の地盤変位を抑制する構造が採用された．

上記2例とも，それぞれの復旧案の検討では，切土，盛土とは異なる，橋梁やトンネルといった形式も検討されたが，莫大な工費と工期を要することか

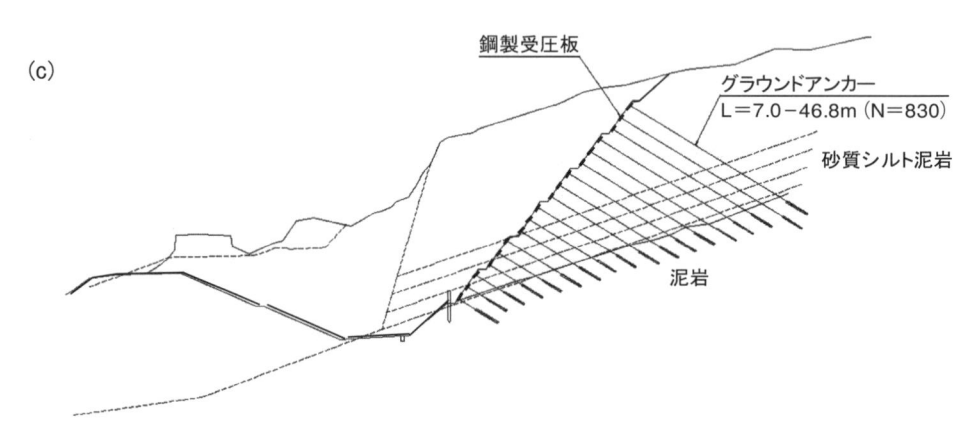

図 1.13 (a) 2004 年新潟県中越地震における大規模斜面崩壊：長岡市妙見，(b) 被災地の復旧後，崩壊地山を切土し，斜面にグラウンドアンカーと鋼製受圧板による補強が行われた．(c) 補強断面[15]

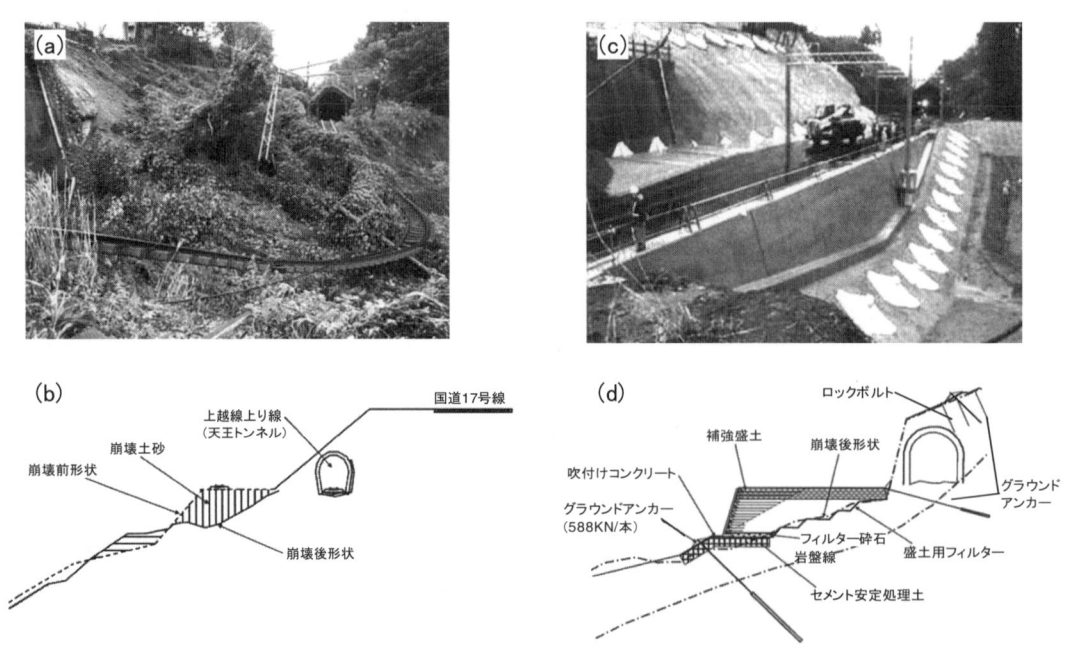

図 1.14 (a), (b) 2004 年新潟県中越地震における上越線 220 km 300 m 付近盛土崩壊状況，(c), (d) 復旧状況[17]

らこれらの工法が採用された．

(6) グラウンドアンカーの利点，留意点

グラウンドアンカーの特徴として，以下のような利点があげられる．

① 比較的小口径の削孔に高強度の引張材を使用するので，1本あたり高い抑止効果が得られ，部材効率がよく経済性に優れる．

② 地盤が変位する前から常時高い押付け力が地盤に作用しており，地盤の緩みが防止できるとともに，高い抑止効果を斜面に与えることができる．

③ 緊張力の計測，制御が可能であり，他の補強材に比べると設計における引張力の不確実さが少ない．

④ 大型機械を使用しないので，急な斜面や大きな機械を搬入できない狭いところでの作業が効率よくできる．機械などの初期コストが抑えられるため，小規模な工事でも経済性に優れている．

⑤ 地盤条件の変化などによる対応が比較的容易にできる．

⑥ 地すべり箇所では断面形状に左右されず，地形，すべり面勾配が急である場合に特に有利である．

このような多くの利点がある一方で，次に示すことに留意しなくてはならない．

① 不均質な地盤に定着し，比較的大きな抑止効果を期待しているので，地盤調査の結果による地盤分類によって仕様が大きく左右される．

② すべりの方向とアンカーの方向が一致しない場合，抑止効果が効果的に発揮されない．

③ 想定していない付加的な外力によりアンカーが破壊すると，補強構造物の急激な破壊が生じる可能性がある．

④ アンカーが破断した場合，定着具などの飛び出しの危険がある．

⑤ 防食構造や施工管理の良否がアンカーの耐久性に大きく影響し，継続的な維持管理が必要不可欠である．

⑥ 維持管理上，定期的な点検，観測，アンカー残存引張力などの計測に加えて，地震や豪雨などの異常気象が発生した場合，速やかに点検を行う必要がある．

▶1.2.2 グラウンドアンカーの設計，施工，維持管理

(1) アンカーの設計

設計アンカー力の決定は，図1.5に示すような補強対象とする構造物について，想定されるすべり，転倒，浮き上がりなどの変形・破壊のメカニズムに応じた，作用外力（死荷重，活荷重，浮力，地震力など）の影響を考慮して決定する．以下に必要アンカー力の決定方法の例を，最も一般的な斜面安定を例に説明する．

1) アンカーの機能　グラウンドアンカー，ロックボルト，ジオシンセティックスのような引張補強材には，すべり抑止機能として，①引き止め効果，②締め付け効果が期待できる（図1.15）．式としては，

① 引き止め効果　$S = T \cos(\alpha + \theta)$ (1.1)

② 締め付け効果　$R = T \sin(\alpha + \theta) \cdot \tan \phi$ (1.2)

で与えられる．ここで，T：引張補強材張力，θ：すべり面の傾斜角，α：アンカー傾斜角，ϕ：すべり面の内部摩擦角，である．これらの効果は，どちらか一方を期待する場合と両方を期待する場合がある．

引き止め効果は，滑動力を減少させるもので，この効果を期待したアンカーは鋼材の引張力を利用して，すべり土塊の滑動を引き止めようとするもので，地すべり対策としてはこの効果を期待して設計することが多い．しかし，ある程度のプレストレスをかけることにより，地すべりによる変位量が少ない段階で抑止効果が得られる点が，杭工などの他の対策

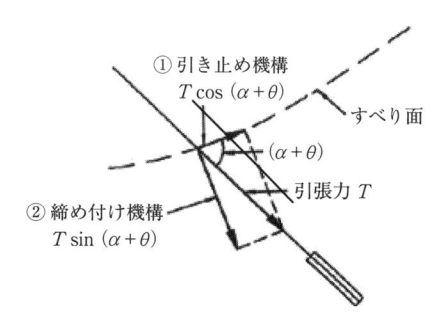

図1.15 引張補強材の2つのすべり抑止機構

との違いである.

一方,締め付け効果は,引張力を利用して潜在すべり面に作用する直応力を増大させることによりせん断抵抗力を増大させようとするもので,斜面の安定化のために用いられる.1.2.1(2)で解説したとおり,グラウンドアンカーの場合,他の補強材と比べてプレストレスをかけることにより,締め付け効果を変形が生じる前から発揮させることができる.それによって滑落の危険のある斜面を押さえ付けて安定化させることができるため,中・小規模の岩盤地すべりや切取りのり面の安定対策として用いられる.

2) アンカー力を考慮した安定計算　図1.16に示すようなアンカー力が作用した場合の斜面の安定計算は,引き止め効果をすべりに抵抗する力が増すと考えるか,滑動させる力を減らすと考えるかによって異なったものとなる.前者はモーメントに関する安全率,後者は強度に関する安全率に対応する.それぞれの考えによって与えられる安全率F_sは,簡便法(修正フェレニウス法)の考え方を用いると式(1.3),(1.4)に与えられる.

$$F_s = \frac{\sum[\{(W-bu)\cos\theta - k_h W \sin\theta\}\tan\phi + cl + S + R]}{\sum\{W\sin\theta + (y/r)k_h W\}} \tag{1.3}$$

$$F_s = \frac{\sum[\{(W-bu)\cos\theta - k_h W \sin\theta\}\tan\phi + cl + R]}{\sum\{W\sin\theta + (y/r)k_h W\} - S} \tag{1.4}$$

ここで,W:スライス重量,b:スライス幅,u:スライス底部の間隙水圧,l:スライス底面の長さ,r:円弧の半径,c:粘着力,y:スライス重心と円弧中心間の鉛直距離,k_h:水平震度,S, R:単位奥行あたりの引き止め効果,締め付け効果.

式(1.4)は,安全率を大きめに評価する傾向があり,Tを制御できない補強土やロックボルトなどでは,モーメントに関する安全率である式(1.3)が用いられるが,グラウンドアンカーでも基本的には式(1.3)の考え方が用いられることが多い.

上記式から所定の安全率を得るためのアンカー力Tを求めることができる.なお,上記式は2つの効果を含んだものであるが,どちらか一方のみを考慮した設計も行われる.これらの式を用いて斜面全体の安定に必要なアンカー力を求めたら,受圧板の斜面上下方向の設置位置,設置範囲,地耐力,受圧板の力学特性などを考慮してアンカー1本あたりの設計荷重を決定する.

(2) 維持管理と残存引張力

1) 点検と健全性調査　グラウンドアンカーの維持管理は,アンカーで補強された斜面・構造物などの重大な事象を防止することが主たる目的である.そのために,重大な事象に結びつく要因とその関連性を把握した上で,維持管理において重要な異常・変状を早期に発見し,必要に応じて効果的な補強・補修などの対策を講じる必要がある.

重大な事象とは,斜面・構造物の変状・破壊,アンカー頭部の飛び出し,落下があげられ,その要因としてのり枠・構造物の破壊,想定以上のすべり,アンカーの破断,アンカーの引抜け,頭部の損傷・劣化などである.この要因を引き起こす原因としては,豪雨・融雪・地下水位上昇,地形・地質の変化,地震,品質不良,防食不良など,多くのものがあげられる.

アンカーの維持管理は,点検と健全性調査,対策からなり,点検は,日常点検,定期点検,異常時点検に分けられ,いずれも原則として目視による点検を行う[11].点検により,必要と判断された場合は,健全性調査を行うが,そこでは,目視などによる頭部,防錆油,テンドンの防食性状,超音波によるテンドンの損傷,リフトオフ試験による残存引張力,変位特性,他サイクル試験によるアンカー耐力,変位特性などについて調べる.

2) 残留引張力　アンカーの残留引張力は,地盤のクリープ,テンドンのリラクゼーションなどの

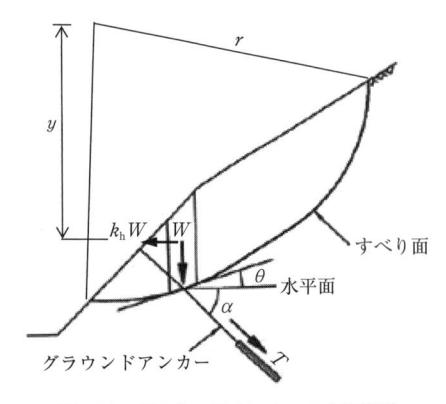

図1.16　グラウンドアンカーの安定解析

1) 頭部キャップ等取り外し

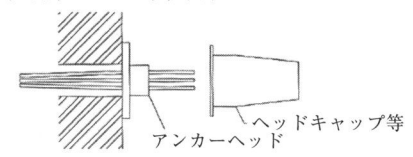

2) テンションロッド設置

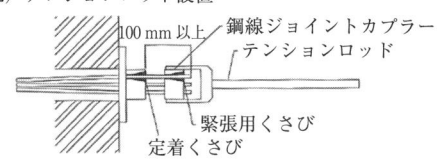

3) センターホールジャッキ・変位測定器設置

4) リフトオフ荷重計測

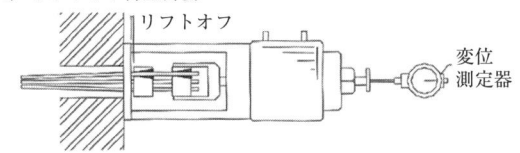

図1.17 リフトオフ試験手順の例[11]

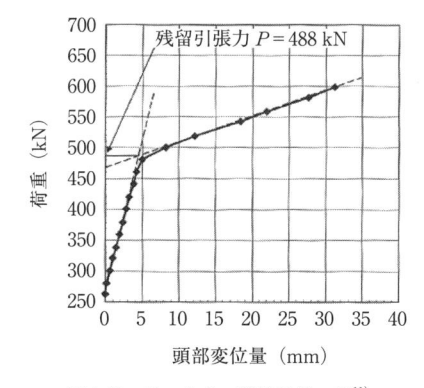

図1.18 リフトオフ試験結果の例[11]

て計測される図1.18に示すような荷重-変位量曲線から残留引張力を求め,その結果に応じて,再緊張,緊張力の緩和,アンカーの増し打ち,更新などを行う.

(3) グラウンドアンカーの地震時挙動

1.2.1(4)で記したとおり,グラウンドアンカーで補強された土構造物は優れた耐震性を有し,過去の大地震においても斜面などの破壊を防止してきた.しかし,実際のアンカーの地震時挙動の観測例はほとんどなく,地震による構造物の変形,頭部を含むアンカー体の破損,引抜けといった報告(たとえば,文献18)が主たるものである.そのような目視観測による地震時挙動以外に,動的な挙動の観測とまではいかないが,モニタリング用の荷重計を取り付けたアンカーによって,地震によるアンカー力の変化を確認することができる.

図1.19は,アンカー残留引張力のモニタリングが行われていたある現場で観測された地震前,地震直後,対策(抑え盛土)後の荷重計の変化を示したものである.地震によりアンカー軸力が急激に増加し,アンカーにより地盤変形が抑えられていることが確認できる.この荷重増加は静的な釣合い状態での残留変形抑制のためのものであるが,動的な荷重が働いた地震時は,図に現れた静的なアンカー力増分に加えてアンカー力のさらなる増加が生じ,これによって繰り返しによる変位・変形の蓄積抑制,斜面崩壊の防止の効果が発揮されるものと考えられる.ただし,この増分が大きすぎるとアンカーの破断などの被害が生じ,このような被災例が,2007年能登半島地震[18]では報告されている.ただし,このような被災現場でも,アンカー頭部の破壊やテンドンの破断などアンカー力が消失するような設計上

影響により時間の経過とともに少しずつ減少するが,外力の変化による地盤の変位の影響を受けた場合は大きく変化する.もし残留値が定着時の緊張力や設計アンカー力から大きく低下している場合,アンカーは期待した機能を発揮できなくなり,逆に設計アンカー力を超えて,極限アンカー力に近い値になっている場合は,地震などによりさらなる荷重が作用するとテンドンの破壊などの危険性が高まる.これらの異常時を避けるために,残留引張力を調べることにより,アンカーの健全性を確認する試験が,リフトオフ試験(図1.17)である.この試験によっ

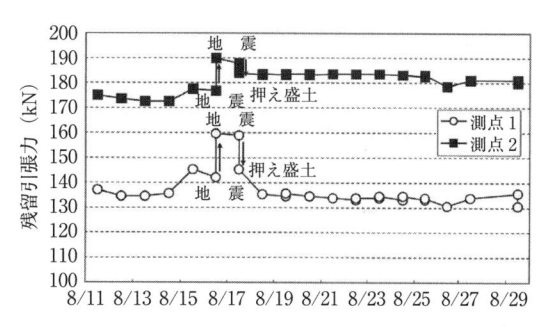

図1.19 地震前,地震後,対策後の残留引張力の変化[11]

好ましくない破壊が生じたアンカーは一部であり，構造物全体としては安定が保たれている．実際に作用するアンカーの引張力，極限アンカー力にはばらつきがあり，そのため極限状態になるのは一部のアンカーである．できるだけこのような極限状態は避けることが望ましいが，アンカーの破壊の形態としては，破壊後もアンカー力が確保されるようなものが望ましい．特に，アンカー頭部の破壊は避けるべきであり，そのためには施工不良や腐食などによるアンカー頭部の劣化の防止が重要となる．

また，アンカー軸力の動的な変化を実地震で観測することは難しいため，その動的な挙動，地震時の補強効果の解明のためには，模型実験などによる詳細な観測が望まれる．

1.3 補強土工法

▶1.3.1 補強土工法とは

a. 補強土工法の歴史

補強土工法とは，材料としての土の特性を巧みに利用し，土構造物を安定化させる工法の総称である．良質な生活空間の構築を目的とし，自然災害からの防御や社会的・経済的基盤整備のための技術である「土木」という言葉の由来には諸説あるが，その1つは，中国の春秋時代（BC2世紀頃）の古典「准南子（えなんじ）」にでてくる「築土構木」という言葉に由来するというものである．この「築土構木」の時代，すでに盛土を補強するために葦や竹などを挿入する補強土工法が使われていたといわれている．たとえば，万里の長城では葦や柳の枝を土と交互に挟み込んで防塁壁を構築したり，古代ローマでは軟弱地盤上の道路の下には葦でつくったマットを敷いていた．日本においても，7世紀前半につくられた日本最古のため池である狭山池に代表されるように，中国や朝鮮から伝わったとされる敷葉工法（葉のついた枝を土留めに使う工法）で構築された遺跡が西日本で発見されている．古代から土構造物を安定化させることは技術者の最も困難な課題であり，その解決のため，補強土工法は簡易かつ効果的な工法であったことがうかがえる．

表1.6 現代における補強土工法の開発略歴[19]

西暦年	日本	諸外国
1952		組合せルートパイル工法（アンダービニング，イタリア）
1959	伊勢湾台風災害対策工事においてスパンボンド不織布の応用	
1963		テールアルメの開発（H.ビダール，フランス）
1966	プラスチックネットによる敷網工法の研究，生石灰・フィルター材による軟弱粘性盛土工法の研究	
1967	軟弱地盤上のシート工法の研究	
1969	プラスチックネットによる敷網工法の現場試験	
1970s		地下掘削のためのソイルネイリング工法の開発（フランス，ドイツ）
1972	盛土のり面補強の示唆	
1973	鉄道盛土のり面のプラスチック補強工法の研究	
1976		竹材による補強土壁の開発（インド）
1977	パイルネット工法の開発 水搬送法マット敷網工法の開発	第1回ジオテキスタイル国際会議
1979		ジオグリッド（ポリマーグリッド）の発明（イギリス）
1980		ウェブ材による補強土壁工法の開発（イギリス）
1981	竹組シート工法の開発	
1982		長繊維混合土（テクソル）の発明（フランス）
1984	ジオグリッド急勾配補強盛土の施工	
1986	ジオグリッド補強土壁の施工	
1987	鉄筋補強土工法設計法（JH）	
1988	テールアルメ設計施工マニュアル	
1989	RRR工法の成功	ロマ・プリータ地震：ジオグリッド補強土構造物の耐震性調査
1990	ジオグリッド工法ガイドライン（ジオグリッド研究会）	12m高ファブリック補強盛土の成功
1992	ジオテキスタイル補強土工法マニュアル（土木研究所） RRR工法設計法（鉄道総合技術研究所）	
1993	釧路沖地震：ジオグリッド補強構造物の耐震性調査 太径補強体（ラディッシュアンカー）の開発 RRR工法の橋台への適用	
1994		ノースリッジ地震：補強土構造物の耐震性調査
1995	兵庫県南部地震：補強土構造物の耐震性調査 PL/PS工法の実用化研究	
1995〜	補強土構造物の耐震性能に関する研究および設計指針化への検討	

(a) 重力式擁壁

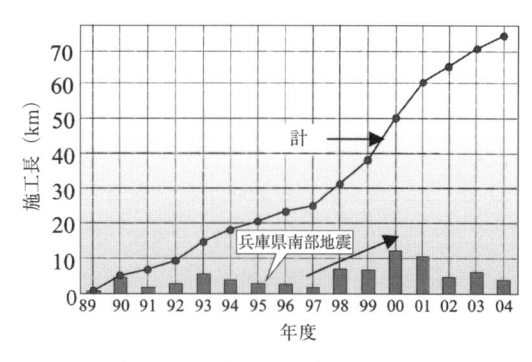

図1.21 日本における剛な壁面を有する補強土擁壁の施工実績[21]

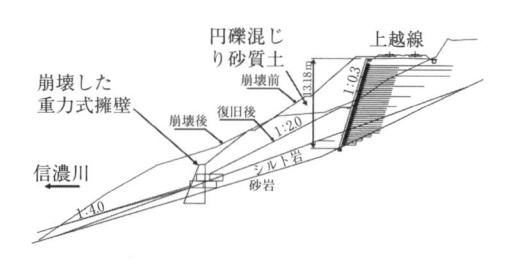

(b) 補強土擁壁

図1.20 1995年兵庫県南部地震における擁壁の被害例[20]

(a) 復旧の概念図

(b) 復旧前の写真

(c) 復旧後の写真

図1.22 鉄道盛土の崩壊とジオシンセティックス補強土工法による強化復旧[22]

表1.6に現代における補強土工法の開発略歴を示した[19]. 現代における最初の補強土工法は，1963年にフランスのアンリー・ビダール（H. Vidal）により考案されたテールアルメ工法である．「テールアルメ」とはフランス語の「Terre（土）」と「Armee（補強する）」による造語である．ビダールは，砂山に松葉を差し込むことにより高い砂山がつくれることをヒントに，盛土内に帯鋼補強材を層状に配置することで，盛土材との摩擦力による引抜き抵抗力で土留め効果を発揮させる工法を考案した．1964年にフランスで道路盛土にはじめて採用され，以来世界各国で実績がある．日本では1972年に日本道路公団によって中央自動車道で採用された．その後，1970年代後半のイギリスで，ジオグリッドと呼ばれるプラスチックネットを盛土内に層状に敷設して盛土を安定させるジオグリッド工法が開発された．以降，様々な補強材，補強工法が開発され，その補

1.3 補強土工法

強効率の高さはもちろん,経済性,施工性のよさからも土構造物の安定に貢献してきた.補強土工法は地盤工学において最もメジャーな工法の1つと考えられている.

補強土構造物の高い耐震性が特に注目されたのは,1995年に発生した兵庫県南部地震である.図1.20に示すように,従来の重力式,もたれ式の無筋コンクリート擁壁やカンチレバー式の鉄筋コンクリート擁壁の多くが倒壊または破壊したのに対し,補強土構造物は驚くべき耐震性能を示した[20].そのため近年の土構造物の建設では補強土工法を採用するケースが多数を占めるようになっている.図1.21に1989年〜2004年における補強土擁壁の施工実績を示す[21].2000年代に入って日本の景気低迷により施工実績は下降気味ではあるものの,着実に実績を伸ばしているのがわかる.また,近年頻発している大規模地震において崩壊した土構造物の復旧には補強土工法が適用されている.その例として図1.22に2004年新潟県中越地震におけるJR上越線の盛土崩壊と補強土工法による復旧を示す[22].

b. 補強土工法の分類

補強土構造物は適用構造物による分類,補強メカニズムによる分類,補強材による分類など,様々な分類方法がある.

(1) 補強メカニズムによる分類

図1.23に示すように異なる補強メカニズムにより,引張補強,曲げ・せん断補強,圧縮補強に分けられる[19].このうち引張補強は,引張強度をほとんど期待できない土に替わって,引張剛性のある補強材で受け持つ補強である.鉄筋コンクリートと異なるのは,土の場合,引っ張られた補強材が縮もうとする力が内部に拘束力として土に働くことで,土のせん断強度と剛性が増加する.すなわち,土が変形しようとする力を巧みに利用した補強メカニズムであり,実際に多く用いられる工法のほとんどは引張補強である.

(2) 適用構造物による分類

表1.7に示すように,補強土工法は適用箇所に関して大きく3つに分けることができる.

1) 盛土・擁壁の補強　盛土補強工法と補強土擁壁工法に分類される.盛土補強土工法は,一般に

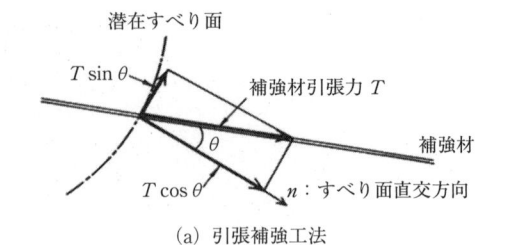

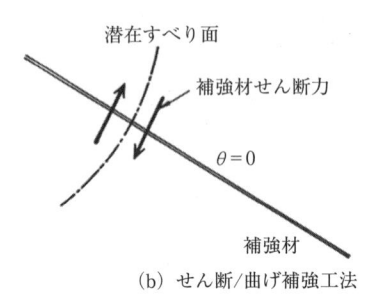

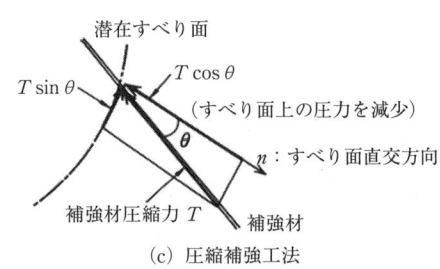

図1.23 補強メカニズムによる補強土工法の分類[19]

勾配が1:0.6以上の緩い盛土に対して補強する工法であり,引張補強材を敷設し,滑り破壊に対する安定性の向上を図る引張補強,含水比の高い材料を用いる場合に排水機能を有する補強材を敷設し,圧密の促進,強度の増加を図る排水補強などがある.一方で,補強土壁工法は,内部に帯状鋼材やジオシンセティックスなどを配置し,鉛直もしくは鉛直に近いのり面をもつ盛土を構築する工法である.

2) 地盤の補強(地盤補強工法)　補強材を軟弱地盤の表面や盛土の底部に敷設し,地盤が必要とする強度増加を補う工法である.

3) 地山・既設盛土の補強　自然斜面や切土の補強,既設盛土の急勾配化などを目的とした補強に用いられる.補強材設置のために地山を削孔し,鉄筋やロックボルトなどの芯材(補強材)の挿入,グラウトの注入,頭部の固定により,地山を補強する工法である.

(3) 補強材種類による分類

表1.7からもわかるように,適用箇所や補強目的

表 1.7 補強工法の分類と補強機能[19]

大分類	中分類	細分類	補強材	主な工法	補強機能
盛土・擁壁の補強	垂直壁面工	コンクリート壁面工 　分割パネル 　ブロック 　場所打ちコンクリート	帯鋼 アンカープレート 鉄筋グリッド ジオグリッド パラウェブジオグリッド	1) テールアルメ，ヨーク 2) 多数アンカー 3) TUSS 4) ジオウォール 5) ジオグリッド 6) ウェブソル 7) RRR工法	引張補強 1)5)6) 摩擦抵抗による 2)3) アンカー板の支圧抵抗による 3)4) 摩擦と横部材の支圧抵抗による
		鋼製壁面工	帯鋼 アンカープレート	1) テールアルメ 2) 多数アンカー	
	急勾配壁面工	土のう・ジオグリッド巻込式 鋼製枠式	ジオグリッド	ジオグリッド	摩擦抵抗による引張補強
		繊維混合補強工	連続繊維，短繊維	テクソル，ジオファイバー短繊維混合補強土	混合土のせん断補強
	緩勾配盛土壁面工なし		ジオグリッド 金網 不織布，織布	ジオグリッド 敷き金網 サンドイッチ	摩擦抵抗による引張補強 不織布：圧密排水による盛土材せん断強度増加
			アンカープレート付き鉄筋	アンカープレート付き鉄筋補強	アンカー板の支圧抵抗による引張補強（曲げ補強もある）
地盤・構造物支持力の補強	軟弱地盤表層覆土		織布 ジオネット ジオグリッド	シート（ロープ，竹枠） ネット（敷網） ジオグリッド	引張補強，竹枠併用時は曲げ補強 材料分離効果
			アンカープレート付き鉄筋	アンカープレート付き鉄筋補強	アンカー板の支圧抵抗による引張補強（曲げ剛性もあり）
	構造物支持（舗装補強含む）		ジオグリッド多層敷設		引張補強，根入れ効果，圧縮補強
			立体補強材	マットレス，ジオセル	引張・曲げ補強
			杭体＋ジオグリッド	パイルネット，パイルグリッド	引張補強
			鉄筋モルタル杭	ルートパイル	圧縮補強
	空洞沈下低減		パラリンク	パラリンク	引張補強
地山・既設盛土の補強	短い補強材	地山・切土のり面補強	鉄筋類＋グラウト	ネイリング	引張補強
	長尺補強材		鉄筋モルタル杭	ルートパイル	引張補強
	太径補強材	既設盛土急勾配化	攪拌混合体＋芯材	ラディッシュアンカー	引張補強（せん断，曲げ補強あり）

が同じであっても様々な補強材が使用されている．形状や分類に関して以下のように分類されることが多い．

　形状による分類：面状，グリッド状，帯状，棒状など
　材質による分類：鋼，繊維，FRP，ポリエチレン，ポリプロピレンなど

c. 引張補強メカニズム

すでに述べたように，引張補強土工法は土が本来もっている性質をうまく利用した補強方法であり，最も広く利用されている．ここではそのメカニズムを図1.24に示すような斜面の補強を例に示す．

① 斜面の掘削や盛土の構築，外荷重により土塊がせん断変形して破壊に近づこうとする．

1.3　補強土工法

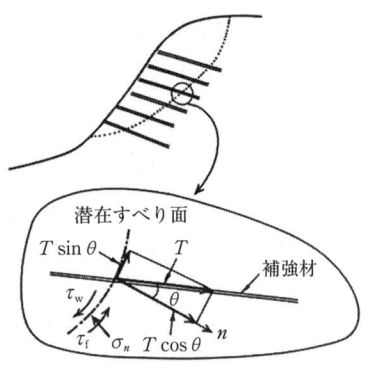

(a) 補強された斜面

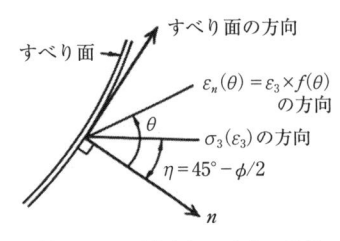

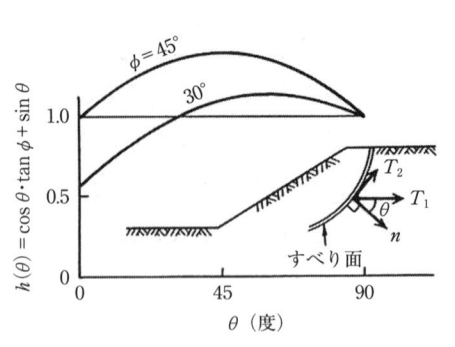

(b) 補強材引張力 T による 2 つの補強メカニズムの角度 θ 依存性

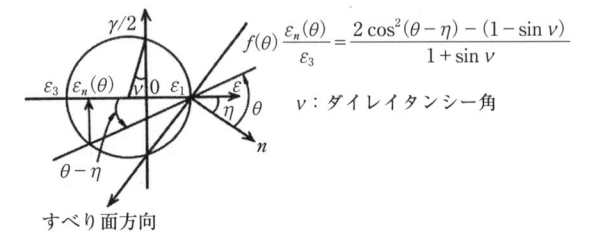

(c) すべり面方向と ε_3 方向の関係

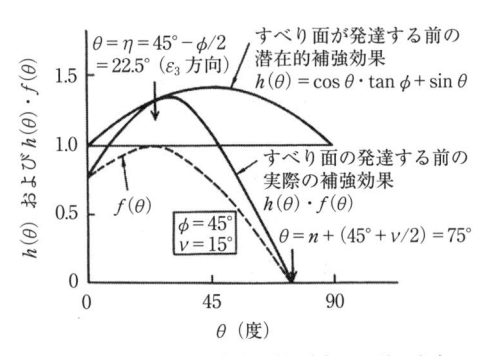

(d) θ 方向の直ひずみ $\varepsilon_n(\theta)$ と ε_3 の関係を示すモールのひずみ円

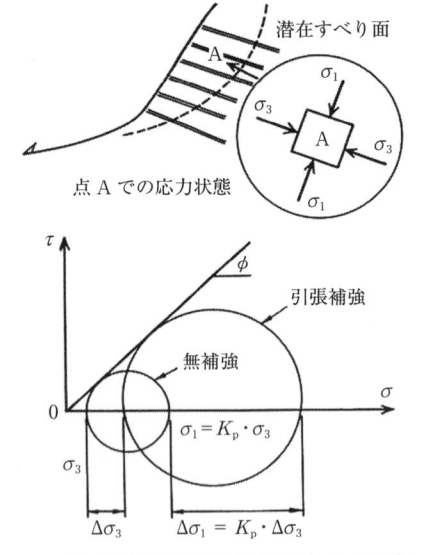

(e) 潜在的補強効果を表す関係 $f(\theta)$，ひずみ方向の関係，$h(\theta)$ との実際の補強効果 $f(\theta) \cdot h(\theta)$ の関係

(f) 引張補強工法における振幅メカニズム

図 1.24　引張補強により斜面を安定化させるメカニズム[19]

② 補強材に引張力が導入され，土塊内部の引張ひずみの増加を拘束する．

③ 補強材引張応力 T は，土塊に作用する荷重の一部を $T\sin\theta$ 受け持つので，潜在すべり線にそって作用するせん断応力 τ_w が減少する．

④ 補強時引張力の反力として，土の拘束圧 σ が増加する．すなわち，$T\cos\theta$ が潜在的すべり面に作用する $\Delta\sigma$ となり，土のせん断強度が $\Delta\tau_f = \Delta\sigma \tan\phi = T\cos\theta\tan\phi$ だけ増加する．同様に土のせん断剛性 G も $\Delta\sigma$ により増加する．

⑤ 以上の結果，土の破壊に対する安全率 $F_s = \tau_f/$

τ_w が増加し，安定化する．また，土に発生するせん断ひずみ $\gamma=\tau_\mathrm{w}/G$ が減少し，土塊の変形が減少する．

通常，引張補強土工法の設計では，潜在すべり面に沿った破壊時の力の釣合いに着目した極限釣合い法により，最小の安全率 F_s を求める．この解析ではおもにフェレニウス法がよく用いられるが，スライス法によるすべりに対する安全率 F_s は，

$$F_\mathrm{s}=\min\left[\frac{\sum(c+\sigma\tan\phi)\Delta l}{\sum\tau_\mathrm{w}\Delta l}\right] \quad (1.5)$$

ここで，σ：すべり面に作用する直応力，τ_w：すべり面に作用するせん断応力，l：各スライス底部の長さ，である．これに対して，補強材による引張補強効果を考慮すると

$$F_\mathrm{s}=\min\left[\frac{\sum\{(c+\sigma\tan\phi)\Delta l+T\cos\theta\tan\phi\}}{\sum(\tau_\mathrm{w}\Delta l-T\sin\theta)}\right] \quad (1.6)$$

ここで，T：補強材引張力，θ：補強材打設角度，となり，せん断強度の増加，せん断応力の減少の双方の効果により安全率の増加を期待できることがわかる．

上記の補強原理は簡便で理解しやすく，実務においても設計に導入しやすいことから，広く浸透している．これに対して，土のせん断変形時の体積膨張（ダイレイタンシー）を補強材が拘束する拘束効果を考慮した補強メカニズムなども提案されているたとえば23-25)．

▶ 1.3.2 補強盛土・補強土壁工法

a. 補強盛土工法

盛土の補強方法としては，引張補強材を敷設することで，滑り破壊に対する安定性を向上させる引張補強と，排水機能を有する補強材を敷設することで，圧密を促進させ土の強度を増加させる排水補強がある．また，盛土材料に連続繊維や短繊維を混合することで，土の見かけの粘着力や浸食抵抗の向上を図る繊維補強もある．

b. 補強土壁工法

盛土や擁壁などの土構造物は，高架橋や橋梁に比べて安価であることから，多くの箇所で採用されてきた．しかしながら，保守管理の煩雑さや豪雨時，地震時など自然災害時の不安定性などから，近年はその適用が敬遠されてきた．また，安定性を確保するためにはのり面をある程度緩勾配とする必要があり，高架橋などに比べて広い用地が必要となる．

補強土壁工法は，安価であるという土構造物の利点を残しつつ，引張補強により常時および災害時の高い安定性を有した鉛直に近い擁壁を構築する工法である．日本における補強土擁壁工法は，一般的に鋼材を用いる工法とジオシンセティックスを用いる工法の2つに分類される．以下にそれぞれの特徴を示す．

(1) 鋼材を用いる工法

補強材として鋼製補強材を使用する補強土壁工法である．帯状補強材を用いたテールアルメ工法，棒状補強材の先端にアンカープレートを配置した多数アンカー工法が有名であり，以下にその特徴を述べる．

1) テールアルメ工法　テールアルメ工法は，1963年にフランスで開発され，現代の補強土工法の先駆けとなった工法である．補強材として幅60 mm，厚さ4 mmの鋼製ストリップを用い，盛土内に層状に配置されたスキンと盛土材との摩擦力による引抜き抵抗力で土留め効果を発揮させる工法である（図1.25）．鋼製ストリップの効果により壁面に作用する土圧は軽減されると考え，壁面材には厚さ14 mm程度の薄いコンクリートパネルが用いられている．盛土材料には，鋼製ストリップとの間に十分な摩擦が期待できる砂質系や岩石質系の材料が使用されることが多い．また，ストリップは耐久性に優れ，摩擦力の大きいリブ付き亜鉛メッキ平鋼が使用されている．現在利用されている補強土擁壁工法のほとんどは，テールアルメ工法をもとにして，

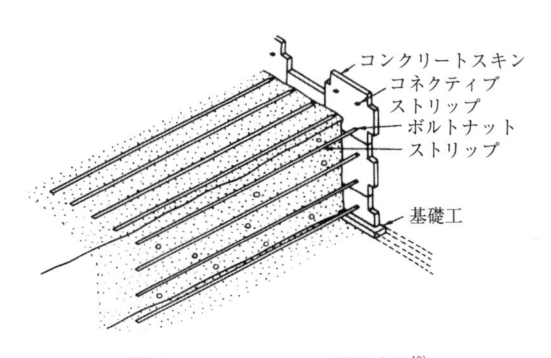

図 1.25　テールアルメ工法概念図[19]

補強材や壁面工，敷設方法などに改良を重ねて開発されたものである．

2004年の新潟県中越地震では一部のテールアルメ擁壁で復旧を必要とする変状が生じた[26]．これは直前に中越地方を通過した台風23号の影響により盛土外の含水比が高かったことが原因としてあげられている．Kuwanoらはテールアルメ補強土擁壁を模擬した遠心振動台実験を行い，盛土内の水位により耐震性能が大きく低下することを示している[27]．

2) 多数アンカー工法　テールアルメと同様に鋼製補強材の摩擦抵抗による補強に加えて，図1.26～1.28に示すように補強材先端にアンカープレートを取り付け，支圧抵抗を利用した工法が多数アンカー工法である[28]．図1.27, 1.28に施工風景と外観を示す．

青山ら[29]，二木ら[30-31]，Futakiら[32]は大型せん断土層内に高さ3.0～5.0 m，幅3.6 m，奥行9.0 mの実物大の多数アンカー補強土壁を構築し，最大360 galまでの加振実験を行っている．この実験では，応答加速度特性，補強材に作用する張力，基礎部に作用する接地圧と補強土壁の変形に着目している．この実験から，最大400 galの応答加速度に対しても土壁最上部での水平変位は50 mm程度であること，補強材に作用する張力は設計値よりも小さいことが確認されている．

(2) ジオシンセティックスを用いる方法

1) ジオシンセティックスを用いた補強土工法

ジオシンセティックスとは高分子材料を用いてつくられた補強材の総称である．ジオシンセティックスは鋼製補強材と比べ，土中での腐食に対して高い耐久性を有している．また，図1.30に示すように，一般的には格子状であるため，引抜き抵抗が得やすく，補強材との摩擦を期待できない細粒分の多い地盤に対しても適用可能である．さらに数種類のジオシンセティックスを組み合わせたジオコンポジット工法では，排水機能を有した補強材を採用することも可能である．ジオシンセティックスは鋼製補強材と比較して剛性が低く，クリープも生じやすい欠点がある．しかしながら，土の剛性と比べればはるかに大きな剛性であり，実用上問題はない．ジオシンセティックスを用いた補強土擁壁工法は，その耐震

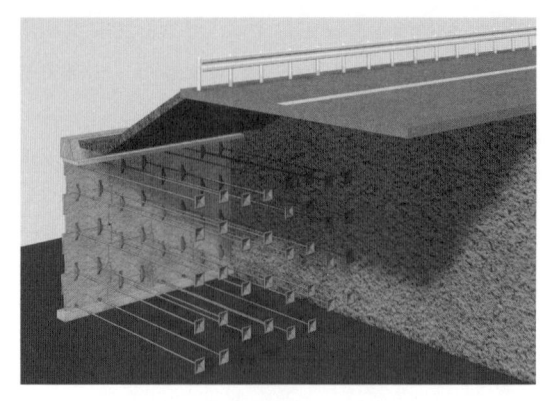

図1.26　多数アンカー工法概念図

図1.27　多数アンカー工法施工状況

図1.28　多数アンカー式補強土擁壁外観

性の高さや施工性，経済性から適用が急増しており，補強材の種類，採用する壁面工のタイプにより各種の補強土擁壁工法が開発，採用されている．

2) ジオシンセティックスの種類　1990年代初頭まで，土木工事に使用される高分子材料や繊維材料はジオテキスタイルと総称されてきた．その後，

	分類	定義
1)	ジオウォーブン	縦糸と横糸を用いて織った織布
2)	ジオノンウォーブン	規則的または不規則に配列した繊維を，製織せずに機械的・化学的または熱的方法によって結合した不織布
3)	ジオニット	連続した糸，繊維などによって網目で構成した織物
4)	ジオグリッド	引張抵抗性のある構成要素が連結した規則的な格子構造からなりシート状．主に高分子材料からなる
5)	ジオネット	隙間が構成要素の占める面積より大きい網目構造を持つシート
6)	ジオメンブレン	透水性の極めて小さい，または不透水性の膜状シート
7)	ジオコンポジット	ジオテキスタイル，ジオグリッド，ジオネット，ジオメンブレンなどを任意に組み合わせて一体とした製品

```
                                                         ┌ 1) ジオウォーブン（織布）
                          ┌ ジオテキスタイル（狭義）─┼ 2) ジオノンウォーブン（不織布）
                          │                              └ 3) ジオニット
              ┌ ジオテキスタイル ─┼ 4) ジオグリッド
              │   （広義）        ├ 5) ジオネット
ジオシンセティックス ─┤                 └ その他関連製品
              ├ 6) ジオメンブレン
              └ 7) ジオコンポジット
```

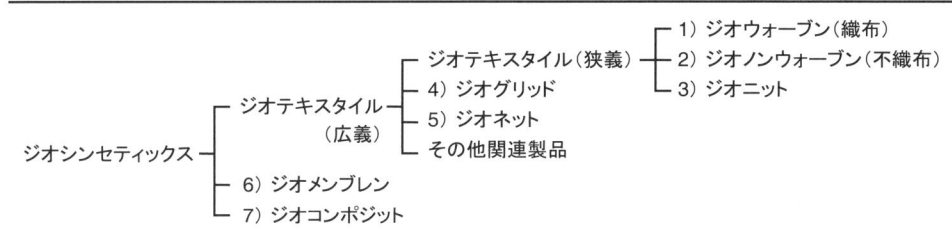

図 1.29 ジオシンセティックス製品の分類[19]

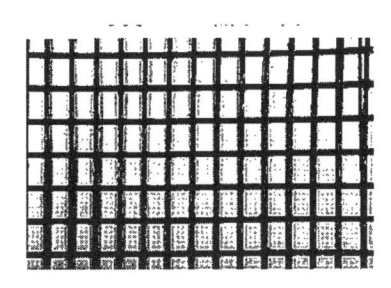

図 1.30 ジオグリッドの一例[19]

格子状の補強材であるジオグリッドや遮水を目的とするジオメンブレン，それらを組み合わせたジオコンポジットなどが開発され，それらを総称してジオシンセティックスと定義されている．ジオシンセティックスは図 1.29 に示すような製品があり，大きく分けて以下の 3 種類に分類される．

a）ジオテキスタイル・ジオグリッド： 狭義のジオテキスタイルは，織布や不織布などのいわゆる布地の補強材であり，補強材，排水材，分離材として使用されている．

ジオグリッドは図 1.30 に示すような格子状の補強材で，土との一体化が最も期待でき，補強土擁壁のほとんどはジオグリッドを用いて構築されている．ジオグリッドは，ポリエステルやビニロンなどの繊維を主材として塩化ビニルなどで被覆した繊維グリッド，ガラス繊維をプラスチックで固めた FRP グリッド，ポリエチレンやポリプロピレンなどを延伸してつくられる延伸グリッドなどに分類される．

b）ジオメンブレン： 石油化学高分子樹脂やゴムなどでつくった不透水性の膜で，廃棄物処分場などで遮水材として用いられる．

c）ジオコンポジット： 軟弱地盤の現場においては排水機能を有し，かつ高い補強効果を期待できる補強材が望まれる．ジオコンポジットは複数のジオテキスタイルやジオグリッドなどを組み合わせて，多機能化した補強材である．

3）壁面工の種類

先述のテールアルメ工法におけるコンクリートパネルに期待される役割は，裏込め土が流れ出るのを防ぐ程度のものであり，構造体としての機能はまったく期待していないものである．この考え方はその後に開発された各種の補強土擁壁においても踏襲され，壁面工は外観上の化粧壁として用いられてきた．しかし，過去の地震時の被災事例から，壁面工が果たす力学的役割が広く認識されている．図 1.31 に一般的に用いられる壁面工を示している．

① タイプ A：まったく剛性がない場合．巻き込み式壁面工など．

② タイプ B：分割パネルや土のうを用いた壁面

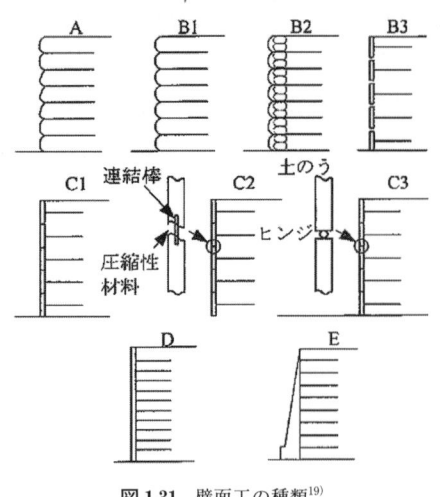

図1.31 壁面工の種類[19]

工で，補強材と連結することにより局所的な剛性を期待できる．

③ タイプC：分割パネルの上下を連結させた構造．上下パネル間の鉛直荷重とせん断力を伝達することができる．

④ タイプD：補強材を連結した剛な一体壁構造．タイプCに加えて曲げ剛性も有している．

⑤ タイプE：比較的大型の壁面工で，壁面工自体の自重の効果を期待できる構造．

これらの壁面工は用途に合わせて選定されるが，剛性が高いほど補強土壁の安定性は増加する．特に剛な壁面を有する補強土壁は高い耐震性を示すことが知られている．また，タイプBおよびCにおいて上下間の連結が不十分な場合，地震時に壁面工に作用するせん断力で壁面が大きく変形する危険がある．また，壁面工とジオシンセティックスとの連結も耐震性に大きく影響することが知られている[33]．

(3) 補強土擁壁の耐震性に関する近年の研究

最初に補強土擁壁の耐震性について実験的に検討したのはUesawaら[34]による補強盛土の模型実験であると思われる．この実験では，高さ1.5mの補強，無補強の盛土に対する加振実験を行っている．その結果，無補強盛土が大変形を生じて崩壊に至るのに対して，補強盛土では変形は生じるものの，崩壊は免れるという補強盛土の地震時挙動の特徴をはじめて検証している．その後，海外においてもRichardsonら[35,36]による小型模型を用いた研究なども行われているが，80年代からは補強土工法の適用例の増加とともに，日本において活発に研究が行われてき[たとえば37-40]．これらの研究から，耐震設計法が体系化されるとともに，壁面工や配置形式に特徴をもたせた新しい工法も各種考案されてきた[たとえば41]．

1995年の兵庫県南部地震において補強土擁壁は想像を超える耐震性の高さを示したため，その驚異的な補強効果について，主に実験的な検討がなされてきた．Watanabeら[42]はジオグリッド補強土擁壁を含めた各種の擁壁の地震時強度を中型模型実験から観察し，補強土擁壁の地震時の靭性の高さを明らかにしている．従来型の擁壁が背面からの土圧を受ける場合，支持地盤の破壊により構造系全体が破壊するため，脆性的な破壊に至るが，補強土擁壁は補強領域が徐々に変形しながら地震に耐えるため，高い耐震性を示すとしている．

Takahashiら[43]は遠心振動台実験により，分割壁式ジオグリッド補強土擁壁の耐震性における補強材の敷設形態や地盤の締固め度について考察を行っている．また，Izawaら[44]は補強材剛性や引抜き抵抗に着目し，外的安定計算において補強材剛性や引抜き抵抗の評価法を示している．

また，加藤ら[45]は補強土擁壁を支持する地盤の影響に着目し，斜面上に位置する補強土擁壁の脆弱性を中型振動実験を用いて明らかにしている．この場合，基礎地盤にネイリングをするなどの注意が必要であるとしており，実際に新潟県中越地震で被害を受けた鉄道盛土の復旧ではこの方法が用いられている．

一方で，補強土擁壁の耐震性に関する数値解析的なアプローチは，地盤や地盤と補強材の相互作用のモデル化などの複雑さから，大きな成果が得られていなかったが，徐々に成果が見られつつある．若井ら[46]は有限要素法を用いて分割壁式ジオグリッド補強土擁壁の地震時挙動をシミュレートし，小型模型実験結果と整合する変形性状や残留変位を算出している．Fujiiら[47]も分割壁式ジオグリッド補強土擁壁の動的挙動に関する有限要素法によるシミュレーションを行い，残留変形に与える入力地震動の影響を評価している．また，近年では有限差分法を用いた研究も盛んに行われている[48,49]．

補強土工法は，土構造物が変形することで変形に追随して変形する補強材が土に作用する応力を分散させることにより，高い安定性を得られる．つまり，補強土擁壁は変形を生じてはじめて補強効果を得られる．したがって，過去の地震で崩壊を免れた補強土擁壁であっても，多少の変形は生じている．このような場合，地震後も簡単な補修のみで供用が可能であるのかの判断が必要となり，被災後の補強土擁壁がどの程度損傷しているのか，以後の地震においても安全なのかを的確に評価する必要がある．さらに，損傷度を評価する際には補強土擁壁を解体することなく，壁面変位や天端沈下量といった表面的な変形から推測する必要もある．前述のように，2004年の新潟県中越地震では多くの補強土擁壁に復旧を必要とする変状が生じたことから，補強土擁壁の被災度評価の体系化が進められている[50-52]．しかしながら，危険度判定における簡易的な判断基準，合理的な耐力評価手法や復旧水準の提示手法などが未整備であること，それらの根拠となる事例や研究成果に乏しいことが問題としてあげられている．Izawaら[53]は遠心模型実験結果から，壁面の変位と補強土擁壁の損傷について検討を行い，簡易な被災度判定手法を提案している．

▶ 1.3.3 地山補強土工法
a. 地山補強土工法について
地山補強土工法は切土や自然斜面を補強する技術として，1950年代にヨーロッパで開発された．日本では1970年代から山岳トンネル建設に導入されたNATM工法の有用性から，鉄筋補強材が切土や斜面にも適用されるようになった．1980年代から広く用いられるようになり，旧日本道路公団や鉄道建設公団において基準化が図られ，地盤工学会において「地山補強土工法に関する研究委員会」が発足し，用語や適用範囲の整理がなされている．その中で，地山補強土工法は以下の3種類に大別されている．

1) ネイリング　細長比が大きく，曲げ剛性の小さい補強材を配置し，地山の安定性を向上させる工法．直径10 cm以下，補強材の長さは経済性の観点から10 m以下で5 m程度のものが多い．

2) ダウアリング　引張抵抗だけでなく圧縮抵抗にも期待できるように，細長比が小さく，曲げ剛性の大きい補強材を配置し，地山の安定を向上させる工法．ダウアリングの代表的な工法として，鉄道構造物で使用されるラディッシュアンカー工法があげられる．

3) マイクロパイリング　中間的な細長比，曲げ剛性を有する補強材（直径10～30 cm）．主に地すべり対策や基礎の補強に使用される．

b. 地山補強土工法の補強原理
地山補強土工法の補強原理は，補強盛土・補強土擁壁工法の原理と基本的に同じである．補強材と土の摩擦力が補強材自体の強度と比較して小さいため，設計における補強材力は補強材と地山との摩擦力で決定されることが多い．したがって，地山補強土工法における補強材力は次式で表される．

$$T = A(c + \sigma_n \tan\phi) \tag{1.7}$$

ここで，A：補強材の表面積，σ_n：補強材の拘束圧，c, ϕ：土の粘着力および摩擦角．

また，補強土擁壁工法と異なる点として，補強材が鉄筋のように円形断面をもつこと，補強材の設置角度を任意に設定できることがあげられる．すなわち，打設角度θの影響とそれに伴う直応力σの変化が補強効果に大きく影響する．そのため，以下のような補正係数を乗じて補強材力を求めるのが一般的である．地山補強の補強メカニズムを図1.32に示す．

(1) 打設角度による補強効果補正

補強材力Tはすべり面接線方向成分T_sと直角方向成分T_nに分解でき，土塊のすべりに抵抗する補強効果$R(\theta)$は以下のように表せる．

$$R(\theta) = T_s + T_n \tan\phi = T\sin\theta + T\cos\theta\tan\phi \tag{1.8}$$

したがって，打設角度による補正係数$f_r(\theta)$は以下のように示される．

$$f_r(\theta) = R(\theta)/T = \sin\theta + \cos\theta\tan\phi \tag{1.9}$$

(2) 設置角度に対する直ひずみの補正

一般的に，補強材を地山の最小主ひずみの方向へ打設した場合に最大の補強効果$R(\theta)$が得られることが確認されている．したがって，ひずみ量補正の考え方から，以下の補正係数が得られる．

$$f(\theta) = \frac{\varepsilon_n}{\varepsilon_3} = \frac{2\cos^2(\theta-\eta)-(1-\sin\nu)}{1+\sin\nu} \tag{1.10}$$

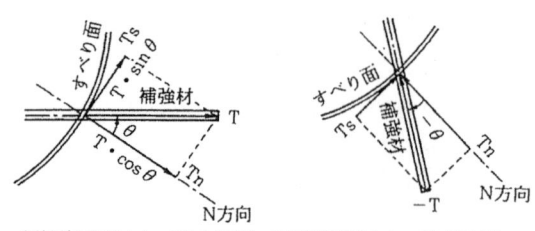

$$f_a(\sigma_{n\theta}) = \frac{1+K}{2} + \frac{1-K}{2}\cos 2\theta_h \quad (1.11)$$

このほか,補強材形状に関する補正係数,有効定着量に関する補正係数など,地山補強土工法特有の補正係数を乗じて補強材力を算定することで,合理的な設計ができるようにされている.

c. 地山補強土工法の耐震性に関する研究

補強盛土・補強土擁壁と異なり,自然地盤を相手とする地山補強土工法の耐震性に関する研究は,実験的にも解析的にも地山のモデル化が難しく,あまり行われていない.ここでは,地山補強土工法の耐震性に関する研究として,Takahashi ら[55]によるネイリング補強した切土の遠心振動台実験を紹介する.この研究では特に補強材と地山を結着させる注入剤と壁面覆工の影響に着目し表1.8に示す5ケースについて,図1.33に示すような模型を用いて遠心加速度50 G場で振動実験を行っている.

図1.34は壁面工を模擬した場合と模擬しない場合の変位ベクトル図である.未補強では自立困難(限界高さ6.3 m)であったものが補強材の挿入により耐震性が大きく向上した.しかし,補強領域内にすべり線が発生しており,内的な安定性が低かったことがわかる.のり面覆工なしの場合,すべり線がのり先よりかなり上を通る結果となり,覆工の効果が

(a) 補強材力の算定方法
(b) 設置角度による拘束圧の計算
(c) 断面形状の違いによる拘束圧の違い
(d) 円形補強材の断面方向拘束圧分布

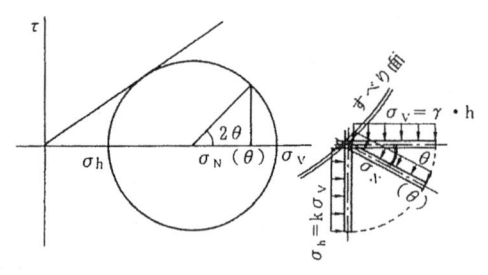

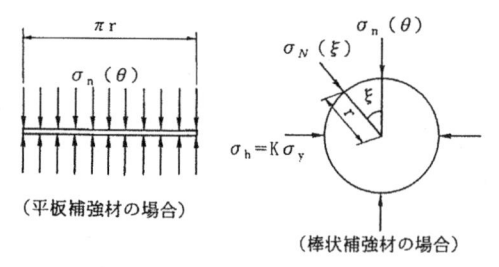

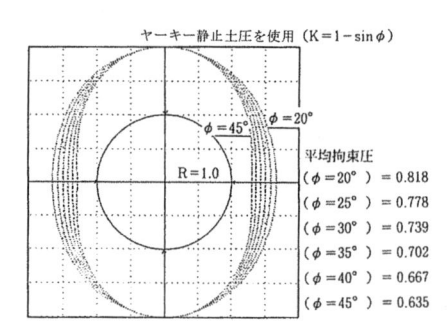

図1.32 地山補強のメカニズム[54]

ν:ダイレイタンシー角,$\eta = 45° - \nu/2$

(3) 設置角度に対する拘束圧の補正

補強材力 T は補強材の拘束圧に比例するが,設置角度に影響されるため,次式のような補正係数を乗じる必要がある.

表1.8 検討ケース

	注入材	削孔径 (mm)	敷設長 (mm)	のり面覆工
CASE3	未補強	—	—	なし
CASE4	接着剤	2	80	なし
CASE5	接着剤	2	80	あり
CASE6	石膏	7	80	あり
CASE7	石膏	7	40	あり

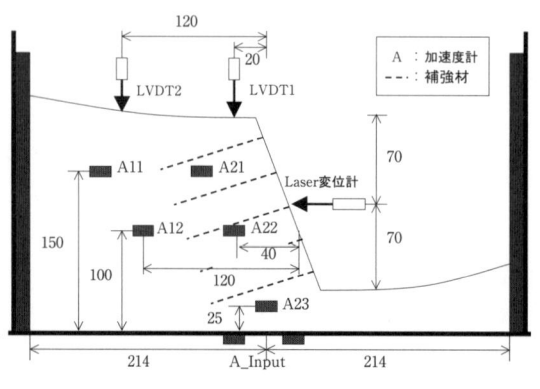

図1.33 遠心模型概念図

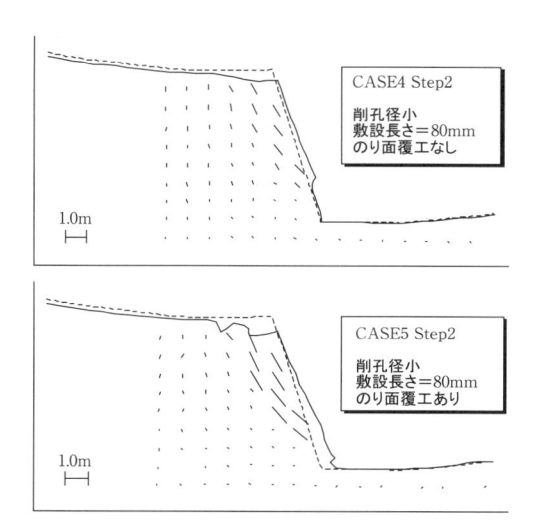

図1.34 振動後の切土崩壊状況

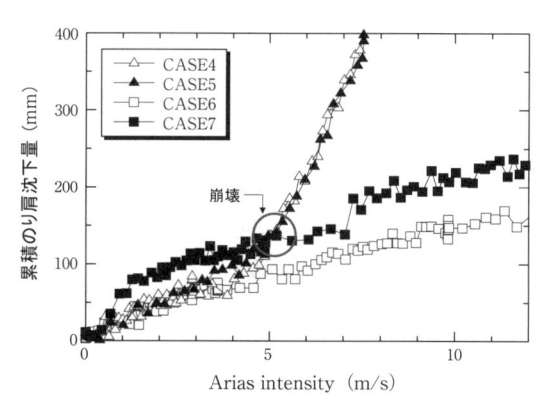

図1.35 Arias intensity と沈下量の関係

見られる．

一般に補強材の効果は，補強材とその周辺土塊との間に相対的なすべりが発生した時点で発揮されると考えられ，未補強切土では脆性的に破壊するのに対し，補強切土では崩壊に至るまでに生じる変形量が大きくなると考えられる．地震の規模と補強領域の靱性の関係を調べるため，地震の規模を表す指標として Arias intensity (I_a) を用いて，切土の変形量との関係を求めた．ステップ n までの地震の規模（エネルギー）を

$$I_a = \frac{\pi}{2g} \int_0^{T_i} a^2(t) \, dt \quad (1.12)$$

ここで，g：重力加速度（9.8 m/sec^2），T_i：ステップ i での振動時間，a：入力加速度，と表現し，これを横軸に，崩壊までの累積沈下量を縦軸にプロットしたものを図1.35に示す．振動初期では，削孔径の大きさに関係なく敷設長さが同じ CASE4, 5, 6 が同じ変形速度で沈下しており，敷設長の短い CASE7 の沈下が大きく出ている．その後，削孔径の小さい CASE4, 5 では，のり肩沈下量が 100 mm を超えたあたりから急激に沈下を生じているのがわかる．これは模型寸法で 2 mm 程度の沈下量を生じたときに崩壊を生じていることになり，引抜き試験においてピーク強度に達したときの引抜き量とほぼ同じである．したがって振動中の累積変位が 100 mm を超えたあたりで，補強材周面の引抜きせん断応力がピークに達し，急激な沈下を生じたものと考えられる．削孔径の大きいケースの引抜き試験でも，引抜き量 2 mm 程度でピーク強度に達するが，削孔径の小さいケースではピーク強度に達した後急激に軟化しているのに対し，削孔径の大きなケースではそれほどの軟化を生じないため，急激な変形が生じなかったと考えられる．このような結果から，補強材の引抜き試験から補強材と地山との摩擦特性が得られれば，補強切土の変形性能をある程度評価できることがわかる．

▶ 1.3.4 様々な工法を併用した補強技術

前述のとおり，現代の補強土工法は 1960 年代に考案され，1970 年代からジオシンセティックスを用いた工法の適用がはじまり，同時期に地山補強土工法の適用も進められてきた．これらの技術は比較的簡易かつ経済的に対象構造物の安定化を図ることができるため，適用範囲は盛土や擁壁，基礎，自然斜面など広範囲にわたっている．一方で，セメント改良のような地盤改良技術，バーチカルドレーンやペーパードレーンを用いた圧密促進工法，EPS ブロックに代表される土に変わる新しい材料などの技術開発も急速に進んでいる[56]．これらの技術を単独で使うよりも，複数の技術を併用して使うことで所定の目標を合理的に解決することができる．また，最近では環境への配慮やライフサイクルコストなど要求性能も多様化しており，単独の技術でそれらすべてを満足することも難しくなってきている．こういった背景から，近年，複数の技術を組み合わせた工法の適用が増加している．

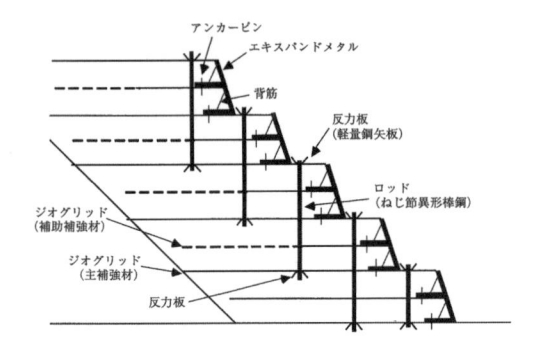

図 1.36 補強盛土の機械的圧縮[56]

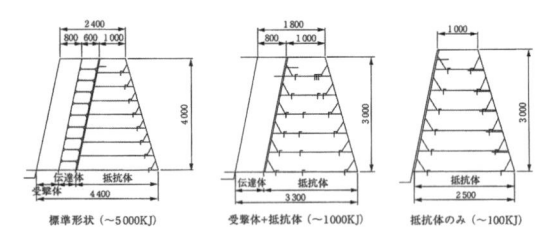

図 1.37 補強土工法を用いた落石防護工の例[56]

a. 擁壁・盛土の補強における併用技術

(1) 固化処理技術との併用

発生土の有効活用と変形量の抑制を目的とし，固化処理技術と併用した工法が開発されている．

(2) 盛土材の軽量化技術との併用

軟弱な地盤上に補強土擁壁を構築するような場合，補強土擁壁の自重により基礎地盤が沈下や破壊を生じる危険性がある．この場合の対策として，圧密促進工法や締固め砂杭（SCP）工法などにより基礎地盤を改良する方法が第一に考えられる．一方で盛土材の軽量化技術と併用することにより，補強土擁壁自体を軽量化する工法が開発されている．

(3) 盛土材の機械的圧縮との併用

図 1.36 に示すように，補強土構造物に反力板とロッドを設置し圧縮力を加えることにより，構造物を安定化させ，高い強度，剛性，耐震性をもたせる工法である．大規模な斜面や橋台などの大きな荷重を支える構造物に用いられる．

(4) 防災対策技術との併用

補強土は堅固な構造物にないフレキシブルな構造でありながら，高い耐衝撃性能と耐震性能を持ち合わせているのが特徴である．この特徴を生かし，落石や土砂などの防護壁との併用工法が普及しつつある（図 1.37）．

b. 併用技術の例

従来式の擁壁に比べて経済的に急勾配化が可能であり，常時・地震時ともに高い安定性を示すジオグリッドを用いた補強土壁工法が普及しているが，従来の補強土壁の問題点として次のことがあげられる．

① 工事費の中で材料費の占める割合が大きい．
② 補強土工法の原理から盛土材が砂質土に限られる．
③ 壁面近傍は転圧不足になりやすい．

以上の観点から，伊藤ら[57]は現地発生土をセメントと混合した改良土を用いて壁面を作成し，ジオグリッドと組み合わせた補強土壁工法を開発している．図 1.38，1.39 に本工法の概念図を示す．本工法の利点は以下のとおりである．

① 改良土に現地発生土を使用できる．
② 改良土壁を前面に設置することにより，ジオグリッドの使用量が減る．
③ 盛土材の適用範囲が広がる（現地発生土を盛土材に使用できる）．

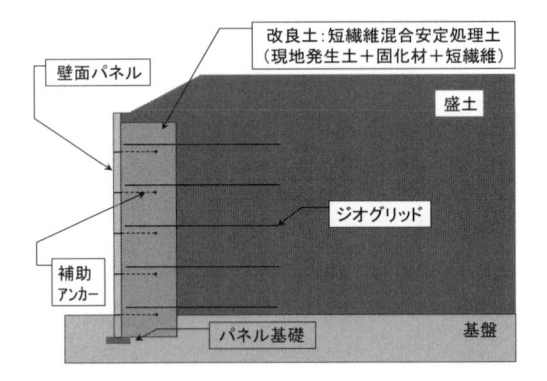

図 1.38 ジオグリッドと改良土を組み合わせた補強土壁の概念図[59]

図 1.39 ジオグリッドと改良土を組み合わせた補強土壁の外観図[59]

④ 補強領域前面に剛な改良土壁が設置されることによる壁面近傍の転圧不足の解消．

また，本工法の特徴として以下の点もあげられる．
① パネルとジオグリッドは連結されず，ジオグリッドを改良土中に定着させることで，施工性を向上させるとともに，壁面パネルのコストを削減できる．ただし，パネルアンカーとジオグリッドはオーバーラップさせる．
② 改良土に短繊維を混合し，靱性や対浸食性，耐震性の向上を図る．

斉藤ら[58]は遠心振動台実験を行い，従来型のジオグリッドのみを用いた補強土擁壁，改良土のみで構築した擁壁とジオグリッドと改良土壁を併用した補強土擁壁の耐震性の比較を行っている．以下のような耐震性能が期待できることを示している．
① 従来の分割パネルを有する補強土壁は，振動中に生じる変形に起因する補強材引張力により，補強領域の変形が拘束されるため，明瞭な破壊には至らず高い安定性を示した．しかし，補強領域下部にせん断変形が集中し，最終的にすべりが発生する恐れがある．また，この変形性状によって，応答加速度は土壁上部まで伝わらず，中腹で最大応答を示し，補強材に生じるひずみは鉛直下部方向に大きく増加する分布となる．
② 改良土のみの擁壁の場合，地震動による改良土壁の転倒による支持層からの反力によって改良土壁つま先に応力が集中し，つま先からクラックが発生し破壊に至った．
③ 壁面部に改良土壁を設置することにより，補強領域の変形を一様なせん断変形とすることができ，従来型の補強土壁で見られるようなすべり線の発生を抑えることができる．また，補強材に発生するひずみも小さく抑えられる．したがって，補強材力に過大な期待をする必要がなく，敷設量をさらに削減できる可能性がある．
④ 改良土壁を組み合わせた補強土壁は最終的に改良土壁上部から引張クラックが発生し，破壊に至る．このクラックは改良土に作用する慣性力と，改良土の転倒を引き留めるジオグリッドの引張力が改良土内に相対する方向に作用することで生じる．このクラックの発生は，パネルアンカーをジオグリッドとオーバーラップさせること，改良土に短繊維を混合することによって抑制できる．
⑤ 改良土の割裂引張試験の結果，短繊維を混合することでピーク引張強度自体は大きく増加しないが，残留強度の落ち込みを小さく抑えられることがわかった．このような靱性の向上が，改良土壁に発生する引張クラックを抑制するものと考えられる．

また，Izawaら[59]は改良土壁の幅が耐震性能に与える影響を同じく遠心振動台実験から評価し，改良土幅の影響を考慮した設計法を確立している．

1.4 基礎の補強

上部構造物を支える基礎の種類を，直接基礎，杭基礎，ケーソン基礎，深礎などの大口径基礎の3つに分類し，その補強工法について紹介する．

▶ 1.4.1 直接基礎の補強

a. 支持地盤の安定化

地盤中にセメントモルタルや薬液などを混合して支持地盤自体の強度および剛性を高めることで，直接基礎を補強するものである．基礎外周に改良杭を設置する工法などもある．周辺地盤の水位を低下させることで支持地盤自体の強度および剛性を向上させるものであるが，主に液状化対策として用いられる．

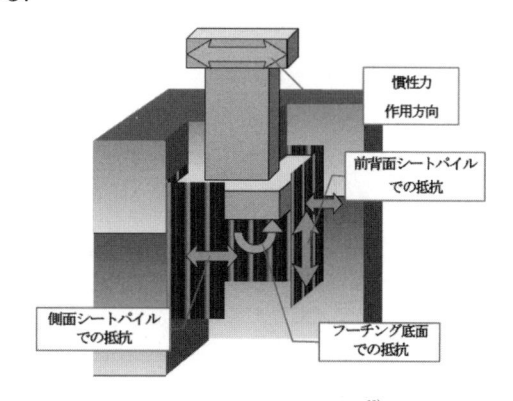

図1.40 シートパイル基礎[62]

b. 基礎の補強

直接基礎自体を補強する場合は，杭基礎に変更したり，フーチング面積を拡大させたりするなどして支持力を増加させる方法がある．

近年注目されている基礎としてシートパイル基礎があげられる[60]．シートパイル基礎とは，図1.40に示すように仮土留め用鋼矢板を基礎の一部として本設構造に利用した工法であり，以下に示す特徴を有している．

① 鋼矢板を本設・支持構造に活用することで，施工性，経済性の向上，工期の短縮が可能．
② 大きなフーチング面積を必要としない．また，狭隘箇所への適用が可能．
③ 鋼矢板に囲まれた地盤の拘束効果が期待でき，直接基礎としては不適であった地盤に対しても適用が可能．
④ 水平抵抗，引抜き抵抗を鋼矢板が負担することにより，直接基礎より優れた水平抵抗，耐震性能を期待できる[61,62]．

▶ 1.4.2 杭基礎の補強

a. 支持地盤の安定化

杭基礎の地盤改良としては，既存杭の頭部周辺の地盤を改良し安定させることで杭を補強する方法や，杭の周辺・先端を地盤改良し，地盤と杭の間の摩擦力を向上させ，支持力を改善する方法がある．また，直接基礎と同様に地盤改良杭を建物外周に囲う方法もあるが，主に液状化対策として使用される．

b. 基礎の補強

基礎本体を補強する方法としては，既存杭の頭部に鋼管や繊維シートを巻き付けて杭頭部を補強する方法や，新たに杭を増設する方法がある．また，シートパイル基礎のようにフーチング周りをシートパイルで補強する杭-鋼矢板複合基礎工法[63,64]（図1.41）や，さらにシートパイル内部を固化改良する工法[65,66]（図1.42）も実用化に至っている．

▶ 1.4.3 ケーソン基礎，深礎の補強

a. ケーソンの補強

ケーソン基礎とは，中空の円形または矩形の構造物を地上で構築し，その内部の土砂を掘削・排土しながら地中に沈下させ，所定の支持地盤に到達させる基礎工法である．陸上においては最近あまり用いられなくなったが，港湾・海洋工事や沈埋トンネルなどでは多く採用されている．ケーソン基礎の補強としては，図1.43に示すように基礎周辺に鋼矢板基礎を配置し，ケーソンと鋼矢板基礎を結合させ，

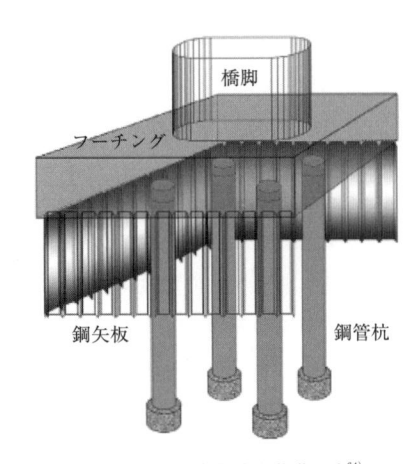

図1.41 杭-鋼矢板複合基礎工法[64]

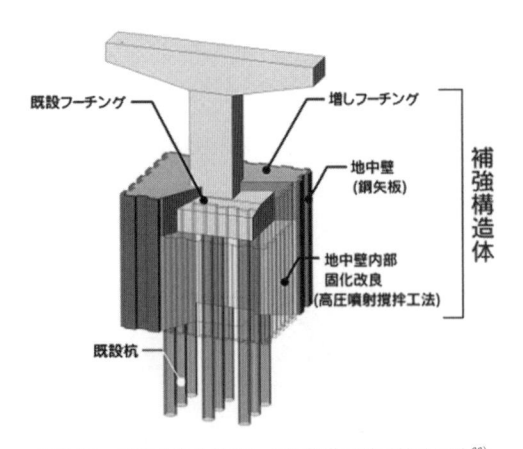

図1.42 地盤改良を併用した杭基礎の耐震補強工法[66]

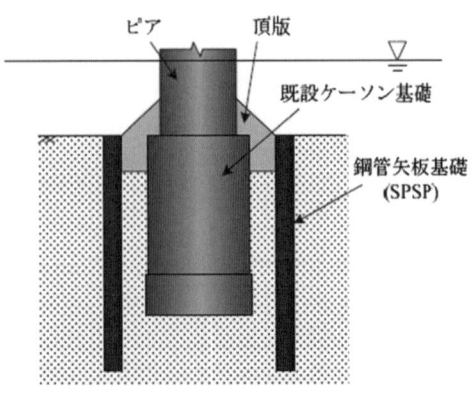

図1.43 鋼管矢板基礎増設工法[68]

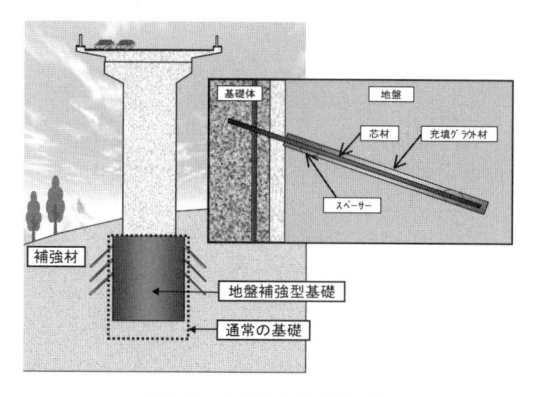

図 1.44 地盤補強型基礎工法

水平耐力を向上させる鋼管矢板基礎増設工法などがある[67,68].

b. 深礎の補強

深礎工法は，大口径で大深長の杭を狭隘地や傾斜地で構築することが可能となるため，道路橋梁基礎および送電鉄塔基礎などにおいて近年適用が増している．松尾ら[69]，Matsuo and Ueno[70] は NATM 工法にヒントを得て図 1.44 に示すように深礎基礎を鉄筋補強材で補強する地盤補強型基礎を考案している．田邉ら[71]，上野ら[72] は実物大および中型模型実験から，地盤補強型基礎による押込みおよび引抜き抵抗の増加を確認している．井澤ら[73] は遠心模型実験から地震時の水平抵抗について，地盤補強型基礎工法の有効性や補強材の配置角度の影響を検証するとともに，地山補強土工法の補強メカニズムを用いて定量的に評価している．

1.5 まとめ：合理的な地盤構造物の耐震補強にむけて

本章では，地盤構造物の耐震補強工を概説するとともに，主として土構造物（切土，盛土斜面，擁壁）に適用されるグラウンドアンカー工法，補強土工法についてその特徴，原理，適用例，効果，工法の研究開発などについて解説し，基礎構造物の耐震補強工についても概説した．ただし，ここで取り上げた内容は，多種多様な地盤構造物，耐震補強方法のほんの一部であり，構造物，規模，対象とする地震レベル，保証すべき構造物の性能などによって最適な補強，対策は異なったものとなる．わが国における土構造物の耐震設計基準は，構造物の機能，要求性能が異なるため，照査方法も基準によって異なったものとなっている[74]．対象とする構造物の機能，重要度に応じた耐震対策の例として，東海道新幹線の盛土構造物があげられる[75]．この基準では，地盤状況に応じて5つの破壊形態に分類し，要求性能に応じた補強工法を体系化している．これらの補強工法の適用性の検証には，物理模型（遠心模型実験）[76,77] が用いられた．

道路・鉄道などの重要インフラの主要部分をなす地盤構造物の総延長は何千 km にも及び，その合理的な耐震補強のための第一歩は，危険箇所・要対策箇所の事前把握である．そのための地震被害事例に基づく要因分析に関する研究[78]，想定地震動，地盤，地下水状況を考慮した変形予測に基づく盛土の耐震診断法[79] の研究などが行われている．さらに，より定量的な評価を可能にする方法として，推定地震動，道路の利用状況に応じた被害推定などからのコスト評価，損益評価により地震に伴う災害リスク評価を行い，それに基づく費用便益の観点から斜面補強を戦略的に立案する方法[80] なども提案されている．本章で取り上げたハード的な対策は，このようなソフト的な取組みと合理的に融合したものでなければならない．

地盤耐震補強法は，他の土木構造物と同様大きな地震を経験するたびに設計法を含めて進化・改善がなされてきた．2011 年 3 月 11 日の東北太平洋沖地震でもこれまでの想定を超える規模，長時間の地震動を記録した．このような新たな地震動条件に対しても地盤構造物の安全性，要求性能は確保されなければならない．そのための被災事例研究，物理模型，数値模型などを用いたさらなる研究の積み重ねが求められている．

参考文献

1) Kamon, M., Wako, T., Isemura, K., Sawa, K., Mimura, M., Tateyama, K. and Kobayashi, S.: Geotechnical disasters on the waterfront. *Soils and Foundations, Special Issue on Geotechnical Aspects of the January 17 1995 Hyogoken-Numbu Earthquake*, **1**, 137-147, 1996.

2) 岩倉成志：鉄道輸送および公共輸送．平成 16 年新

潟県中越地震被害調査報告書（土木学会　新潟県中越地震被害調査特別委員会），381-392, 2006.
3) Sasa, K., Fukuoka, H. and Scarascia-Mugnoza, G.: Earthquake-induced landslides: Distribution, motion and mechanisms. *Soils and Foundations, Special Issue on Geotechnical Aspects of the January 17 1995 Hyogoken-Numbu Earthquake*, **1**, 53-64, 2006.
4) 土木学会，地盤工学研究委員会斜面工学研究小委員会：新潟県中越地震における「斜面複合災害」―総合的斜面工学からの検討―．土木学会平成18年度全国大会研究討論会研-19資料，2006.
5) 田結庄良昭，藤田智子：兵庫県南部地震とその後の降雨による斜面崩壊．応用地質，**37**(3), 35-45, 1996.
6) 坂口哲夫，吉松弘行：資料解析による表層崩壊の地形特徴．砂防学会誌，**54**(1), 21-29, 2001.
7) 鈴木啓介：地形・地質と斜面崩壊の関係．平成16年新潟県中越地震被害調査報告書（土木学会　新潟県中越地震被害調査特別委員会），5-16, 2006.
8) 國生剛治：斜面崩壊の要因分析．平成16年新潟県中越地震被害調査報告書（土木学会　新潟県中越地震被害調査特別委員会），129-137, 2006.
9) 建設省：土木構造物の震災復旧技術マニュアル，1986.
10) 地盤工学会：地震災害．*In*：地盤工学ハンドブック，pp. 1270-1277, 1999.
11) 土木研究所，日本アンカー協会：グラウンドアンカー維持管理マニュアル，鹿島出版会，2008.
12) 地盤工学会：グラウンドアンカー設計・施工基準，同解説，2000.
13) 地盤工学会：グラウンドアンカー．*In*：地盤工学ハンドブック，pp. 713-733, 1999.
14) 土木学会：急傾斜地崩壊防止施設．阪神・淡路大震災調査報告　土木構造物の被害，pp. 534-537, 1997.
15) Takemura, J., Kubo, H. and Yamazaki, J.: Field surveys of protected slopes after Niigataken Chuetsu Earthquake. Proc. of International Conference Management of Landslide Hazard in the Asia-Pacific Region, 697-705, 2008.
16) KTBアンカー新潟県部会：中越地震の災害復旧写真集，2007.
17) 谷口善則，森島啓行，斎藤　貴：新潟県中越地震における鉄道土構造物の被害と復旧．土と基礎，**56**(7), 28-31, 2008.
18) 国土交通省国土技術政策総合研究所，(独)建築研究所，(独)土木研究所：土砂災害．能登半島地震建築物被害調査報，建築研究資料，No. 111, 21-51, 2008.
19) 地盤工学会：補強土入門，丸善，1999.
20) Koseki, J., Tatsuoka, F., Munaf, Y., Tateyama, M. and Kojima, K.: A modified procedure to evaluate active earth pressure at high seismic loads. *Soils and Foundations, Special Issue on Geotechnical Aspects of the January 17 1995 Hyogoken-Numbu Earthquake*, **2**, 209-216, 1998.
21) Koseki, J., Bathurst, R. J., Guler, E., Kuwano, J. and Maugeri, M.: Seismic stability of reinforced soil walls. Keynote lecture, Proc. of 8th International Conference on Geosynthetics, 51-77, 2006.
22) 龍岡文夫，内村太郎：盛土．平成16年新潟県中越地震被害調査報告書（土木学会新潟県中越地震被害調査特別委員会），356-363, 2006.
23) 飯塚　敦，平田昌史，太田秀樹：ジオシンセティックスによるダイレイタンシー拘束効果．土木学会論文集，No. 680/III-55, 15-28, 2008.
24) 平田昌史，飯塚　敦，太田秀樹，山上尚幸，横田善弘，大森晃治：ダイレイタンシーを考慮したジオシンセティックス補強盛土の有限要素解析．土木学会論文集，No. 631/III-48, 179-192, 1999.
25) 河村　隆，梅崎健夫，落合英俊：ジオグリッド補強土の拘束効果を導入した破壊規準とその設計法への応用．ジオシンセティックス論文集，**15**, 225-234, 2005.
26) 太田　均，松澤佳一，永倉秀典，堀田三成：テールアルメの耐震性能（その1　過去10年間の地震における被災調査データから見る性能評価）．第40回地盤工学研究発表会発表講演集，1955-1956, 2005.
27) Kuwano, J., Izawa, J. and Seki, S.: Evaluation of damage in saturated reinforced soil walls due to earthquake. Proc. of 7th International Conference on Physical Modelling in Geotechnics, No. 1, 469-474. 2010.
28) 福岡正巳，今村芳徳，澤田俊一，小笠原　功，堀本勝巳：支圧式アンカー工法に関する基礎的研究．第18回土質工学研究発表会，1209-1212, 1982.
29) 青山憲明，菊池信夫，小浪岳治，三上和久：大型せん断土槽を用いた多数アンカー式補強土壁の実大振動台実験（その1　実験概要）．第35回地盤工学研究発表会発表講演集，2215-2216, 2000.
30) 二木幹夫，三澤清志，辰井俊美：大型せん断土槽を用いた多数アンカー式補強土壁の実大振動台実験（その2　実験結果）．第35回地盤工学研究発表会発表講演集，2213-2214, 2000.
31) 二木幹夫，青山憲明，小浪岳治，佐藤雅宏，辰井俊美：多数アンカー補強土壁の地震時挙動に関する解析的検討．第36回地盤工学研究発表会講演集，

2061-2062, 2001.

32) Futaki, M., Aoyama, N., Misawa, K., Konami, T., Sato, M., Tatsui, T. and Mikami, K.: Dynamic behavior of multi-anchored reinforced soil wall in large-scale shear box. Landmarks in Earth Reinforcement, A. A. Balkema Publishers, pp. 351-357, 2001.

33) Huang, C. C., Cou, H. H. and Tatsuoka, F.: Seismic displacement of geosynthetic-reinforced soil modular block walls. *Geosynthetic International*, **10**(1), 2-23, 2003.

34) Uesawa, H., Nasu, M., Komine, T. and Yasuda, Y.: Experimental research on seismic stability of embankment by large shaking table. Report for Railway Technological Research, 1972.

35) Richardson, G. N. and Lee. K. L.: Seismic design of reinforced earth. *Journal of Geotechnical Engineering Division*, **101**(GT2), 167-188, 1975.

36) Richardson, G. N., Feger, D., Fong, A. and Lee. K. L.: Seismic testing of reinforced earth walls. *Journal of Geotechnical Engineering Division*, **103**(GT1), 1-17, 1997.

37) Koga, Y., Itoh, Y., Washida, S. and Shimazu, T.: Seismic resistance of reinforced embankment by model shaking table tests. Proc. of International Symposium on Theory and Practice of Earth reinforcement, 413-418, 1988.

38) Sakaguchi, M.: A study of the seismic behaviour of geosynthetic reinforced walls in Japan. *Geosynthetics International*, **3**(1), 13-40, 1996.

39) 佐藤正義, 杜本康広, 張 健民, 林耕四郎：遠心力場の振動台実験による補強土壁の耐震性評価. 土木学会論文集, No. 523/III-32, 151-161, 1995.

40) 北本幸義, 吉田 輝, 鬼木剛一, 藤崎勝利：補強盛土の動的変形抑制効果. ジオシンセティックス論文集, **13**, 252-259, 1998.

41) 村田 修, 舘山 勝, 龍岡文夫：短い面状補強材と壁面を有する盛土の中型耐震実験. 土木学会第44回年次学術講演会講演概要集, 3部, 56-57, 1989.

42) Watanabe, K., Munaf, Y., Koseki, J., Tateyama, M. and Kojima, K.: Behaviour of several types of model retaining walls subjected to irregular excitation. *Soils and Foundations*, **43**(5), 13-27, 2004.

43) Takahashi, A., Takemura J. and Shimodaira, T.: Seismic performance of reinforced earth wall with geogrid. Proc. of 15th International Conference on Soil Mechanics and Geotechnical Engineering, Istanbul, Turkey, 1265-1268, 2001.

44) Izawa, J. and Kuwano, J.: Centrifuge modelling of geogrid reinforced soil walls subjected to pseudo-static loading. *International Journal of Physical Modelling in Geotechnics*, **10**(1), 1-18, 2010.

45) 加藤範久, 龍岡文夫, 黄 景川, 舘山 勝, 古関潤一：斜面上における各種擁壁の地震時安定性に関する研究. ジオシンセティックス論文集, **16**, 61-68, 2001.

46) 若井明彦, 天野正道, 飯塚 豊, 鵜飼恵三：ジオグリッドとコンクリートパネルからなる補強土擁壁の耐震性評価のための数値解析. 土木学会論文集, No. 813/III-74, 157-168, 2006.

47) Fujii, T., Izawa, J., Ishihara, M., Nakane, J. and Kuwano, J.: Prediction of deformation of retaining walls of geosynthetic-reinforced soil under large earthquakes. Proc. of 8th International Conference on Geosynthetics, 1485-1489, 2006.

48) Zhang, Y., Tao, L., Zou, Z. and Wang, F.: Modelling and performance analysis of a reinforcing loess embankment. Proc of 8th International Conference on Geosynthetics, 1939-3943, 2006.

49) El-Emam, M., Bathurst, R. J. and Hatami, K.: Numerical modeling of reinforced soil retaining walls subjected to base acceleration. 13th World Conference on Earthquake Engineering, Vancouver, 2004.

50) 佐藤雅宏, 小野寺誠一, 苗村正三：補強土壁の被災度評価に関する基本的な考え方. 第41回地盤工学研究発表会発表講演集, 924-925, 2006.

51) 小浪岳治, 熊田哲規, 酒井茂賀, 永倉秀典, 工藤章光, 三浦均也, 土橋聖賢：補強土壁工法の被災度評価に関する検討－被災台帳, 被災度判定表について－. 第41回地盤工学研究発表会発表講演集, 925-926, 2006.

52) 酒井茂賀, 桑野二郎, 土橋聖賢, 平山浩靖, 小浪岳治：補強土壁工法の被災度評価に関する検討－被災台帳と被災度応急判定表の適用例－. 第41回地盤工学研究発表会発表講演集, 927-928, 2006.

53) Izawa, J. and Kuwano, J.: Evaluation of extend of damage in geogrid reinforced soil walls subjected to earthquakes. *Soils and Foundations*, **51**(5), 945-958, 2011.

54) 龍岡文夫監修：新しい補強土擁壁のすべて－盛土から地山まで－, 総合土木研究所, 2005.

55) Takahashi, A., Izawa, J., Kusakabe, O., Tayama, S. and Takemoto, M.: Seismic ductility of cut slope reinforced by soil nail. Landmarks in Earth Reinforcement, A. A. Balkema Publishers, pp. 719-

724, 2001.
56) 地盤補強技術の新しい適用—他工法との併用技術—編集委員会：地盤補強技術の新しい適用—他工法との併用技術—，地盤工学会，2006.
57) 伊藤秀行，斉藤知哉，佐藤文雄：改良土とジオグリッドを組み合わせた補強土壁の開発．ジオシンセティックス論文集，**16**，103-110，2001.
58) 斉藤知哉，伊藤秀行，桑野二郎，井澤　淳：改良土とジオグリッドを組み合わせた補強土壁の遠心振動台実験．ジオシンセティックス論文集，**17**，5-12，2002.
59) Izawa, J., Ito, H., Saito, T., Ueno, M. and Kuwano, J.：Development of rational seismic design method for geogrid-reinforced soil wall combined with fibre-mixed soil-cement and its applications. *Geosynthetics International*, **16**(4), 286-300, 2009.
60) 神田政幸，村田　修，西岡英俊，Pongsakorn, P.，日下部　治：シートパイルとフーチングを組み合わせたシートパイル基礎の提案．土と基礎，**51**(11)，8-10，2003.
61) 樋口俊一，田中浩一，伊藤政人，平尾淳一，西岡英俊，神田政幸：シートパイル基礎の地震時挙動と耐震性に関する検討．土木学会地震工学論文集，**27**(177)，2003.
62) 西岡英俊，神田政幸，舘山　勝，喜多直之，平尾淳一，樋口俊一：静的模型実験によるシートパイル基礎の水平抵抗メカニズムに関する研究．土木学会論文集C，**64**(2)，383-402，2008.
63) 西岡英俊，西村昌宏，神田政幸，山本忠久，樋口俊一，杉江茂彦：鋼矢板とフーチングの一体化による既設杭基礎の耐震補強工法．鉄道総研報告，**23**(12)，23-28，2009.
64) Izawa, J., Takemura, J., Yamana, H., Ishihama Y. and Takagi, M.：Pile-sheet pile combined foundation subjected to lateral and moment loading. Proc. of 7th International Conference on Physical Modelling in Geotechnics, No. 1, 947-952. 2010.
65) 塩井幸武，瀬川信弘，稲川浩一，加藤康司：地盤改良を併用した杭基礎構造物の耐震補強工法（In-Cap工法）の開発．第7回地震時保有耐力法に基づく橋梁等構造の耐震設計に関するシンポジウム講演論文集，307-314，2004.
66) 地盤・基礎21研究会ホームページ，http://www.jiban-kiso21.gr.jp/
67) 日本道路協会：既設道路橋基礎の補強に関する参考資料，2000.
68) 磯部公一，木村　亮，張　鋒，河野謙治，原田典佳，槙野　健，桑島　健：既設渡河橋梁基礎を補強した鋼管矢板基礎の補強メカニズムに関する有限要素解析．土木学会論文集C，**63**(2)，516-529，2007.
69) 松尾　稔，上野　誠，関野英男，加藤十良：砂地盤における地盤補強型基礎の力学特性に関する実験的研究．土木学会論文集，No. 379/VI-6, 83-91, 1987.
70) Matsuo, M. and Ueno, M.：Development of ground reinforcing type foundation. Proc. of 12th ICSFE, 1205-1208, 1989.
71) 田邉　成，佐藤　博，上野　誠，中谷　登：砂質土地盤における地盤補強型基礎の引揚支持力特性に関する実規模載荷実験．地盤工学ジャーナル，**2**(3)，183-196，2007.
72) 上野　誠，中谷　登：深礎基礎の周面摩擦抵抗に及ぼす地盤補強効果に関する実験的研究．地盤工学ジャーナル，**3**(3)，213-228，2008.
73) 井澤　淳，日下寛彦，中谷　登，上野　誠，佐藤　博，桑野二郎：水平荷重を受ける地盤補強型基礎における補強材打設角度の影響評価．地盤工学ジャーナル，**3**(1)，55-71，2008.
74) 地盤工学会：付録2国内における土構造物の耐震設計基準の概要．土構造物の地震時における性能設計と変形量予測に関するシンポジウム発表論文集，2007.
75) 大木基裕，関　雅樹：東海道新幹線における土構造物の耐震診断と対策．講座：土構造物の耐震診断と対策，土と基礎，**59**(8)，80-87，2011.
76) 大木基裕，永尾拓洋，関　雅樹，佐藤　清：地震時における盛土の破壊形態と対策工の実験的検討．土構造物の地震時における性能設計と変形量予測に関するシンポジウム，地盤工学会，2007.
77) 関　雅樹，大木基裕，庄司朋宏，永尾拓洋，荒鹿忠義：地震時における盛土の破壊と対策の有効性に関する実験的検証．第21回中部地盤工学シンポジウム，76-81，2009.
78) 佐々木哲也，榎本忠夫：道路盛土の地震被害事例に基づく被災要因分析．第45回地盤工学研究発表会，1499-1500，2010.
79) 秦　吉弥，一井康二，加納誠二，土田　孝，今村孝志：盛土の耐震診断に基づく高速道路の通行機能の耐震性評価．土木学会論文集F，**65**(1)，50-58，2009.
80) 大津宏康，大西有三，水守　守，伊藤正純：地震に伴う災害リスク評価に基づく斜面補強の戦略的立案方法に関する一提案．土木学会論文集，No. 679/VI-51, 123-133, 2001.

2 RC 構造物（土木）

　土木分野のコンクリート構造物についても，1995年の兵庫県南部地震による甚大な被害に鑑み，補修や補強について幅広く精力的に研究が進められ，これまでに種々の工法が開発され，数多くの構造物に適用されてきた．

　一方で，今後の社会資本投資が抑制される中にあって，補強工事に対してもコスト縮減が要求されている．また，耐震補強工事は，通常，既設構造物を使用しながら施工することが要求されるため，資機材の搬入方法，工事時間帯，あるいは工期などの面で，様々な制約を受けることが多い．さらに，土木構造物には種々の構造形式があるため，画一的な補強方法では，異なる形式の構造物や部材に対しては有効な補強とならない場合もある．

　このように，耐震補強の必要性は依然として高いものの，残された課題も多い．第 2 章では，土木分野における鉄筋コンクリート構造物（RC 構造物）の耐震補強として，各種の方法の概要を述べ，代表的な補強方法や技術を紹介する．

2.1 耐震補強の考え方

▶ 2.1.1 地震に対する RC 構造物の応答

　構造物に静的な水平方向の力を作用させたときの荷重と変形の関係を，RC 橋脚を例に模式的に示すと，図 2.1 のようである．

　荷重がある大きさに達すると，コンクリートにひび割れが発生し部材の剛性は低下するが，この段階で荷重を取り除けば，ひび割れは閉じ，変位もほとんど残らない．さらに荷重を増大させると，部材に作用する曲げモーメントによって，橋脚の基部において軸方向鉄筋が降伏するが，構造物によっては，それ以前にせん断破壊する．「せん断破壊」は，急激に水平力に対する耐力を失い，軸方向の剛性も失われるので，柱や橋脚においては上載荷重を支持できなくなり構造物全体の倒壊に至ることがあるので，最も好ましくない破壊形態である．

　せん断破壊が生じないで軸方向鉄筋が降伏すると，さらに剛性が低下し，除荷しても，もはやひび割れは閉じることなく，降伏して伸びた鉄筋はもとに戻らないので比較的大きな残留変形が生じる．この軸方向鉄筋の降伏は一般に損傷と見なされている．しかし，軸方向鉄筋が降伏すると，変形する過程でエネルギーを吸収することができるので，その意味では好ましい現象である．

　さらに変形が生じるように載荷していくと，耐力は上昇し最大耐力に達するが，その途中でせん断破壊することがあり，これを「曲げ降伏後のせん断破壊」または「曲げせん断破壊」[注1]という．

（注 1）道路橋の分野では，こうした破壊モードを「曲げ破壊型」，「せん断破壊型」，「曲げ損傷からせん断破壊移行型」と呼んでいる．

　最大耐力以降，さらに変形させていくと荷重は低下しはじめ，やがて破壊に至る．これを「曲げ破壊」

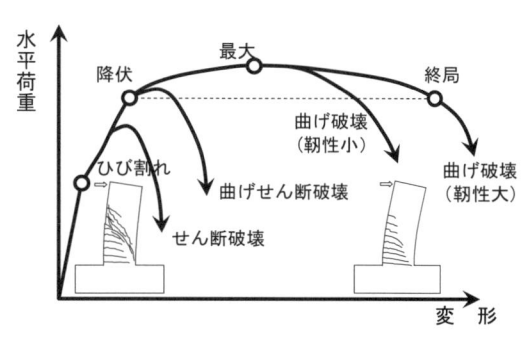

図 2.1 橋脚に作用する荷重と変形の関係

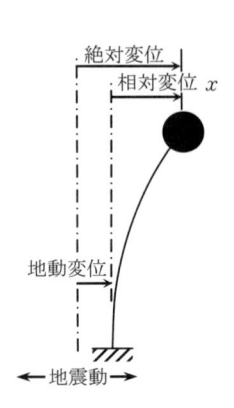

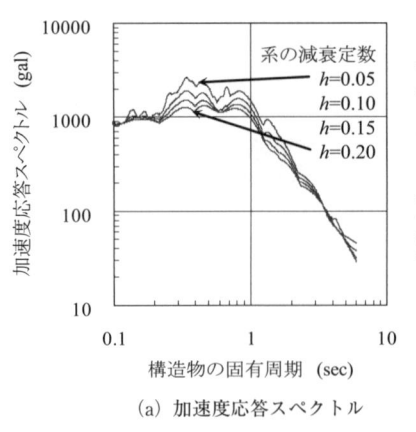

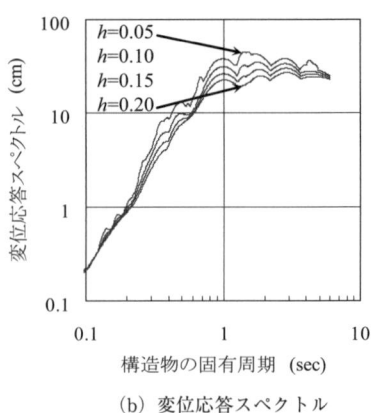

図 2.2 1自由度の振動系　　　　**図 2.3** 神戸海洋気象台記録（NS 成分）の応答スペクトル

(a) 加速度応答スペクトル　　(b) 変位応答スペクトル

と呼び，どれくらい粘り強く変形できるかは，せん断破壊に対する補強の程度や，コンクリートは横方向に拘束すると強度が増大するため，圧縮側コンクリートの拘束の程度に依存している．

以上が静的な一方向の荷重に対する構造物の変形と破壊を模したものである．一方，地震のような動的で正負の作用に対する応答は，構造物の固有周期と減衰特性に大きく依存する．

図 2.2 の振動モデルに地震動を与えた場合について考えよう．1 自由度の振動系に地震動を与えた場合の応答は，応答スペクトルにより表現することができる．応答スペクトルとは，1 自由度の振動系の固有周期と減衰定数を変化させながら，特定の地震動に対する応答（加速度，速度，または変位）を求め，固有周期を横軸，応答の最大値を縦軸にとりグラフ化したものである．

図 2.3(a) の加速度応答スペクトルは，1995 年兵庫県南部地震の神戸海洋気象台記録（NS 成分）について求めたものである．スペクトルの形状を見ると，0.5 秒付近でピークをもっているが，これは，この地震動が 0.5 秒付近の周期の振動成分を多く含み，それより長周期の成分があまり含まれていなかったためである．このように地震動は地盤に応じて卓越する周期帯域をもっており，その周期帯よりも構造物の周期を長く設定すれば加速度応答が低減されることがわかる．また，同じ固有周期であれば，減衰定数が大きい方が応答は小さいこともわかる．

図 2.3(a) の加速度応答スペクトルを見ると，長周期化するほど加速度が低減するという利点が得られる一方で，図 2.3(b) の変位応答スペクトルに見られるように，長周期化するほど変位応答が増加するという不都合も伴う．長周期化により慣性力を低減するだけではなく，減衰を増大させて変位を抑えることも重要である．

実際の構造は複雑な機構をもっており，1 自由度のモデルとは異なる．また，地震時の変位と復元力の関係は非線形であるので，正確にはここで述べたような弾性を仮定した応答とは異なる．しかし多くの場合には，固有値解析を行って得られる一次のモードに起因する応答成分が卓越しており，非線形の応答を等価な線形の系に置き換えることができると，以上に述べたようなことがほぼ当てはまる．

以上のことから，「構造物の固有周期を変える」「減衰を大きくする」の 2 つの方法により，構造物側での振動応答を増幅させないようにすることが可能であることがわかる．これが，免震の原理である．

▶ **2.1.2　既存 RC 構造物の耐震性**

各種の構造物は，地震動はもちろん，供用期間中に受けるあらゆる荷重や作用に対して，使用性や安全性が確保されるように設計されなければならない．そのための設計手法は，技術の進歩とともに高度化してきた．耐震設計規準については，国内外の大地震により構造物に甚大な被害が生じるたびに，見直されてきた．その見直しの対象には，設計で考慮する地震動の強さや波の特性，耐力式など損傷や破壊の評価手法の精度，あるいは倒壊を防ぐための構造物全体としてのシステムなどが含まれている．

時代とともに，耐震設計規準が改訂され，考慮する地震動の強さも段階的に引き上げられたことから，その時代の設計法に従っていても，構造物の設計年代によっては，耐震性にばらつきが生じること

になる.特に,古い規準では,大規模地震に対する耐震性を設計時に検討していないので,特別な事情がなければ,古い耐震設計規準で設計し施工されたRC構造物の中には,兵庫県南部地震のように今日の設計で考慮しているような大規模な地震に対する耐震性能は,必ずしも保証されていない,いわゆる既存不適格が存在するのが実情である.

過去の耐震設計規準の改訂の契機となった地震は,関東地震(1923),新潟地震(1964),十勝沖地震(1968)などである.幾多の改訂の中でも,最も重要なものは,1978年の宮城県沖地震と1995年の兵庫県南部地震の地震被害を受けた改訂であろう.端的にいえば,宮城県沖地震を契機に,落橋に対する配慮が充実され,せん断破壊に対する規定が強化され,さらに耐力だけでなく靭性に配慮した設計法が導入された.また,兵庫県南部地震を契機として,地震動による構造物の応答を評価する手法として動的解析が大幅に取り入れられるようになり,設計で考慮する地震動としては,従来までのものに加え,当該地点における最大級の地震動が考慮されるようになった.古い構造物に対する耐震補強はそれまでも進められていたが,兵庫県南部地震における誰もが予測できなかった甚大な被害に鑑み,既存構造物の保有耐震性能についての関心が高まり,耐震診断の結果,耐震補強が進められてきたことはいうまでもない.

こうした過去の地震被害や耐震設計の変遷については既往の資料[1,2]を参照していただくこととして,ここではRC構造物の耐震補強を考える上で最も重要な,せん断破壊と段落し部の破壊について,説明する.

a. せん断破壊

(1) せん断力に対する抵抗機構とせん断破壊

柱や梁などのRC部材の曲げ破壊,正確には引張鉄筋が降伏する曲げ引張破壊では,引張鉄筋の引張力は,降伏とともに保持され,曲げひび割れ幅が拡大していくことで,圧縮合力の作用位置から引張鉄筋図心までのアーム長が増えるので,抵抗曲げモーメントは低下することなく,変形が進みながら緩やかな耐力の上昇を示し,圧縮縁のコンクリートが圧壊して最大耐力を迎える.RC橋脚などの軸圧縮応力は比較的小さいために,曲げ破壊が生じても,軸圧縮耐力を失うことはない.

一方,RC部材は,作用するせん断力に対して,斜めひび割れ面における骨材の嚙合せ,圧縮域のコンクリートのせん断抵抗,軸方向鉄筋のダウエル作用,および帯鉄筋などのせん断補強鉄筋が受け持つせん断力の4つの要因で抵抗している.荷重の増加と各せん断力の分担の概念[3]を,図2.4に示す.

4つの要因のバランスは,荷重とともに変化する.せん断補強鉄筋が降伏すると,せん断補強鉄筋の受け持つせん断力は増えずに,斜めひび割れ幅が増加

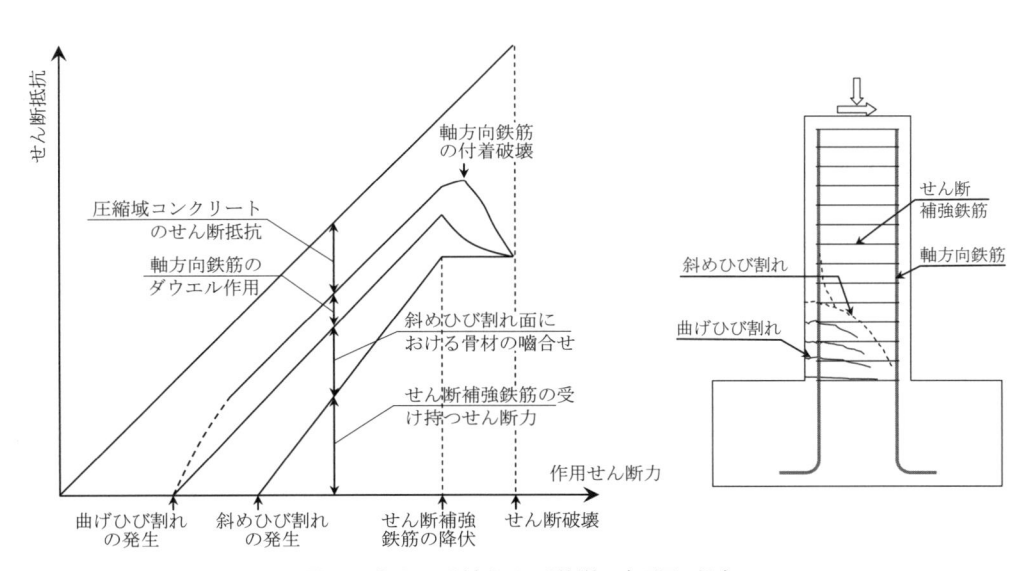

図2.4 作用せん断力とせん断抵抗の各要因の概念

するため骨材の噛合せによるせん断抵抗は減少する．さらに，ひび割れが軸方向鉄筋に沿って進展するとダウエル作用による抵抗力も減少する．

このように，せん断耐力を構成する各負担分のうち，帯鉄筋負担分を除く大部分が減少する結果，せん断破壊は，曲げ破壊に比べ，脆性的な破壊モードとなる．せん断破壊した橋脚や柱部材では，軸方向圧縮力を受け持つこともできなくなるので，構造物の崩壊といった，大きな地震被害に結び付くことが多い．

(2) せん断に対する設計法の変遷[4]

道路橋や鉄道橋は，それぞれ道路橋示方書，鉄道構造物等設計標準に従って設計されている．ここでは，それらの設計基準の原型ともいえる土木学会のコンクリート標準示方書におけるせん断力に対する設計法について，特に許容せん断応力度と帯鉄筋量の変遷について整理しておく．

橋脚や柱の部材の設計において，部材の断面は，せん断耐力が作用するせん断力を上回るように設計される．古くから，せん断耐力は，帯鉄筋などのせん断補強鉄筋による負担分とそれ以外の負担分（一般に，コンクリート負担分と呼んでいる）に分けて考えられていた．

1980（昭和55）年の改訂までは，せん断力に対する検討断面のせん断応力度 $\tau = S/(b_0 jd)$（S：せん断力，b_0：部材断面の腹部の幅，jd：圧縮合力の作用点から引張鉄筋図心までの距離で一般に $d/1.15$）が，地震に対して検討するときの許容せん断応力度 $1.5 \times \tau_{a1}$（τ_{a1}：コンクリートのせん断応力の許容値，1.5：地震時の割増係数）よりも小さければ，断面には別途規定される最小帯鉄筋のみを配置すればよいとされていた．

一方，せん断応力度が許容値を超えた場合は，作用する全せん断力のすべてを帯鉄筋で負担させることになっていた．これは，古典的トラス理論といって，斜めひび割れ発生後において，せん断補強鉄筋以外のせん断力負担分を無視した考えである．

こうした設計法のため，設計者は，せん断応力度が許容値を超えた場合，せん断応力度が許容値以下となるように断面を大きくするように変更するのが一般的であった．その結果，現在の知見からすれば，

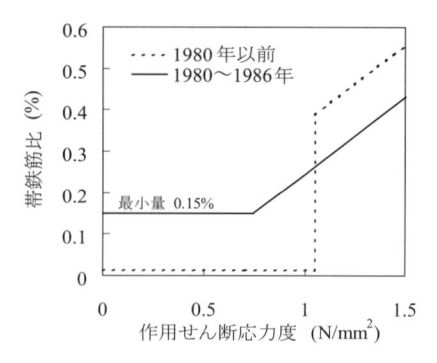

図2.5 帯鉄筋量の算定方法の変遷[5]
コンクリートの設計基準強度：$24\,\text{N/mm}^2$，鉄筋の材質：SD295．

せん断破壊しやすく，靱性の不十分な部材が多く設計されることとなったのである．

部材の作用せん断応力度と断面に配置される帯鉄筋比の関係の例を，図2.5に示した．当時の帯鉄筋の最小量は後述するように著しく小さいため，作用せん断応力度が $1\,\text{N/mm}^2$ 程度以下の諸元では，1980年以降に比べ，帯鉄筋比は非常に小さくなっていたことがわかる．

1980（昭和55）年の改訂の際に，許容値 τ_{a1} が大幅に引き下げられ，同時にコンクリート負担分として許容せん断応力度の $1/2$ を考慮することとなり，残りを帯鉄筋で負担することになった．

なお，現在の示方書は，上述の許容応力度設計法ではなく限界状態設計法に基づくものであり，終局限界状態に対する設計において，せん断耐力はコンクリートが負担するぶんと帯鉄筋などのせん断補強鋼材の負担するぶんの和で表されるとしている．コンクリート負担分は，コンクリート強度，引張鉄筋比，および部材の寸法などを考慮することで精度が向上したが，コンクリート負担分とせん断補強鋼材の負担分の累加式である点は，許容応力度設計法の時代と同じである．

帯鉄筋の最小量は，1931（昭和6）年の規定では，直径 $6\,\text{mm}$ 以上の帯鉄筋を柱の最小幅以下かつ軸方向鉄筋直径の12倍以下の間隔で配置するように規定されていた．1956（昭和31）年の改訂では，帯鉄筋径の48倍以下との規定が追加されたが，こうした規定は1970年代まで踏襲された．その後，1980（昭和55）年の改訂で最小鉄筋比がコンクリート断面積の 0.15% 以上と規定され，さらに，1986

(昭和61) 年の規定では 0.2% に引き上げられた.

このように，最小帯鉄筋比は，その値そのものではなく，鉄筋の径などに応じて規定されていたため，帯鉄筋比の変遷を直接見ることはできないが，一例として，断面寸法が 1 m×1 m で，軸方向鉄筋に D32 を用いた柱部材として示すと，図 2.6 のようになる．現行の示方書の規定から見ると，1970 年代までの構造物の帯鉄筋比が著しく低いことがわかる．

以上が，土木学会のコンクリート標準示方書のせん断力に対する設計法の変遷である．

なお，橋脚躯体とフーチングの接合部，フレーム構造物における柱と梁の接合部，あるいは後述する段落し部などの軸方向鉄筋量が大きく変化する位置においては，地震による繰返し荷重を受けると損傷しやすい．さらに，ラーメン高架橋の施工では，柱上部にコンクリートの打継面が設けられることが多く，ブリージングによりコンクリートの強度が弱くなる傾向がある．こうしたことから，1980 年以降の道路橋や鉄道橋の規準では，部材接合部や段落し位置における最小帯鉄筋比として，0.2% よりも大きな値が規定されている．

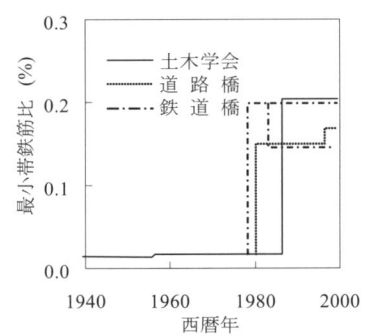

b. 軸方向鉄筋の段落し部の破壊

一般的な独立1本柱形式の橋脚は，基部がフーチングに固定されていて，地震時には頂部に上部構造である主桁の慣性力を受ける．橋脚自身の慣性力を無視すれば，地震時の曲げモーメント分布は，単純な三角形になる．橋脚には基部の曲げモーメントに対して必要となる鉄筋量を配置することになるが，この鉄筋量は橋脚の上方にいくほど，その位置の曲げモーメントに対して不要となるから，橋脚の高さ方向の途中で鉄筋の一部を間引いていた．これを軸方向鉄筋の段落しという．ただし，単に，鉄筋を途中で止めるのではなく，その断面位置から，鉄筋の定着長さを確保していた．こうすれば，合理的な鉄筋配置のようにも見える．

図 2.7 のように，独立1本柱形式の橋脚の曲げモーメント分布を考えてみる．ある断面 B での曲げモーメントは，三角形の曲げモーメント分布では，M_b である．しかし，鉄筋コンクリートには，容易にひび割れが生じる．したがって，斜めひび割れが発生した状態の力の釣合いを考えると，断面 B での鉄筋の引張力は，斜めひび割れの部材軸への投影長さ l だけ移動した断面 A の曲げモーメント M_a に対応

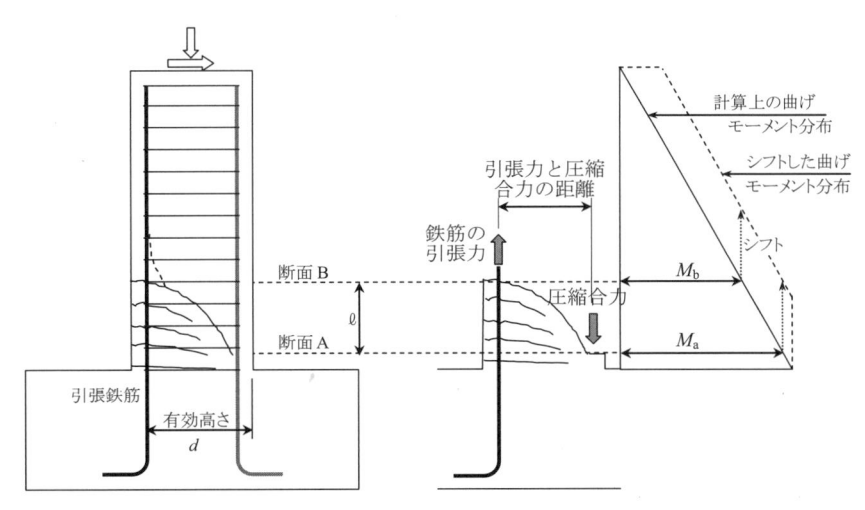

図 2.6 最小帯鉄筋比の変遷[4]
(1m×1m で軸方向鉄筋に D32 を用いた部材の一般部)

図 2.7 橋脚のひび割れと斜めひび割れに沿った断面での力の釣合い

する大きさとなる．

このように斜めひび割れが発生すると，斜めひび割れの傾斜角度に応じて，軸方向鉄筋に発生する引張力は大きくなる．これは，鉄筋引張力が，あるいは曲げモーメントが，部材の軸方向にシフトしたのと同じ効果であることから，モーメントシフト，またはテンションシフトと呼んでいる．RC橋脚では，斜めひび割れは，部材の軸に対しおおむね45度方向に伸びるので，設計では，シフトする距離lを部材の有効高さdとしている．

このモーメントシフトを考慮すると，段落しする鉄筋を定着する位置も，計算上の曲げモーメント分布に応じて，その鉄筋が不要となる断面から部材の有効高さだけ延長し，そこからさらに定着長を確保して定着する必要がある．これが考慮されていないと，橋脚の基部よりも先に，段落し位置において鉄筋が降伏したり，段落しの近くでせん断破壊する可能性がある．

1980年よりも古い設計基準ではこうしたことが考慮されていなかった．1980（昭和55）年の道路橋示方書の改訂において，モーメントシフトの考え方だけでなく，軸方向鉄筋の段落し位置における損傷を防止するために，段落し部の許容せん断応力度を一般部の2/3に低減するなどの規定が追加されている．

▶ 2.1.3　耐震補強の考え方

前述のような構造物の地震に対する基本的な特性をふまえ，構造物の耐震性を向上させる基本的な考え方について整理する．

構造物の耐震補強は，構造物を構成する各部材の耐震性能を補強により向上させるという本来の意味に加えて，地震応答の低減や，地震による損傷軽減のための方策を総称したものであり，a.耐力を増加させる（耐力の向上），b.変形性能を向上させる（靱性の向上），およびc.構造物に作用する地震力を減少させる（地震時慣性力の低減）の3つに分類されている．

a.　耐力の向上

構造物を構成する部材のうち，地震に対して最も弱い部材の耐力を増大させれば，構造物が地震で受ける損傷を低減することができる．たとえば，既設部材の断面を大きくしたり，既設部材の表面に補強材料を貼り付けたり，あるいは構造物の中に新たな部材を追加して，構造物の地震に対する耐力を向上させるものである．補強の結果，一般に剛性も増大するので，地震による構造物の変形は小さくなる．地震のような動的な荷重に対する強度が静的な荷重に対する強度と異なるのは，構造物の固有周期により応答加速度，すなわち作用地震力が変わるためである．なお，補強前の固有周期と補強後の固有周期が異なるために，補強前後で作用地震力が異なり，固有周期が短くなるので一般には作用地震力が増大することに注意しなければならない．

ここで，耐力とは特殊な構造物を除けば，一般にせん断耐力と曲げ耐力であり，そのどちらか，場合によってはその両方の向上が必要となる．軸方向に引張力を負担するような材料を部材表面に接着するなどして曲げ耐力を向上させることは比較的容易であるが，実際の施工においては，接着する材料の定着を確実に行う必要がある．ただし，単に曲げ耐力を向上させると，破壊モードが曲げ破壊からせん断破壊に変化するおそれがある．また同様に，補強した部材の耐力を向上させた結果，構造全体としての破壊が，他の部材に脆性的な破壊モードをもたらしたり，あるいは補修が不可能な部材の破壊となってしまうこともあるので，耐力の向上においては，接合部の耐力や構造全体での耐力のバランスに注意が必要である．

b.　靱性の向上

新設構造物においても，地震に対しまったく損傷を許さないとする設計思想は合理的とはいえない．耐震補強においても，ある程度の損傷が生じ変形が増大することを許容すれば，より大きな地震エネルギーを吸収することが可能になる．靱性とは，構造物や部材に損傷が発生しながらも，粘り強く変形することであり，地震に対しては，繰返し塑性変形を生じて地震エネルギーを吸収する性能をいう．

地震に対するRC構造物の応答には，図2.8に示すエネルギー一定則がおおむね成り立つ．エネルギー一定則とは，構造物を完全弾塑性型の復元力特性をもつ1自由度系と仮定した上で，これが地震動

を受けたときに，弾塑性応答と弾性応答の両者の入力エネルギーがほぼ同じとなるという性質である．すなわち，構造物の水平変位と水平力の関係は，図2.8において，構造物が弾性である場合の吸収エネルギー△ACDと弾塑性応答が生じた場合の吸収エネルギー□ABFEの面積が等しくなるような最大応答変位が生じる．

したがって，塑性域に入っても構造物の水平耐力が急激に減少することなく十分変形できる性能があれば，塑性域に入るときの水平力，すなわち耐力は小さくてもよいことになる．したがって，靱性の大きな構造物にすれば，ある程度の損傷を受け，より大きな変形が生じるが，破壊には至らないようにすることができ，耐震設計上，合理的な方法である．

耐震補強における靱性の向上とは，地震時の変位や地震後の残留変形が許される範囲で変形性能を増大させて，脆性的な破壊を防止するものである．詳細については後述するが，鉄筋コンクリート柱などの軸方向部材においては，部材表面を補強してコアコンクリートの拘束を高め，変形性能を向上させるものである．

c．地震時慣性力の低減

慣性力の低減とは，地震時の慣性力を低減するあるいは分散して吸収することで各部材に発生する断面力を低減するものである．その方法の1つに，地震動と構造物の共振を避けるために構造物の固有周期を伸ばし，減衰を付加する免震工法がある．

耐震補強における免震の効果を模式的に表すと，図2.9のようである．免震構造でない補強前の構造物に対して，固有周期を伸ばすと同時に減衰を付加して，もとの構造物よりも地震応答を低減することができる．橋梁の免震工法は，上部構造を支持している支承を免震支承に交換するものである．その際，上部構造である主桁を特定の橋脚で固定している場合，その橋脚のみに地震力を負担させる構造系から複数の橋脚にバランスよく地震力を分散して負担させる構造系に変える効果もある．

実際の耐震補強においては，上記のa, b, c, 3つ

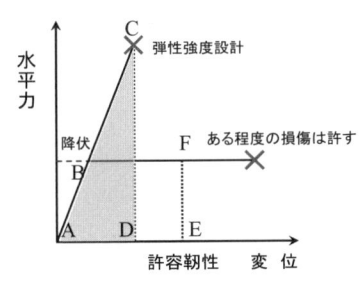

図2.8 靱性があると強い理由：エネルギー一定則

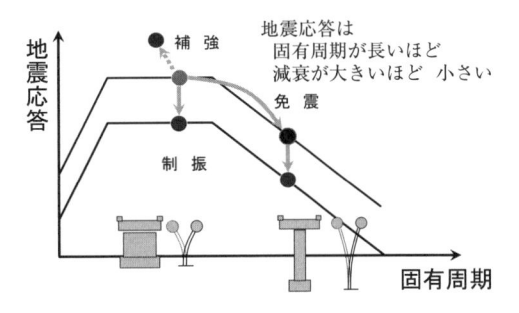

図2.9 加速度応答スペクトルにおける免震の効果

表2.1 橋梁の耐震補強法の分類[6]

耐震補強の目的	力学的な要求耐震性能	耐震補強法
下部構造躯体の耐震性の向上	曲げ耐力・せん断耐力の向上，変形性能の向上 剛性の向上（変形の拘束）	鉄筋コンクリート巻立て，鋼板巻立て，炭素繊維シート・アラミド繊維シートなどの巻立て プレキャストパネルを用いた巻立て，耐震壁・ブレース増設（ラーメン構造），補剛材の増設
基礎構造の耐震性の向上	地盤の液状化抵抗の向上 支持力（鉛直，水平）の向上 基礎本体の耐力・変形性能の向上 洗掘による支持力不足対策	地盤改良 増し杭 フーチング拡大 地中壁の設置，根固め
支承構造の耐震性の向上	水平耐力の向上 変形性能の向上	支承の交換（ゴム系支承との交換） 変位制限構造の設置
橋全体系の耐震性の向上	地震時慣性力の低減 構造形式の変更による耐震性向上 全体系の変位の制限	免震構造，制振構造，全体系の中で慣性力分担の調整 ヒンジ部の剛結，主桁の連続化 全体系の中で変位の制限
フェイルセーフ機構	落橋防止システムの設置	桁かかり長，落橋防止構造，変位制限構造，段差防止構造

の考え方のどれか1つにより全体としての耐震性を向上させることは必ずしも有効ではなく，構造物や施工の条件に応じて，いくつかを組み合わせることも必要になってくる．

橋梁を例として，上記の要求性能を向上させ，構造物全体としての耐震性能を向上させることを考えてみる．どの部材の耐震性を向上させるかによって補強方法を分類すると，表2.1のようになる．実施工においては，この中から設計・施工の制約条件，補強効果，コストを考慮し，必要に応じて組み合わせて選択されている．また，橋梁特有の事項として，上部構造である主桁を支承が支持している形式の橋梁においては，支承部が破壊されると落橋の可能性があることから，橋脚や基礎などの各部材の補強以外に，支承構造の補強と落橋防止システムの設置が必要である．

▶2.1.4 耐震補強の考え方と各種補強工法の対応

土木構造物における耐震補強の考え方には，上述のように，耐力の向上，靱性の向上，地震時慣性力の低減の3つがある．これらに対応する各種の補強工法としては，大別して以下のようなものがある．

耐力の向上および靱性の向上は，2.2節で説明する「構造部材の耐震補強」および2.3節で説明する「部材増設による補強」が対応する．構造部材の補強には，部材増厚，補強材被覆，および補強材挿入などがあり，部材増設には，壁増設およびブレース増設などがある．

地震時慣性力の低減を目的とした耐震補強は，"全体系を考慮した耐震補強"とも呼ばれ，2.5節で説明する，免震化工法および変位拘束工法などがある．

耐震補強工法についての一般的な工法は後述するが，こうした分野においては新材料・新工法・施工法の開発がめざましい．こうした工法などは，力学的な効果だけでなく，耐久性などの所要の性能も確認した上で適用する必要がある．

個々の補強方法について次節以降で説明する前に，コンクリート橋梁を例として，耐震補強工法の概要を見ておこう．

橋梁の耐震補強は一般に図2.10のように分類さ

```
構造部材の補強 ─┬─ 橋脚の補強
による耐震補強  ├─ 基礎の補強
                └─ 支承の補強

全体系を考慮した耐震補強 ─┬─ 免 震 化
                          ├─ 多径間連続化
                          ├─ 反力分散形式
                          └─ 変位拘束形式

落橋防止システムの設置 ─┬─ 落橋防止構造の強化
                        ├─ 変位制限構造の強化
                        ├─ 桁かかり長の確保
                        └─ 段差防止装置の設置
```

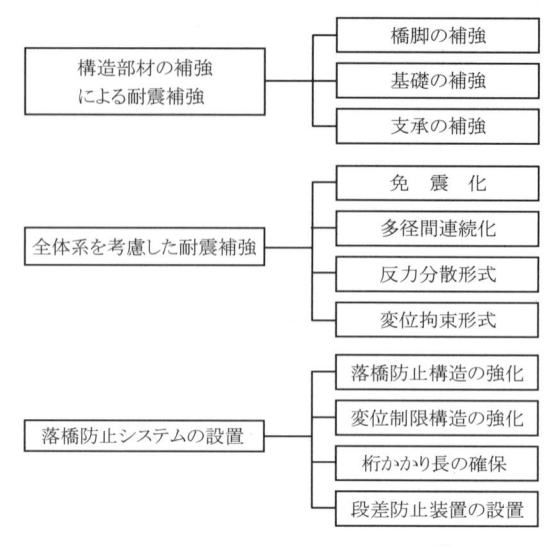

図2.10 コンクリート橋梁の耐震補強[7]

れる．ただし，実際の耐震補強においては，どれか1つの方法で構造物全体としての耐震性能を向上させることは必ずしも合理的ではなく，構造物や施工の条件に応じて，補強効果やコストを考慮しながら，いくつかを組み合わせることも必要である．

(1) 構造部材の補強による耐震補強

構造部材の補強による耐震補強は，橋脚などの橋を構成する部材の耐力や靱性を向上させることにより，橋全体系の耐震性能を確保するものである．具体的な工法については，2.2節に述べる．

(2) 全体系を考慮した耐震補強

全体系を考慮した耐震補強とは，一部の部材の補強を行うのではなく，構造系を変更するなどして，橋全体系として耐震性能を確保することにより，ある部材の損傷が構造物全体の致命的な破壊に至らないようにするものである．

具体的には，橋脚に対する補強を行わないか最小限にとどめ，免震工法，慣性力分散工法，変位拘束工法により，地震時の慣性力を低減することで各部材に発生する断面力を低減したり，橋全体系の変位を拘束したりすることで，橋全体としての耐震性能を向上するものである．詳細は，2.5節に述べる．

(3) 落橋防止システムの設置

落橋防止システムとは，支承部が損傷した場合でも，上部構造の大変位に伴う落橋を防止するためのものである．耐震補強における落橋防止システムの設置とは，既設の落橋防止装置を補強あるいは落橋

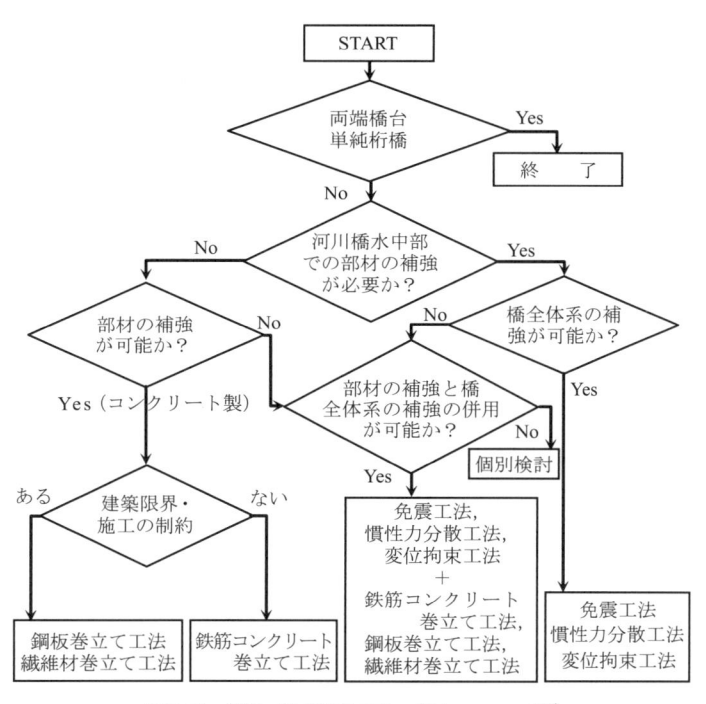

図 2.11　橋梁の耐震補強工法の選定フローの例[8]

防止構造を新設したり，上部構造の連続化や橋脚頂部の拡幅により桁かかり長を確保するものである．詳細は 2.6 節に述べる．

橋梁の甚大な被害に結びつく損傷は，橋脚および支承部に生じるので，橋脚の補強対策および落橋防止対策を行い，これらの部材の損傷を軽減し橋としての耐震性能を確保するのがよい．実際の耐震補強においては，個々の条件に応じて，上記の補強工法の中から選定あるいは組み合わせて適用している．そうした耐震補強工法の選定フローの一例を図 2.11 に示す．

まず，両端が橋台で支持された単純桁構造の橋である場合は，一般に耐震補強の対象としない．両端に橋台を有する橋においては，地震時の橋軸方向の変位は橋台との衝突により拘束される．このような現象は新設橋梁の設計では一般に考慮されていないが，橋台やその支持地盤が安定している場合には，拘束による効果は高く，落橋などの被害に至ることはほとんどない．こうしたことから，両端を橋台で支持された橋梁は，もともと耐震性は高いとされており，一般に耐震補強の対象としていない．

次に，橋脚の補強工法の選定に進む．橋脚の耐震補強は，段落し部の曲げせん断破壊やせん断破壊による倒壊，曲げ破壊に伴う大きな残留変位を防止するために，橋脚の特性に応じて，段落し部の補強，せん断補強，靱性補強，残留変位低減対策を選定する．巻立て工法が基本となるが，水中部の橋脚の場合は，水中部の橋脚基部を施工するための締切りや仮設桟橋などの仮設工事が大がかりになる．また，桁下を営業利用している場合には，施工上の制約が大きい．こうした場合は，橋全体系の補強を検討するのがよい．

巻立て工法が適用できる場合には，経済性に優れる鉄筋コンクリート巻立て工法が優先して採用される．ただし，断面が大きくなることに対する建築限界の制約，部材の重量増加による基礎構造への負担増加，施工性などから，鉄筋コンクリート巻立ての適用が困難な場合には，他の巻立て工法が検討される．

なお，既往の地震被害を整理した結果では，基礎本体の破断や残留変位などといった基礎の安定に影響を及ぼす重大な地震被害は生じていない．また，基礎の耐震補強は一般に多大なコストを要する．こうしたことから，基礎は補強しないか最小限の補強に止めるのがよいとされている．

2.2 構造部材の耐震補強

RC構造部材の耐震補強工法には必ずしも統一した分類はないが，大別すると，巻立て工法と補強材挿入工法に分類され，巻立て工法は，さらに部材増厚と補強材被覆に分けられる．これらを表2.2に示す．なお，これらの工法は他の全体系の補強による工法と併用されることもある．

巻立て工法とは，文字どおり，もとの部材の断面を巻き立てて，一回り大きくするもので，柱状の部材であれば，一般に断面の全周を巻き立て，壁状の部材であれば，片面または両面に増厚する．巻立て工法の詳細な分類を，表2.3に示す．

補強材挿入工法は，部材の表面から細長い孔を削孔し，孔内に鉄筋などの補強材料を挿入し，セメントグラウトあるいは樹脂により一体化するものである．挿入方向のせん断耐力を向上させたり，拘束効果を高めることで靱性の向上を図るものである．

RC部材の耐震補強は，橋脚の躯体や地下トンネルの中柱などの柱状の部材では多くの実績があるが，それ以外での実施例は少ない．これは，地上タンクの側壁のように耐震に対して余裕があることも事実であるが，必ずしも有効な補強方法がないことにもよる．つまり，橋脚の躯体のように，耐震上の弱点部があり，その部分的な補強で構造全体の耐震性を向上させることができないのである．たとえば，杭を補強すればよいことはわかっていても，費用を考えると有効な工法がないなどの場合がある．

▶2.2.1 巻立て工法による補強

鉄筋コンクリート部材に曲げモーメントが作用し

表2.2 RC構造部材の耐震補強工法の分類[9]

分類		概要	工法の例
巻立て工法	部材増厚	断面の外周（またはある面）に，鉄筋コンクリートを新たに巻き立てて，断面を大きくして一体化させる．断面積，有効高さ，鋼材量が増加することで，断面耐力が向上する．曲げ耐力を向上させるには軸方向鉄筋を，せん断耐力を向上させるには帯鉄筋を配置して巻き立てる	コンクリート巻立て工法，モルタル吹付け工法，プレキャストパネル巻立て工法など
	補強材被覆	断面外周（またはある面）に，高強度の材料（鋼板，連続繊維シートなど）を接着して巻き付ける（または貼り付ける）ことで，耐力を向上させる．連続繊維シートの場合，曲げ耐力を向上させるには軸方向に，せん断耐力を向上させるには周方向に貼り付ける	鋼板巻立て工法，FRP（炭素繊維・アラミド繊維）シート巻付け（接着）工法，FRP吹付け工法など
補強材挿入工法		部材の軸直角方向（断面の高さ方向，壁の厚さ方向）に削孔して棒状の補強材を挿入・一体化して，挿入方向のせん断耐力を向上，あるいは拘束効果を高め靱性を向上させる	鉄筋挿入工法，PC鋼材挿入工法，一面耐震補強工法など

表2.3 巻立て工法の分類[9]

分類	補強工法	補強工法の概要
部材増厚	コンクリート巻立て工法	既設部材の周囲に鉄筋またはPC鋼材を配置し，コンクリートを打設し，断面を増加させて補強を図る工法．比較的大断面の補強を行う場合に適用される
	モルタル吹付け工法	既設部材の周囲に帯鉄筋やスパイラル鉄筋などを配置し，モルタルを吹き付け一体化することにより補強を図る工法．一般に，コンクリート巻立て工法に比べ部材断面の増加を少なくできる．PC鋼線などを用いることも可能である
	プレキャストパネル巻立て工法	内部に帯鉄筋などを配置したプレキャストパネルを柱部材周面に配置し，接合キーにより閉合し，柱とパネルの空隙にグラウト材を注入することにより一体化し，補強を図る工法
補強材被覆	鋼板巻立て工法	既設部材に鋼板を巻き，鋼板との間に無収縮モルタルやエポキシ樹脂などを充填して，せん断および靱性補強を行う．曲げ補強も期待する場合は，部材接合部や基礎に鋼板を定着することにより可能となる
	FRP（炭素繊維・アラミド繊維）シート巻付け（接着）工法	炭素繊維シートあるいはアラミド繊維シートなどを含浸樹脂を用いて部材表面に貼り付けて，補強を図る工法．クレーンなどの重機が不要であり，補強厚さも薄く建築限界などに対する支障が少ない
	FRP吹付け工法	ガラス繊維などと樹脂をスプレーガンで直接部材表面に吹き付けて，補強を図る工法．補強厚も薄く，建築限界などに対する支障が少ない．スチロールクロスなどを併用することにより，補強効果をさらに向上できる

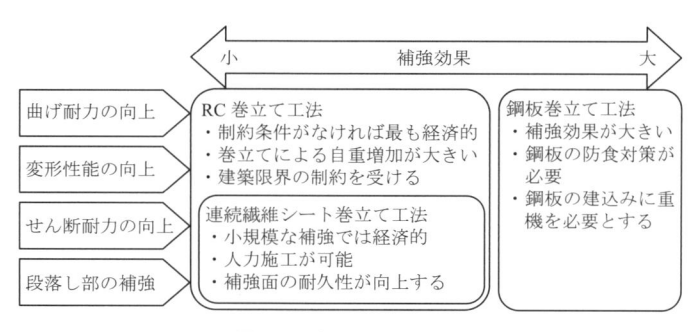

図2.12 巻立て工法の特徴

表2.4 鉄筋コンクリート柱部材の耐震補強工法の特徴

工法	RC巻立て工法	鋼板巻立て工法	連続繊維シート巻立て工法
概略図	補強鉄筋	セメントモルタルまたは樹脂注入／鋼板	新素材シート
補強厚	25 cm以上	4 cm前後	1～2 cm
特徴	維持管理が容易,重量増による基部負担増,補強厚さが厚い	補強厚さが薄い,補強効果が高い,重機作業が必要,塗装の塗り替えが必要	軽量で施工性に優れる,補強厚さが薄い,品質管理に留意を要する,曲げ耐力の向上に不向き
経済性	一般に安価である	一般に高価である	補強規模が小さい場合は安価

次第に増加していくと,引張側では鉄筋が降伏しひずみが増加する.一方,圧縮側においてはかぶりコンクリートがはく離し,やがて軸方向鉄筋が座屈する.地震時においてこのような状態が交互に繰り返し生じると,内部コンクリートにまで損傷が徐々に進行するとともに,場合によっては軸方向鉄筋が破断し,その結果,部材の曲げ耐力が低下する.

このような損傷を防ぐためには,軸方向鉄筋の座屈を抑制することが効果的であり,このためには軸方向鉄筋を取り囲んで帯鉄筋を配置するのが有効である.この帯鉄筋の部材軸方向の間隔は,軸方向鉄筋の直径などにもよると考えられるが,一般には15 cm程度以下とされている.

橋脚の躯体などの柱状の部材の補強工法には,表2.4に示すRC巻立て工法,鋼板巻立て工法,連続繊維シート巻立て工法がある.図2.12に,各工法の特徴を示す.

a. RC巻立て工法

RC巻立て工法は,軸方向鉄筋と帯鉄筋,中間貫通帯鉄筋の組合せにより様々な補強に対応できる.曲げ耐力補強の場合には,軸方向鉄筋をフーチング

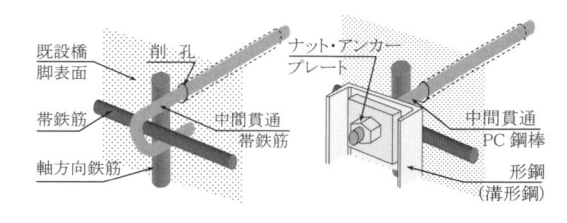

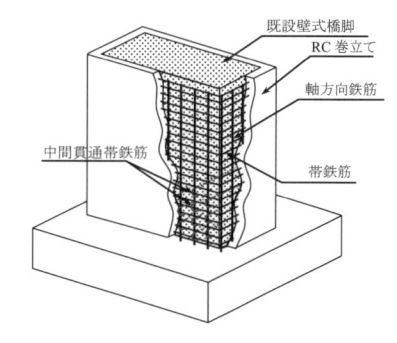

図2.13 壁式橋脚のRC巻立て

などにアンカー定着する.施工条件に制約がなければ,経済性に優れ,維持管理が容易なことからも,高速道路などの一般的な橋脚では最も実績のある工法である[10].しかし,増厚による死荷重の増加により基礎への影響が大きいため,厚さが制限され,補

強効果も限定される．

増厚や配筋は，施工性から以下の範囲で用いられるのが一般的である[11]．

増厚：　　　25 cm 以上
軸方向鉄筋：　D22～D32
　　　　　　　間隔 150～300 mm
帯鉄筋：　　　D16～D22
　　　　　　　間隔 100～150 mm

部材の断面が正方形に近い場合は，帯鉄筋による拘束効果が期待できるが，扁平な長方形の場合，短辺方向の拘束は必ずしも十分ではない．そこで，壁式橋脚などで靱性向上が必要な場合には，図 2.13 に示すように，地震時に塑性ヒンジが生じる箇所に中間貫通帯鉄筋または中間貫通 PC 鋼棒を設置して主鉄筋のはらみ出しを防止する工法がとられている[12]．

b. 鋼板巻立て工法

鋼板巻立て工法は，柱部材を鋼板で巻き立ててせん断耐力や段落し部補強をするとともに，フーチングへアンカー定着をすることで曲げ耐力と靱性を向上できる．巻立てによる寸法増加が少なく，様々な補強に対応できることから，都市部の高架橋のように建築限界の制限がある場合に多く用いられている．また，大きな補強効果が得られるため，他の巻立て工法で補強効果が不足する場合にも有効である．しかし，経済性にやや劣り，塗装の維持管理が必要となる．なお，地中部については，防錆を目的とした根巻きコンクリートを施工するのが一般的である．

鋼板厚は施工性も考慮して 4.5～12 mm で用いられるのが一般的である[11]．

靱性向上が必要な場合には，鋼板の横拘束効果を発揮するための処置として，地震時に塑性ヒンジが生じる箇所に下端拘束用鋼（図 2.14）や下端拘束用円形鋼板が設置される[12]．

c. 連続繊維シート巻立て工法

連続繊維シート巻立て工法は，軽量で高強度，高耐久な連続繊維シートを接着樹脂を含浸しながら巻き立てる工法である．連続繊維シートの種類は様々だが，国内での施工実績が多いのは炭素繊維およびアラミド繊維である．鋼板巻立てよりさらに薄く，材料が軽量で人力施工が可能な点から，他の工法で施工困難な条件では有利となる．また，材料自体が耐久性に優れており，外部との遮断効果も期待できるため既設部材の劣化を抑制することもできる[13]．しかし，材料が高価なため巻立て量が多い場合には不経済となる．また，アンカー定着による耐力向上に不向きなため，主に段落し部補強やせん断補強に適用される．

連続繊維シートの特性は原料や製造方法により異なり，炭素繊維シートの場合には強度，ヤング係数，繊維目付け量について様々なグレードのものが製品化されている[13]．

段落し部の補強では接着面がはく離しないよう十分な定着長が必要となり，適用可能なシート層数は，はく離破壊により制限される．これらについては算出方法も提案されている[11,13]．

また，接着面には十分な下地処理が必要となり，外部からの衝撃や紫外線による樹脂の劣化を防ぐために，ポリマーモルタルなどによる保護層が必要となる．

▶ 2.2.2　施工上の要素技術

a. アンカー定着工法

RC 柱や橋脚の曲げ補強を行う場合，いずれの工法においてもフーチングへのアンカー定着が必要となる．RC 巻立てによる橋脚の補強では太径の鉄筋を使用することが多く，削孔は削岩機やダイヤモンドドリルが使用されているが，その際に既設構造物へ与える損傷が問題となることがある．そのため，従来より定着長が短くて済むエポキシ樹脂による接

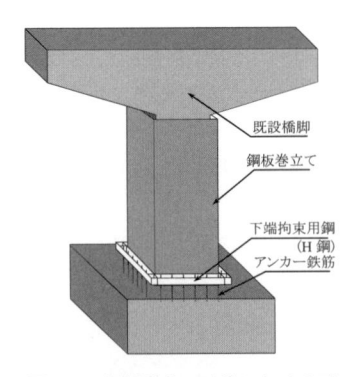

図 2.14　鋼板巻立て工法における下端拘束用鋼

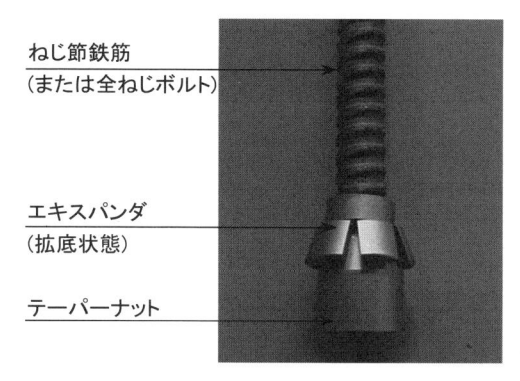

ねじ節鉄筋
(または全ねじボルト)

エキスパンダ
(拡底状態)

テーパーナット

図2.15 拡底式アンカー

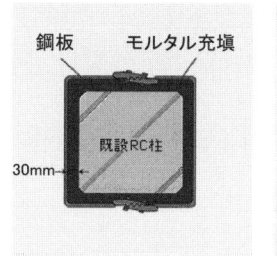

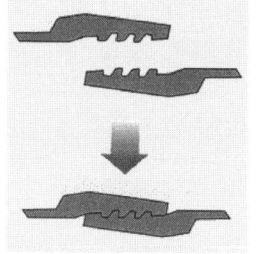

図2.16 鋼板の機械式継手

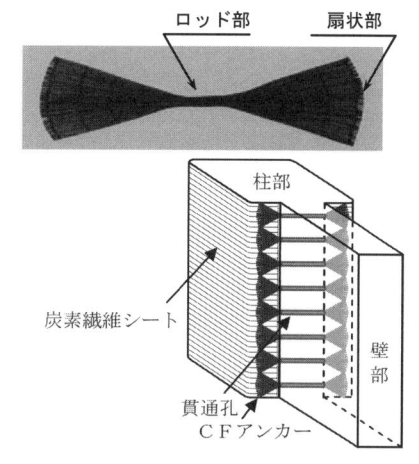

図2.17 CFアンカーによる定着

着系アンカーが主に用いられてきたが，さらにアンカー長を短縮できる拡底式後施工アンカー（図2.15）も開発されている[14]．これは専用のドリルであらかじめ拡底削孔を行い拡底アンカーを機械的に定着させるもので，通常の金属拡張アンカーのように定着時に既設構造物を傷めることが少なく太径のアンカー定着が可能となる．

b. 補強面の表面処理

RC巻立て工法では，既設構造物のコンクリート表面と巻立てコンクリートの付着が重要であり，施工において既設構造物の表面の目粗しや劣化部分のはつりが必要となる．これらの処理には，ディスクサンダー，ピックハンマー，あるいはハンドブレーカーを用いた人力施工が適用されてきた．しかし，ディスクサンダーでは表面の処理深さが浅く，レイタンスなどの除去が不十分となること，またピックハンマーとハンドブレーカーでは，かぶりコンクリートに微細なひび割れなどの損傷を発生させたり，鉄筋に損傷を与えたりする懸念があった．

これを解決するため，既設構造物の鉄筋とコンクリートに損傷を与えることのないウォータージェット工法が開発されている．ウォータージェット工法は高圧水を噴射してコンクリート表面を除去する工法で，水圧を調整することで劣化部分を効果的に除去することができる．また新旧コンクリートの付着性についても従来の処理方法より良好であることが報告されている[15]．

c. 鋼板の接合方法

鋼板巻立て工法では，分割した鋼板を現場での溶接作業により接合している．しかし，水中部での巻立てや火気を使用できない場所での巻立てなど，溶接が適用できない条件下での施工や急速施工を可能とするため，機械式鋼板継手が開発されている．

図2.16に示す例では，鋸状の噛合せ継手を鋼板の端部に工場で溶接し，現場では鋼板を機械的に接合するものである．こうした工法により，水中橋脚の鋼板巻立てを，締切り工によるドライアップなしに施工することも可能である[16]．

d. 連続繊維シートの定着方法

柱などの部材に対する連続繊維シート巻立て工法では，部材の全周に連続して繊維シートを貼り付け，繊維シートを閉鎖型とすることが必要である．しかし，柱に壁などが接合している場合には，連続繊維シートが壁で分断されてしまう．これを解決する工法として，CFアンカー[17]による工法が開発されている．

CFアンカーとは，図2.17に示すように，炭素繊維ストランドを束ね，その端部の繊維を扇状に広げて炭素繊維シートに接着するものである．壁に小径

2.2 構造部材の耐震補強　47

の孔を削孔してCFアンカーの繊維を通した後，端部を扇状に開き，柱に貼り付けた炭素繊維シートにこの扇状部を接着することで，閉鎖型の連続シートを貼り付けたのと同様の補強効果を得るものである．

従来，繊維シートをコンクリートに定着する場合は，繊維シートを鋼製ブラケットに接着し，この鋼製ブラケットをアンカーボルトでコンクリートに定着していた．CFアンカーは束ねてロッド状に加工した部分を，削孔したコンクリートに直接アンカー定着すること[18]も可能である．

▶2.2.3 補強材挿入による補強

RC巻立て工法では，靱性を向上させるために帯鉄筋をフックで定着し，中間貫通帯鉄筋などで拘束する必要がある．補強材挿入工法は，既設部材に削孔した貫通孔に補強材を挿入し，セメントグラウトあるいは樹脂により一体化することで，補強材挿入方向のせん断耐力と靱性の向上を図るものである．壁状の部材に対して，あるいは柱状の部材であっても全周の施工ができずに特定の面の施工しかできない場合に採用される．

補強材挿入工法に用いる補強材料としては，表2.5に示すように，鉄筋はもちろん，PC鋼棒，炭素繊維やアラミド繊維を棒状に加工したものなどが用いられている．

a. 壁式橋脚に対する補強材挿入工法

壁状の橋脚では中間貫通帯鉄筋の本数が多くなるので，補強材挿入工法の施工が困難となる場合が多い．そのため，中間貫通帯鉄筋の代わりにPC鋼棒により軸方向鉄筋のはらみ出しを防止する工法が採用されている．

図2.18に示す，アラミドFRPロッドを利用して軸方向鉄筋のはらみ出しを防止する工法[19]では，FRPロッドにプレストレスを導入することで，従来の工法よりも効果的に靱性とせん断耐力を向上することができる．また，腐食劣化に強いアラミドFRPロッドをPC定着具が不要なプレテンション方式により緊張・定着するため，金属製のPC定着具がなく，耐久性にも優れている．

b. 地下構造物に対する補強材挿入工法

鉄道・道路トンネル，共同溝，上下水道の貯水槽などの地下構造物においても，1980年よりも前の耐震設計規準により設計・施工されたものについては，大規模地震時に，部材である壁（側壁，底版，頂版の面外方向）のせん断耐力・靱性が不足することが懸念されている．しかし，背面が地盤に接する供用中の地下または半地下構造物では，補強工事を構造物の内側からしかできない．また，巻立てによる方法では，内空断面が減少してしまい，機能の低下につながる．

前述の巻立て工法や部材増設工法など，耐震補強には様々な工法があるが，ボックスカルバートなどの地下構造物では，建物や橋脚と異なり，施工性や経済性の観点から，耐震補強がなかなか進まないのが現状であった．

このような状況の中，背面に地盤などがある供用中の既設構造物に対して，部材の片側（内空側）からのみの補強が可能で，せん断耐力の向上が図れる工法として，鉄筋差込工法あるいは後施工型せん断補強工法と呼ばれる工法が開発されている．

これらの工法は壁の厚さ方向にドリルで削孔し，異形鉄筋を挿入して定着させ，建設当初に配置され

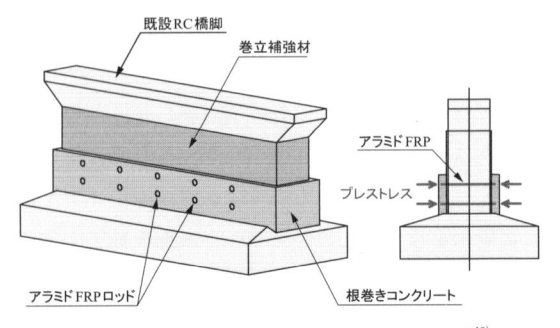

図2.18 アラミド・FRPロッドによる補強工法[19]

表2.5 補強材挿入工法の分類[9]

分類	補強工法	補強工法の概要
補強材挿入	鉄筋挿入工法	橋脚などの既設部材を削孔した後，鉄筋を挿入し，モルタルなどを充塡して躯体断面内に所要鉄筋量を追加することにより，せん断補強および靱性補強を行う
	PC鋼棒挿入工法	上記鉄筋の代わりにPC鋼棒を挿入する．必要により，プレストレスを導入する

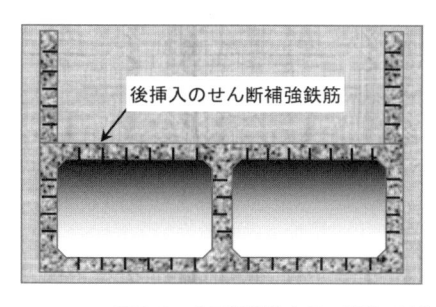

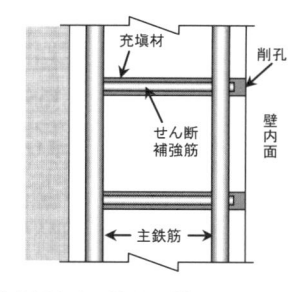

図 2.19 地下構造物とその補強（寸切り鉄筋を挿入する補強工法）

ているスターラップと同様のメカニズムにより，挿入した鉄筋がせん断耐力を負担し，せん断耐力の向上や靱性の確保を図るものである．

　(1)　寸切り鉄筋を挿入する工法

　本工法は，図 2.19 に示すように，地下構造物を構成する側壁の厚さ方向に削孔し，フックなどの定着部のない直筋（寸切り）の異形鉄筋を挿入し，鉄筋と削孔内壁との隙間にセメントグラウトや樹脂を注入してコンクリートと一体化させることにより，通常のスターラップと同様のメカニズムによりせん断補強効果を期待するものである．後挿入する鉄筋の長さは，耐久性上必要なかぶりを確保するため，部材の厚さから両端のかぶりに相当する長さを差し引いた長さとする．

　壁部材の通常のせん断補強筋は，両端のフックを圧縮鉄筋と引張鉄筋のそれぞれに掛けるなどして，十分な定着を確保することにより，せん断耐荷機構が発揮できるものである．本工法では，せん断補強鉄筋がまったくない場合に比べせん断耐力は向上するものの，フックなどの定着体のない鉄筋を挿入するだけでは，フックを有する場合のせん断耐荷機構が十分には発揮できない．そのため，必要なせん断耐力を得るためのせん断補強鉄筋の本数や鉄筋径が，事前配置されるスターラップに比べ，著しく多く必要となる．それでも，他に有効な補強工法がなかったため，すでに海底トンネルの側壁のせん断補強[20]に適用されている．

　本工法のせん断補強効率を改善するために，以下に述べる定着体を有するせん断補強鉄筋を挿入する工法が開発された．

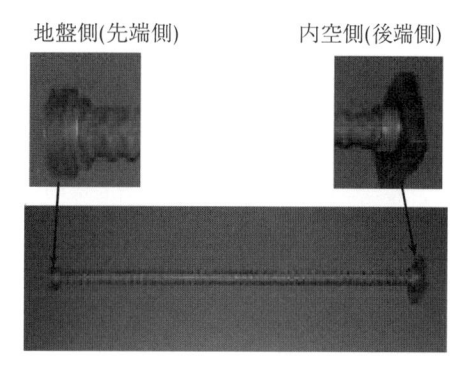

図 2.20 鋼製プレートを有するせん断補強鉄筋による工法[21]

　(2)　鋼製プレートを有するせん断補強鉄筋による工法[21]

　本工法のせん断補強鉄筋は，図 2.20 に示すような鉄筋の両端に鋼製プレートを接合したものである．内空側（後端側）には，新設構造物でも用いられるせん断補強鉄筋と同様の矩形のプレートを摩擦圧接により接合し，地盤側（先端側）には削孔径より多少小さな小型の円形プレートを摩擦圧接で接合している．

　内空側の鉄筋の定着は，矩形プレートの面積のみで負担できる．地盤側の定着は，円形プレートに加えて鉄筋径の 5 倍の定着長を必要とするものの，直筋の場合に比べ，必要な定着長さは短い．

　前述のように，定着体のない直筋を挿入・一体化してせん断補強した耐力は，通常のスターラップの場合よりもかなり低いものの，本工法では，この両端のプレートによって，孔内での後施工せん断補強鉄筋の定着性を増大させ，せん断補強効率を高めている．

　(3)　セラミック定着体を有するせん断補強鉄筋による工法[22]

　本工法によるせん断補強鉄筋は，図 2.21 に示す

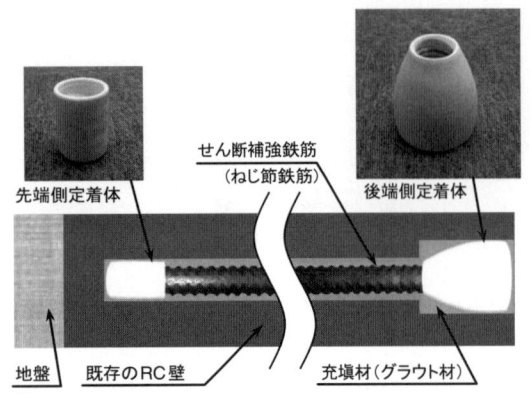

図 2.21 セラミック定着体を有するせん断補強鉄筋による工法[22]

ように，ねじ節鉄筋の両端にセラミック製の定着体をねじ接合したものである．内空側（後端側）は卵形の定着体，地盤側（先端側）は多少小さな円筒キャップ形状である．

せん断補強のメカニズムは鋼製プレートによるものと同じであるが，耐久性の高いセラミックを用いることで，定着体をコンクリート部材の表面近くに配置することが可能となる．地盤側（先端側）の円筒キャップは，挿入孔が部材を貫通しない範囲で部材表面の近くに，内空側（後端側）の卵形定着体は，端面をコンクリート表面に一致して配置することが可能である．このため，耐久性上必要なかぶりを確保して配置する鋼製プレートを用いる工法に比べ，補強効率が向上している．

2.3 部材増設による補強

部材増設による補強は，既設構造物に新たな部材を増設し，構造を変更して補強するもので，主として門形フレームの内部に，図 2.22 に示すように，壁，ブレース，あるいは，柱やアーチなど増設するものである．表 2.6 に，これらの概要をまとめた．これ以外にも，図 2.23 に示すように，橋脚基礎の耐震補強のために，杭を増設する増し杭工法などもある．

巻立て工法による補強では，既設の構造条件によっては自重の増加による基礎への負担増から，不合理な補強となる場合がある．また，桁下が施設などに利用されているなど，現地の条件によっては施

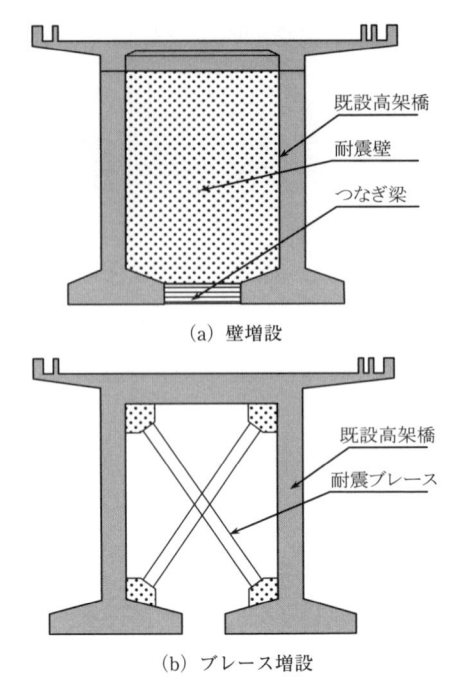

図 2.22 部材増設による補強の例

工が困難となる場合もある．そのような条件下では，ブレースなど比較的軽量な部材を増設して構造を改変する補強方法が合理的となる場合がある．特に，残留変形や地震時の変形を抑制する必要がある場合には，こうした剛性の補強も合わせた耐震補強が有効である．

具体的な適用例としては，鉄道の RC ラーメン高架橋のような立体のフレームの中に，耐震壁やブレースを増設する補強方法がある．この場合，すべての門形フレームの中に部材を増設するのではなく，特定の数カ所を，線路方向あるいは線路直角方向の補強が必要となる方向別に補強することで，構造物全体の耐震性能を向上することができる．

このように，部材増設工法は必要な箇所にのみブレースなどを設置すればよく，既設構造物周囲の施工条件に制約がある場合においても，施工箇所を限定できるため，すべての柱を補強する必要がある鋼板巻立て工法に比べ，工期・工費の点で有利となることがある．特に，移転不可能な設備などが存在する場合には有効である．

部材増設による補強は，条件に応じて様々な方法や制震装置との組合せが考えられる．以下に，制震装置を併用した工法を紹介する．

表 2.6 部材増設工法の分類[9]

分類	補強工法	補強工法の概要
部材増設	壁増設	ラーメン高架橋などの柱間に壁を増設することにより，曲げおよびせん断耐力を大幅に増加させる工法である
	ブレース増設	ラーメン高架橋などの柱間にブレースを増設することにより，既設柱部材などに作用する地震時水平力を低減させる工法である
	アーチ増設	鋼製のパイプアーチで隣接する橋脚間を連結して不静定次数を上げ，橋梁全体構造系の剛度を高めることで，全体系としての耐力を向上させる．落橋防止装置としての機能も併せ持つ

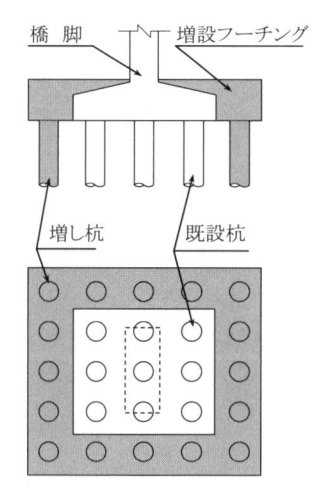

図 2.23 基礎の増し杭工法

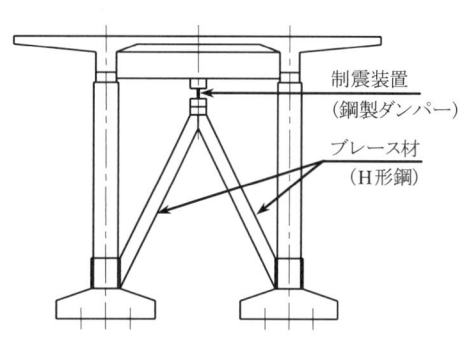

図 2.24 ブレースを介した制震装置の設置方法

a. 制震装置を併用したブレース増設

部材増設による補強では，構造物全体の水平方向の剛性は，一般に大きく増加する．剛性が増加すると固有周期が短くなるために，一般に地震時の水平力が増加し，基礎構造の負担が増えることに留意する必要がある．そのような場合には，制震装置を設置し，変形に応じたエネルギー吸収を図り震動変位を低減させることが有効になる．比較的大きな層間変位が生じる場合には，図 2.24 のように，ブレースを介してエネルギー吸収を図る制震装置を設置する方法が検討されている[23]．この方法によれば，耐力・剛性の増加を調節でき，地震後には装置の交換のみで復元できる利点がある．このような構造要素間の相対変位を制震装置のエネルギー吸収に変換する方法は，斜張橋などでも期待されているところである[24]．

制震装置は，履歴減衰や粘性減衰により振動を抑制する装置であり，低降伏点鋼の塑性変形を利用したもの，あるいは充填材の流動抵抗を利用したものなどが開発されている[24]．これらは，地震時に構造物に発生する変位などの特性に応じて適切に選定する必要がある．

b. 圧縮型ダンパーおよびブレース増設による補強[25, 26]

本工法では，図 2.25 に示すように，RC フレームの内側に X 状にブレースを増設し，その交点に鋼製のダンパーを設置するものである．ダンパーは中央に開口部をもつ長方形で，開口部の上下左右部材の一部にせん断パネルと呼ばれる鋼製のせん断降伏部材が組み込まれている．地震による慣性力が作用したとき，図 2.25(c) に示すように，高架橋本体からブレースを介してダンパーに圧縮力が作用し，せん断パネルがせん断降伏してエネルギーを吸収する構造となっている．

図 2.22(b) のようにブレース材を既設構造物に取り付ける場合は，ブレースに発生する引張力に抵抗するため，取付け部となる既設構造物の隅角部にアンカーボルトなどを削孔して設置する．しかし，隅角部は，鉄筋が比較的密に配置されており，削孔が不可能であったり，削孔により既設構造物を傷める可能性があった．

これに対し，本工法においては，RC フレームの水平変位に応じて左右のブレースに圧縮力が交互に働き，中央のダンパー部分がそれに対応して菱形に塑性変形してエネルギーを吸収するので，ブレース

2.3 部材増設による補強

は圧縮力だけで抵抗する機構となっている．このため，ブレース端部はグラウト材によって隅角部に取り付けるだけでよく，既設構造物へのアンカーによる引張接合が不要であるなど，比較的，施工が容易である．

本工法の適用例においても，図2.26に示すように，立体フレームからなる既設高架橋の一部のフレームにのみブレースを設置し，構造物全体の耐震性を向上させている．

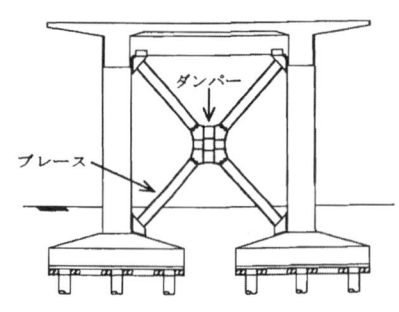

(a) ダンパー，ブレースの設置

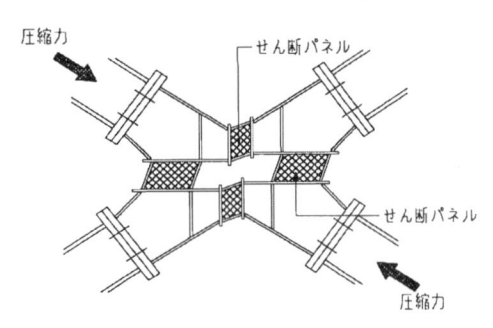

(b) ダンパーの変形

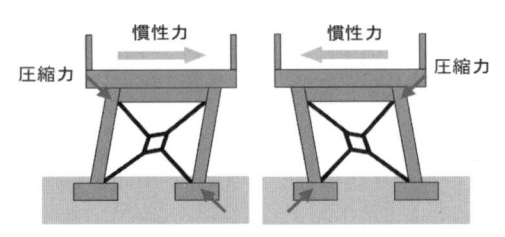

(c) フレームの変形とブレースの関係

図2.25 圧縮型ダンパー・ブレース増設工法

2.4 困難な施工条件への対応

橋梁の耐震補強は，柱や橋脚のせん断補強や段落し部の補強，および落橋防止システムの構築を優先して進められ，すでに多くの橋梁の耐震性が向上している．しかし，施工等の条件が厳しい橋梁では，2.2節，2.3節で説明した標準的な補強工法を適用すると，費用等の面から現実的でないという問題があり，より効果的かつ経済的な耐震補強工法の開発が求められている．

耐震補強における主な施工上の制約を表2.7に整理した．施工条件が厳しい例としては，たとえば，河川を横断する橋梁の流水部の橋脚などであり，河川の仮締切りや桟橋など設置時期が梅雨時期や台風時期を避けた非出水期に制限されたり，仮設工事が大掛かりとなる場合がある．また，高架橋の桁下を施設や店舗などとして営業利用しているために，施工空間が狭隘となる場合，施工時間帯が夜間のみに制限される場合，あるいは移転に伴う営業補償費用が必要となる場合などがある．

こうしたことから，構造部材の補強に対し，施工性を改善した工法が開発されている．2.4節ではそ

図2.26 圧縮型ダンパー，ブレースの適用例

表2.7 耐震補強における施工上の制約

制約の種類	具体的な項目	例
施工時間	作業の時間が限定される 工事の期間が限定される	鉄道構造物の夜間施工 河川内橋脚の非出水期施工
施工空間	作業ヤードなどが制限される 空頭制限が厳しい	狭隘地施工，河積阻害率 鉄道高架下，桁下での低空頭施工
周辺環境への負荷	騒音・振動が制約される 汚濁・粉じんなどが制約される 火気・刺激臭などが制限される	施設近接での施工 水中施工での水質汚濁 各種の管理区域などでの施工など

うした工法の例として，水中橋脚に対する補強工法と狭隘な場所における補強工法を紹介する．

▶ 2.4.1 水中橋脚の補強工法
a. 低空頭下における仮締切り

水中部の橋脚に対しRC巻立て工法などを行う場合，仮締切りにより橋脚をドライな環境にして施工するか，水中不分離コンクリートを使用して，水中作業により施工する．水中施工は施工品質の確保や施工後の状況を確認することが難しいなど，施工管理の問題があり，水質汚濁の懸念などの問題もある．そのため，一般的な施工では，水中橋脚のフーチング周囲の地盤に鋼矢板などを打設して締め切り，内部を排水して巻き立てている．

鋼矢板とは，主に軟弱な地盤の掘削あるいは河川などの水中工事において，土留めや水の侵入を防ぐために，連続的に打ち込む板状の資材で，シートパイルとも呼ばれる．最も一般的な鋼矢板は，図2.27に示すように，断面がU字形で両端に継手があるもので，U字を上下互い違いにつなぎあわせて壁状に構築する．

鋼矢板の打設は，バイブロハンマの振動により打ち込む方法と，打設済みの鋼矢板に反力をとり圧入する方法がある．鋼矢板は仮設資材であり，使用後は引き抜き，転用する．

鋼矢板の打設と引抜きには，通常，大型のクレーン台船または仮設桟橋が使用されるが，水中橋脚の耐震補強においては，これらの作業を桁下で行わなければならない．水面から桁下面までの高さには制限があるので，通常に比べ低空頭での施工となり，クレーンなどの打設に要する機械を配置することや，長さの長い鋼矢板を吊り込むことが困難となる．

そこで，図2.28に示すように，特殊な打設機械により，短尺の鋼矢板を長さ方向に継ぎながら地盤に圧入する工法[27]が開発された．

本工法は，打設機械が打設済みの矢板に反力をとって，順次矢板を圧入するもので，条件に応じて，U字形状の矢板だけでなく，鋼管を用いた矢板（鋼管矢板）など各種の矢板に対応できる．また，鋼矢板の長さ方向には，溶接により接合する．資材搬送用には，打設済みの矢板の上を自走する専用機械が

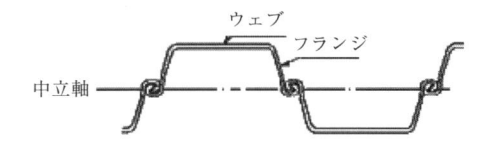

図2.27 鋼矢板の断面と接合方法

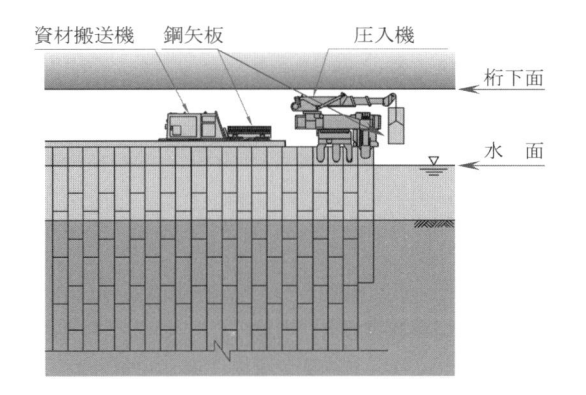

図2.28 低空頭下における仮締切りの施工[27]

開発されており，これらを組み合わせることで，低空頭下でも，仮設工期が短縮できる．

b. 仮締切り工法の新技術

河川内の橋脚に対しては，河積阻害率が制限され，施工時期が非出水期に限定されることが多い．そのため，できるだけ小規模で施工性のよい仮締切り工法が求められる．水中施工に特化し，これらの問題点を改善した工法として，大型の鋼製函体で仮締切りを行う工法や後述するプレキャストを利用した工法が開発されている．

鋼製函体による仮締切り工法[28]は，バラスト水により浮力調整が可能な鋼製函体を用いて締切り工法とするものである．二分割してコの字状とした鋼製函体を工場で製作し，進水して現場まで曳航したあと，橋脚を両側から挟むようにして2つの函体をボルトで接合してロの字状にし，函体内部に注水して沈設すると仮締切りが完了する．仮締切り後は，内部を排水し，ドライな状態で巻立て工法などの施

工ができる（図2.29）．

図2.30に示すように，橋脚の躯体部分のみを挟み込む場合，フーチングの上に函体を設置する場合，およびフーチングの側面を挟み込む場合がある．いずれも，矩形，円形，小判形などの対象構造物の平面形状に合わせた函体を工場で製作する．また，水圧に抵抗するための切り梁が，函体内側に設置されている．橋脚基部を補強する図2.30(b)，(c)のいずれの場合においても，(d)のフーチング周囲の地盤に鋼矢板を打設する通常の仮締切り工法に比べ，河積阻害が小さく，空頭制限への対応も容易となる．

既設橋脚のコンクリートと接する部分には特殊な止水ゴムが取り付けられており，バラストの重量によりコンクリートと密着することで止水される．フーチングの不陸により函体とフーチングの間に隙間がある場合には，水中不分離コンクリートを打設して止水性を確保する．なお，通常，フーチングの上には土砂が堆積しているので，沈設時にはこれを浚渫してコンクリート表面を露出させる必要がある．

本工法は，函体の製作費が高価なため，転用回数を増やすことが望ましく，同一河川の他の橋梁の耐震補強を継続的に行うなどの事業計画が求められる．

c. プレキャストパネルの適用

RC巻立て工法の巻立て厚さは，一般に250～300 mmである．その外側の約100 mmの部分をプレキャストパネルとし，これを型枠として水中部分の橋脚を取り囲んだ後，プレキャストパネルと既設橋脚の間に間詰めコンクリートを水中で打設すれば，仮締切りが不要な巻立て補強が可能となる．こうしたプレキャスト工法としては，プレキャストパネルをPC鋼線で巻き立てて一体化する工法[29,30]（図2.31），およびプレキャストパネルを機械的な継手で接合して組み立てる工法[31]（図2.32）が開発されている．

いずれも，まず，橋脚フーチング上の土砂を浚渫し，調整コンクリートを水中打設する必要がある．また，既設橋脚とプレキャストパネルの間の鉄筋の組立て，軸方向鉄筋のフーチングへのアンカー定着や中間拘束筋の配筋，およびPC鋼線の配置と緊張など，多くの作業が水中作業となるため，水中ビデオカメラなどの遠隔操作による品質管理が必要となる．

図2.29 鋼製函体による仮締切り工法（函体の曳航状況）

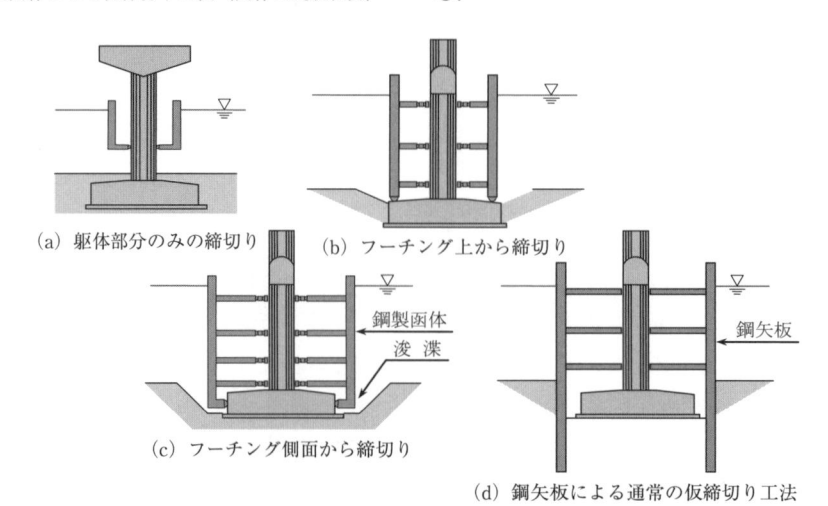

(a) 躯体部分のみの締切り
(b) フーチング上から締切り
(c) フーチング側面から締切り
(d) 鋼矢板による通常の仮締切り工法

図2.30 鋼製函体による水中橋脚の仮締切り工法

しかし，大規模な仮締切り工法が不要となり，施工中の河積阻害が小さく仮設材も小規模となる．また，プレキャスト製品を用いることで，コンクリートの品質が向上し，同時に複数の橋脚を施工することで工期を短縮することができる．

(1) PC鋼線で巻き立てて一体化する工法[29,30]

この工法は，縦割りにした大型のプレキャストパネルを既設の橋脚を取り囲むように組み立て，これを橋脚の水中部に沈設し，間詰めコンクリートを打設した後，プレキャストパネル内にPC鋼線を挿入し，緊張する．その後，PC鋼線のグラウトを施工し，パネル間の目地部分のコンクリートを打設する．鉛直方向に分割する場合も，これらの作業を繰り返せばよい．

PC鋼線は，橋脚をらせん状に巻き付けるように配置され，特殊な油圧ジャッキにより緊張される．RC巻立て工法では軸方向鉄筋と帯鉄筋を配置するが，本工法では，帯鉄筋の代わりにPC鋼線を配置し，これを緊張している．プレストレスが導入されると，せん断耐力が向上するため，靭性にも優れた補強となる．

海水中で鉄筋，PC鋼線を配置した例では，耐食性に優れたエポキシ樹脂塗装鉄筋，内部に高密度ポリエチレン系特殊樹脂を充填し同時に外面を被覆したPC鋼より線が使われている．また，PC鋼材の緊張とグラウト作業は，プレキャストパネルの目地部分だけの作業であるので，その部分のプレキャストパネルの表面を作業用鋼製ピットで覆い，ピット内をドライアップして，気中施工とする場合もある（図2.33）．

(2) パネルを機械的な継手で接合する工法[31]

この工法は，あらかじめ帯鉄筋を埋め込んだ小型のプレキャストパネルを機械的な継手で接合して組み立てるものである．プレキャストパネル内の帯鉄筋は，継手部分の鋼材に溶接により接合されており，鋼材は機械式継手によりパネル間で連結されるため，通常の帯鉄筋と同様に，せん断補強鋼材として機能する．また，壁式橋脚などで中間貫通鉄筋を配

図2.31 プレキャストパネルをPC鋼線で巻き立てて一体化する工法

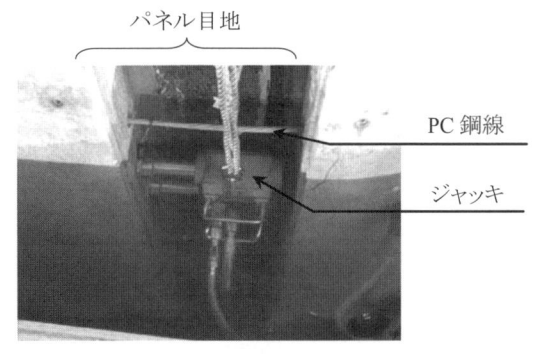

図2.33 PC鋼線の緊張（水中作業）[30]

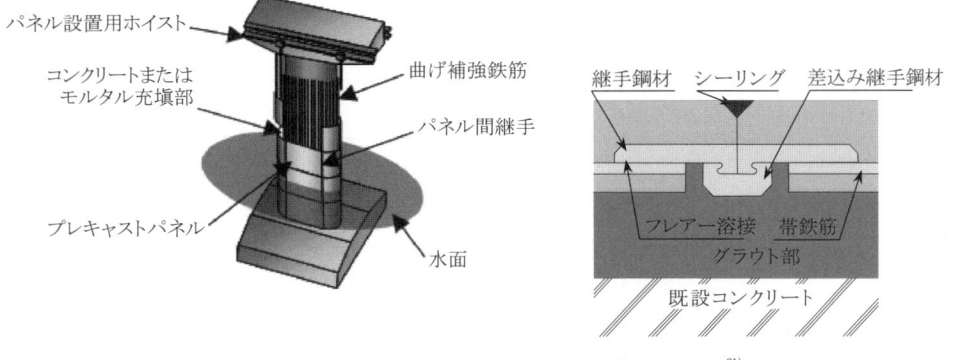

図2.32 プレキャストパネルを機械的な継手で接合する工法[31]

2.4 困難な施工条件への対応

置する必要がある場合には，プレキャストパネルから既設橋脚に拡底式のアンカーを打設することで，さらに水中作業の省力化を図っている．

　施工は，まず，橋脚フーチング上の土砂を浚渫し，調整コンクリートを水中打設した後，軸方向鉄筋を配置する．ついで，気中部の橋脚周囲にプレキャストパネルを接合して組み立て，水中に沈設する．最後に，プレキャストパネルと橋脚の間に，間詰めコンクリートを打設する．

▶ **2.4.2 狭隘な場所での補強技術**
　a. 各工法の開発経緯

　鉄道網は，盛土，高架橋，橋梁，およびトンネルなどで構成されているが，都市部は高架形式となっていることが多く，その高架下の空間は様々な形態で利用されている．駅，事務所，倉庫，あるいは店舗として施設利用されている場合には，仕切り壁，天井，床などがあり，高架橋の柱が完全には露出していない場合がある．

　鉄道分野におけるRCラーメン高架橋に対しては，大規模地震動に対して構造物を崩壊させないことを目的としながら，経済性および施工性の観点から，柱を鋼板巻立て工法により補強する方法が一般的である．しかし，高架下を施設利用している場合は，柱の補強工事を行う上での支障物があり，一律にそうした工法を適用できない場合が多い．また，そのような箇所では，クレーンによる資機材の搬入ができないなど，狭隘な施工条件となることが多く，施工時間が夜間に限定されたり，騒音などの周辺環境に対する負荷も制約を受ける．さらに，店舗設備などの撤去・復旧あるいは営業補償などが必要となる．

　そのような条件下では，従来工法による耐震補強を行うことが非常に困難であるので，クレーンを必要としない，人力での施工が可能な工法，急速施工が可能な方法，補強による柱の断面積の増加が少ない工法，あるいは作業スペースや資機材の仮置きスペースが小さい工法などが必要とされていた．

　これらの要求に対して，RB工法，RP工法，一面耐震補強工法，薄板多層巻き工法などが開発された[32]．各工法の詳細は後述するが，表2.8に，RC巻立て工法，鋼板巻立て工法などの従来工法と合わせて，これらの概要と設計上の考え方を整理した．これらの工法は，いずれも，重量物運搬・移動のための重機を必要とせず，人力施工が可能である．

　b. 高架橋の耐震補強の考え方

　高架橋のモデル化と地震時の破壊の進行について，その概要を図2.34に示した．高架橋のような門形フレームに水平方向の地震力が作用すると，柱の境界条件は上下端固定の状態に近いので，柱に発生する曲げモーメントは上下で符号が反転するほぼ直線の分布となる．このときに，モーメント分布の勾配が柱に作用しているせん断力となる．柱がせん断破壊せずに水平力が増加し，柱の上下端が曲げ耐力に達すると，フレーム全体としての水平抵抗は，それ以上増加しない．柱に十分な変形性能があれば，変形が進行し，構造物として靱性のある挙動を示すことができる．図2.34(c)は補強前の状態についての耐震診断の例であり，せん断破壊することを考慮せずに震度を上げていくと図のような震度-変位関係となるが，この例では柱が曲げ耐力に達する前に，柱の上下端の各断面がせん断耐力に達し，せん断破壊が先行することがわかる．補強設計においては，せん断破壊せず十分な変形が得られるような補強量（鋼板厚さ）を決定する．

　後述する各工法の具体的な設計・施工方法においては，標準的な新幹線RCラーメン高架橋の設計応答塑性率は10程度であることから，補強後の設計靱性率を10程度以上にすることで所要の耐震性能を確保できるとして，死荷重時の軸応力度などの適用範囲，使用材料，必要な耐力比（せん断耐力V_{ud}と部材が曲げ耐力に達するときのせん断力V_dの比，V_{ud}/V_d），および構造細目などが規定されている．

　たとえば，通常のRC巻立て工法では，必要な耐力比V_{ud}/V_dを1.5程度とすることにより，靱性率として10程度以上確保できることが実験により確認されている．そこで，設計においては，柱が曲げ耐力に達した状態でも，柱がせん断破壊しないように，柱の上下端が曲げ耐力に達したときに柱に発生するせん断力に対して，十分なせん断耐力を付与するように補強部材の量を決定する．RB工法では，V_{ud}/V_dを1.5以上，一面耐震補強工法の後挿入鉄筋

表 2.8 主な工法の一覧[32]

	RC 巻立て工法	RB 工法	RP 工法
工法概要	既設 RC 柱などの外側に所要の普通鉄筋を帯鉄筋として組み立て，コンクリートを打設する補強．部材寸法が増加するため，若干，部材の降伏耐力も増加するが，基本的に変形性能を増加させることを目的とする	鉄筋を柱外周の横方向に配置し定着する，せん断および靱性補強	鉄板を柱外周の横方向に配置し，柱4隅で定着する，せん断および靱性補強
対象・適用範囲	RC 柱など	RC 柱など，死荷重時の軸圧縮応力度 3 N/mm^2 以下	RC 柱など，死荷重時の軸圧縮応力度 3 N/mm^2 以下
使用材料	コンクリート：既設躯体の強度以上または 27 N/mm^2 以上 鉄筋：SD345 以上	(1) 補強鋼材 ねじふし鉄筋 (SD345, SD390, USD685) または B 種 PC 鋼棒 (2) コーナー支持材 ・SD345, SD390 のねじふし鉄筋を用いる場合は (a) または (b) ・USD685, PC 鋼棒の場合は (c) (a) 山形鋼と充填モルタル (b) 鋼製または鋳鉄製，(c) 鋼製	(1) 補強鋼材 SS400 (2) 噛合せ継手 SS400 または SM490 (3) コーナー支持材 等辺山形鋼，弾性材，充填モルタル
柱上下 1D[*1] 区間の設計せん断耐力 V_{ud} の設定[*2]		$V_{ud}/V_d \geq 1.5$	$V_{ud}/V_d \geq 1.5$
主な構造細目	巻立て厚さ 0.25D 帯鉄筋 ・配置間隔は 70 mm ・純かぶり 50 mm ・継手はフレア溶接または半円形フック	帯鉄筋 ・配置間隔は $d/2$[*3] 以下 ・補強鋼材と柱表面との間隔は，D/20 かつ 50 mm 以下	補強鋼材 ・配置間隔は $d/2$[*3] 以下 ・補強鋼材と柱表面との間隔は，D/20 かつ 50 mm 以下

	一面耐震補強工法	薄板多層巻き工法	鋼板巻立て工法
工法概要	施工上の制約から，既設の RC 柱などを，柱の一面側からだけで行う，せん断および靱性補強	既設の RC 柱などの周囲の横方向に，接着剤で薄板を複数層重ね合わせるように接着することによる，せん断および靱性補強	せん断耐力，靱性が不足する既設の RC 柱などに対して，鋼板を用いて補強することにより部材のせん断破壊を防止する補強
対象・適用範囲	RC 柱など，死荷重時の軸圧縮応力度 6 N/mm^2 以下	RC 柱など，死荷重時の軸圧縮応力度 3 N/mm^2 以下	RC 柱など
使用材料	補強鉄筋：SD345, SD390 補強鋼板：SS400, SS490	補強鋼材：SPFC440 接着剤：アクリル系接着剤	鋼板：SS400 充填材：5 N/mm^2
柱上下 1D[*1] 区間の設計せん断耐力 V_{ud} の設定[*2]	鉄筋：$V_{ud}/V_d \geq 2.0$ 鋼板：$V_{ud}/V_d \geq 1.4$	$V_{ud}/V_d \geq 1.5$	鋼板諸元にて規定し，直接設定しない 柱寸法 (mm)　　鋼板板厚 (mm) 700〜1000 以下　　6 1000〜1500　　　　9 1500〜2000　　　 12 2000〜2500　　　 14
主な構造細目	補強鉄筋の配置間隔は $d/2$[*3] 以下．補強鉄筋の RC 柱などの左右縁端からの距離の最大値は，$0.3W$[*4] 程度．補強鉄筋は，対面する軸方向鉄筋まで挿入する．補強鉄筋と既設 RC 柱などとは，モルタルカプセルを用いて一体化する	補強鋼板の厚さは 0.8 mm，縦寸法はマーケットサイズの 914 mm を標準とする．接着剤の標準的塗布量は 300 g/m^2．補強鋼板の接着しろの幅は 115 mm 以上	鋼板と既設躯体の隙間は 30 mm を標準とし，噛合せ継手を使用する場合は，35 mm（板厚 6〜9 mm）ないし 40 mm（板厚 12〜14 mm）

*1) D：部材の断面高さ．*2) 設計せん断力（曲げ耐力に達するときのせん断力）V_d の計算では，部材係数・材料係数はすべて 1.0 とし，鋼材の降伏強度は材料修正係数 ρ_m を 1.2 として算定する．*3) d：部材の有効高さ．*4) W：部材の幅．

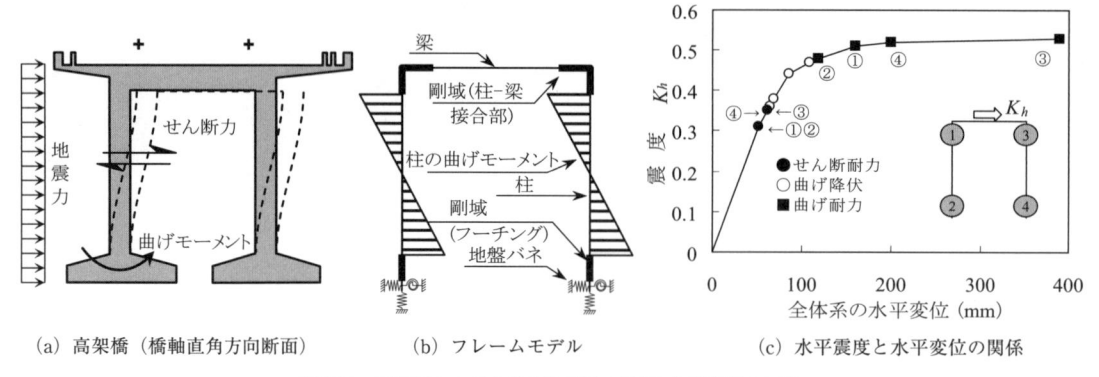

図2.34 (a) 高架橋（橋軸直角方向断面） (b) フレームモデル (c) 水平震度と水平変位の関係

図2.34 高架橋のモデル化と地震時の変形（耐震診断の例）

に対しては2.0以上，鋼板に対しては1.4以上と規定されている．

ところで，鉄筋の降伏強度はJIS規格では下限値が規定されているが，実際の降伏強度はその値よりも当然高くなっている．軸方向鉄筋の降伏強度が高ければ，そのぶん曲げ耐力も大きくなるから，柱部材の作用せん断力も大きくなってしまう．そのため，JISの下限値を用いて柱に発生するせん断力を評価したのでは，せん断破壊を確実に防止することはできないことに注意する必要がある．そこで，せん断力に対する照査においては，軸方向鉄筋の実際の降伏強度を考慮するために，JISの下限値を，一般に1.2倍して考慮している．

また，現在の設計規準では，柱や橋脚の帯鉄筋の構造細目として，かぶりコンクリートがはく落しても帯鉄筋の役割を果たすように，図2.35(a)のように端部にはフックをつけてコアコンクリートに定着するように規定されている．古い基準の中にはこうした規定がないものがあり，図2.35(b)のように，帯鉄筋が隅角部で直角フックとなっている場合がある．かぶりコンクリートがはく落すると，こうした帯鉄筋では，せん断補強効果がなくなるので，設計において考慮できない．

RC巻立て工法により既設の柱周囲に現在の規定を満足する帯鉄筋が配置されれば，既設の帯鉄筋の定着は確保されるので，せん断補強効果を期待できる．しかし，後述するRB工法・RP工法においては，既設コンクリートを補強により直接拘束していないので，既設の帯鉄筋で直角フックなどの定着が不十分なものは，既設RC柱のせん断耐力の算定におい

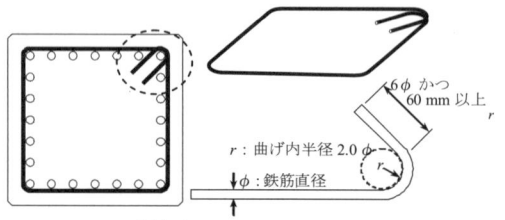

(a) 鋭角フックをつけて定着（現行設計規準）

(b) 隅角部で直角フックで定着

図2.35 柱断面における帯鉄筋の端部定着

て考慮しないなどの注意が必要である．

c. RB工法およびRP工法[32,33]

RB工法およびRP工法は，柱の周囲に棒鋼や帯状の鋼板を，必要な間隔で，四隅のみ柱に接触した状況で取り付ける工法である．RB工法は，図2.36に示すように，棒鋼などを鋳物の定着部材にねじで取り付けるものである．RP工法は両端に噛合せ金具を溶接した帯鋼板の噛合せ継手を利用して取り付けるものである．

RB工法の施工は，まず，定着部材を柱の四隅に接着剤で取り付けるため，既設柱の表面を清掃し，次に，接着剤を塗布し，定着部材と鋼材を組み立て，ロックナットの仮締めをする．接着剤の硬化後，ロックナットをトルクレンチで締結して施工完了となる．

d. 一面耐震補強工法[32,33]

柱の一面のみが露出している場合に，露出してい

図 2.36　RB 工法の施工例

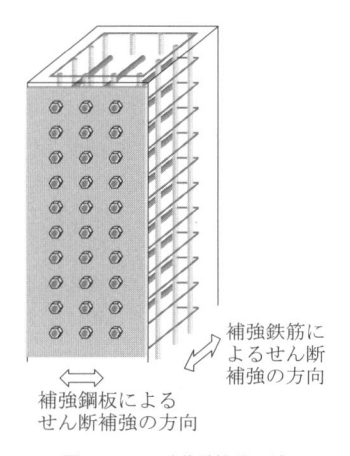

図 2.37　一面耐震補強工法

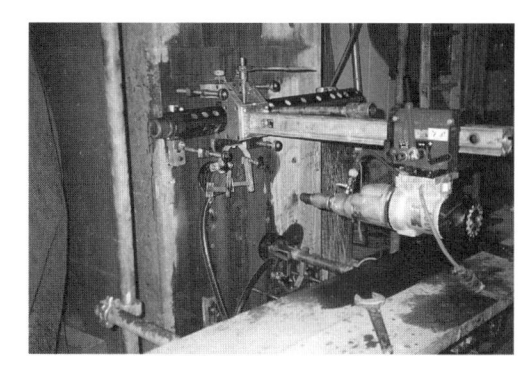

図 2.38　コアボーリングマシンによる削孔

図 2.39　施工完了状況

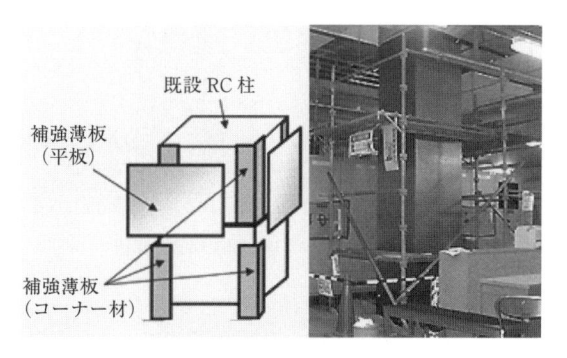

図 2.40　薄板多層巻き工法

る一面から補強工事が行えれば，高架下利用に与える影響が少なくなり，費用と工期の面で大きなメリットがある．一面耐震補強工法は，そうした箇所に用いる耐震補強工法であり，柱の一面に補強鋼板をエポキシ樹脂により接着し，鋼板に棒鋼用の孔を開け，その位置の柱にも孔を開け，その孔に鉄筋を挿入して鋼板の表面にねじで止めるものである．

本工法では，図 2.37 に示すように，柱の一面から挿入する補強鉄筋と柱面に取り付ける補強鋼板が，それぞれ柱のせん断補強材として機能することで，柱部材の変形性能が向上する．

施工方法は，以下のとおりである．まず，既設の柱の鉄筋を切断することなく必要本数の補強鉄筋を挿入する必要があるため，配筋状態の確認を行う．次に，コアボーリングマシンにより補強鉄筋挿入のための削孔を行い（図 2.38），補強鉄筋を挿入してグラウト注入などにより既設 RC 柱との一体化を図る．その後，補強鋼板を取り付け，補強鋼板と柱の空隙にエポキシ樹脂を注入して施工を完了する（図 2.39）．

e. 薄板多層巻き工法[32, 33]

薄板多層巻き工法（図 2.40）は，柱の外周に厚さ 0.8 mm 程度の薄い鋼板を，必要な枚数を貼り重ね

2.4　困難な施工条件への対応

る工法である．平板形状の薄鋼板を柱の四隅で接合させるため，四隅にはL形の鋼板を組み合わせて用いる．接着にはアクリル樹脂系のものを使用している．

補強後の柱幅の増加は一般に片側で20～30 mm程度となっており，耐震補強による利用床面積の減少が少ないことが特徴である．

f. 外部スパイラル鋼線巻立て工法[34]

本工法は，図2.41に示すように，貼り付けた後の断面形状がほぼ円形となるようなプレキャストコンクリートのブロックを，柱の4面に接着モルタルにより貼り付け，そのプレキャストブロックを間隔材として，あらかじめスパイラル状に加工した亜鉛メッキ鋼より線を巻き立て，柱の曲げ耐力を増加させることなく，鋼板巻立て補強工法と同等以上に曲げ靱性・せん断耐力を向上させるものである．

図2.42に，本工法の施工状況を示す．

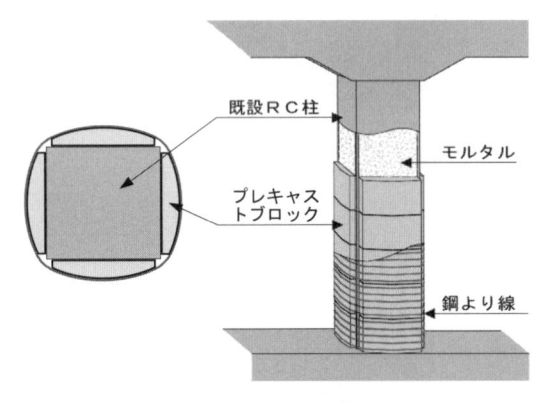

図2.41　外部スパイラル鋼線巻立て工法

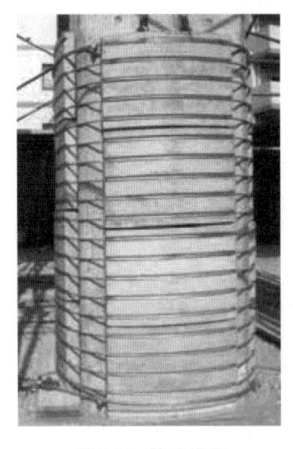

図2.42　施工状況

2.5　全体系を考慮した耐震補強

2.2節では橋脚などの構造部材の耐震性向上を目的とした補強工法を紹介した．これらは，設計・施工法が古くから確立されたものであり，適用可能な条件であれば，一般にこれらの工法から経済性を考慮して選択される．

しかし，たとえば河川内の橋脚においては，2.4節で述べたように，施工上の制約や河川環境に対する工事の制約が厳しく，経済的に不利になる場合がある．また，補強後に断面寸法が増加するRC巻立て工法では，河積阻害率[注2]の制約から適用できない場合もある．都市内の高架橋などで高架下を店舗や事務所などとして施設利用している場合では，施工できない場合も多い．

（注2）橋脚の河流と直角方向の幅の合計が，河川の計画高水位での水面幅に占める割合．河川構造令により，橋脚による流水の阻害を小さくするため，原則として5%以内を目安とし，一般の橋梁は6%，新幹線や高速道路の橋では8%以内にとどめるよう努力するべきと規定されている．

橋全体の構造系に着目すると，橋の主桁を支持している既存の支承を免震支承に交換して支持条件を変更したり，主桁の地震時の動きを拘束する部材を設置することで構造系を変更したりすると，橋脚に作用する地震力を大幅に低減できたり，あるいは複数の下部構造への地震力の分担を調節することができ，橋全体系としての耐震性能を向上することが可能となる．構造部材の耐震補強工法を適用できない場合には，このように構造系を変更して橋脚の補強を不要か最小限とすれば，合理的な耐震補強とすることができる．こうした工法を，橋全体系を考慮した耐震補強と呼んでいる．

橋全体系を考慮した耐震補強工法は，以下の3つに分類される．これらを表2.9に比較した．

a. 免震工法

免震工法は，既存の固定支承を免震支承などの免震装置に交換し，地震動と構造物の共振を避けるために構造物の固有周期を伸ばすと同時に，減衰性能を高めて，地震時の上部構造慣性力を低減させることで，橋脚に作用する地震力を低減するものである．

表 2.9 橋全体系の耐震補強工法[35]

	免震工法	慣性力分散工法	変位拘束工法
構造的特徴	水中部の橋脚補強や，橋脚補強による基礎構造への影響が無視できない場合において有利．免震工法，慣性力分散工法，変位拘束工法の併用，あるいは部材の耐震補強工法との併用により，補強効果をさらに高められる可能性がある		
	橋軸方向，橋軸直角方向の耐震補強に適用可能．不安定な地盤，長周期構造，負反力が生じる構造などでは，適用に制約が生じる．単純桁橋は，桁連結工法を採用し連続構造に改造する	橋軸方向の耐震補強に適用．単純桁橋は，桁連結工法を採用し連続構造に改造する．多点固定方式の場合は，常時の温度変化に対して拘束力が発生する．ただし，地震時のみ固定可能なダンパーの採用が可能	主として橋軸方向の耐震補強に適用．橋台の耐力や地盤の安定性が高い場合に適用可能．単純桁橋は，桁連結工法を採用して連続構造に改造する．2径間程度の小規模な橋梁については，下部構造の補強を行わないで耐震性の向上が図れる場合が多い．橋台背面土の抵抗も考慮して橋台の耐震安全性の照査を行う
施工性	既設支承高が低い場合は，機能分離型支承の採用など，検討が必要．支承部の取替えの際は，既設部材を損なわないよう注意が必要		橋台の補強が必要な場合は，交通規制を行うことがある
維持管理性	制震装置を用いる場合は装置に維持管理が必要となる場合がある．既設橋梁と同様な維持管理が必要		既設橋梁と同様な維持管理が必要
経済性	水中部の橋脚補強や，基礎構造への影響が無視できない場合は，部材の耐震補強工法に比べ経済的に有利となる可能性がある．変位拘束工法は，小規模橋梁の場合は，経済的に有利となる可能性がある		

ただし，新設橋梁に対する免震設計の適否としては，道路橋示方書Ⅴ耐震設計編[36]に表2.10のように規定されている．耐震補強に対しても同様であり，免震工法の採用にあたっては，これらの適用条件を十分に検討する必要がある．同表にもあるように，免震工法は多径間連続橋に適しているので，単純桁構造が連続している橋の場合には，主桁を桁端で結合し，連続桁構造とするのがよい．

通常の免震支承は，主桁の重量や交通荷重を支える荷重支持機能と，主桁の温度伸縮やたわみに伴う回転に対する変位追随機能のほかに，水平方向の剛性を調節するアイソレート機能と減衰機構を，1つの構造に集約したものである．そのため，免震支承は，一般に既存の支承よりも大きく，耐震補強においては，設置スペースや施工性に制約を受ける場合がある．そうした場合では，荷重支持機能と減衰機構などの各機能を分離して，複数の部品で構成する機能分離型の免震装置を採用することで，設置スペースを解決したり，経済的な設計を行える場合がある．

b. 慣性力分散工法

建設年代の比較的古い橋の基本的な設計の考え方は，橋脚の支承を固定支承と可動支承に明確に分け，1つの橋脚を固定，残りをすべて可動とするのが一般的であった．この場合，温度変化による主桁の温度変位は固定支承を中心に伸縮し，地震時に発生す

表 2.10 免震設計の適否

適 否	内 容
免震設計に適した橋	地盤が堅固で基礎周辺地盤が地震時に安定している場合．下部構造の剛性が高く橋の固有周期が短い場合．多径間連続橋梁
免震設計を採用してはいけない橋	軟弱な粘土層やシルト層など基礎周辺の土層の土質定数がゼロの場合．下部構造のたわみ性が大きく，もともとの固有周期の長い橋．基礎周辺の地盤が軟らかく，長周期化によって地盤と橋の共振を引き起こす可能性がある場合．支承に負反力が生じる場合

る水平力は，図2.43に示すように，すべて固定支承の橋脚で負担させていた．

これに対して，ゴム系の支承が水平方向に剛性をもつことから，近年では，すべての支承にゴム系支承を用い，主桁の伸縮を弾性的に吸収し，地震時には上部構造の慣性力を複数の下部構造に均等あるいは下部構造の剛性に応じて合理的な比率で分散させることが多い．これを，水平力分散方式または反力分散形式と呼んでいる．

耐震補強においても，上部構造の支持条件を調整し，地震時に作用する上部構造の慣性力を，耐力に余裕がない下部構造から耐力に余裕がある下部構造に分散させることにより，橋全体系として地震力に抵抗させることが可能で，これを慣性力分散工法と呼んでいる．

下部構造への慣性力分散方法としては，以下のようなものがある．

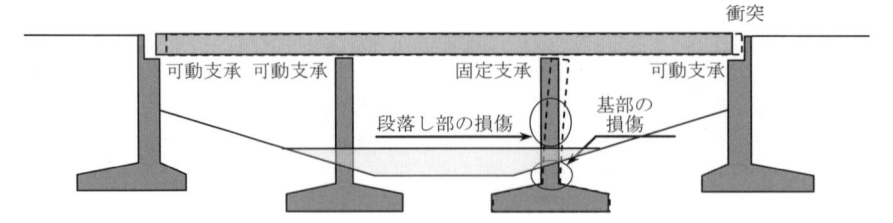

図2.43　両端に橋台を有する連続桁橋の地震時挙動

① ゴム系支承による方法：既設の可動/固定支承をゴム系支承へ変更し慣性力を分散させる．同時に固有周期が長周期化するために，下部構造に作用する慣性力の低減を図ることができる．

② 多点固定による方法：可動支承を固定支承に変更し，複数の下部構造へ慣性力を分散させる．

③ ダンパーストッパーによる方法：可動支承部に，常時の変位に対しては抵抗せず地震時には抵抗するダンパーストッパーを設置し，地震時のみに多点固定構造とする．

常時の支承条件を変える構造系の変更の場合には，上部構造の温度変化による伸縮変位に伴って橋脚の支承反力が変わるので，それに関する検討が必要となる．また，橋のもとの固有周期と変更後の固有周期が変わるので，免震工法と同様に，地盤条件や橋脚の高さに注意が必要である．

c. 変位拘束工法

両端に橋台を有する橋の地震時の橋全体の動きを考えてみる．図2.43に示すように，各橋脚の基礎と両端の橋台は，地盤とほぼ一緒に変位しており，可動支承の橋脚の躯体は，上部構造の慣性力の影響をあまり受けないので，橋脚自身の躯体部分に作用する慣性力による比較的小さな変形しか生じない．橋全体としては，固定支承の橋脚と上部構造が一体となって，橋軸方向に変位することがわかる．

桁端と橋台の間には遊間があるが，上部構造の変位がその遊間を上回ると，桁端と橋台が衝突する．橋台やその支持地盤が安定している場合には，橋台の拘束による効果は高く，橋脚の変形が抑制される．

変位拘束工法は，こうした地震時に生じる上部構造の変位を橋台などによって拘束することにより，橋脚の変形を低減して，橋脚に生じる損傷の低減を図る工法であるので，橋台の耐力や地盤の安定性が高く上部構造の慣性力に対して確実に抵抗できる場合や，桁長が比較的短い場合に適している．

通常の設計では，橋台の基礎におけるレベル2地震動に対する照査を省略している．これは，地盤に液状化が生じなければ橋台には大きな被害が生じないことや，橋台が前面に押し出されても，落橋に至る可能性が小さいことなどを考慮したものである．しかしながら，変位拘束工法の採用にあたっては，通常の設計では考慮していない大きな慣性力を橋台に作用させることから，その基礎も含め，橋台の耐力および耐震性能を十分に照査する必要がある．耐震性能が不足している場合には，背面土の改良，橋台自身の補強，あるいは橋台背面への新たな部材の追加など，橋台の補強が必要になる．ただし，それでも，流水部の橋脚に桟橋工，締切り工を行って補強するよりは，橋台を補強する方が一般に経済的である．

なお，上部構造と橋台の橋軸方向の衝突により主桁の変位を拘束する工法では，橋軸直角方向に対する補強効果は期待できないので，各橋脚の橋軸直角方向については，必要な耐力を有していることが前提である．

以上述べた橋梁全体を考慮した3つの耐震補強工法は，単独で用いるのではなく，部材の補強や，上部構造の連続化と組み合わせることで，橋脚の補強規模を縮小して橋全体系として合理的な補強としている事例が多い．たとえば，各下部構造に対する慣性力の分担を調節する場合において，上部構造全体の慣性力が全下部構造の耐力の合計よりも大きい場合には，減衰の向上による慣性力の低減がなければ，分担を調整しても橋全体の耐震性能を満足することはできない．そうした場合には，いずれかの下部構造を補強することなどが必要である．

また，各工法では上部構造を多径間連続桁形式に変更することがある．不静定次数を上げることは，耐震性能上，一般に好ましいと考えられるので，伸縮装置の移動可能量が桁の温度変位量に対応できる範囲で，また変位拘束工法においては，上部構造の変位を拘束する下部構造がその地震力を負担できる範囲で，上部構造を連続化することが望ましい．この場合，桁の連続化は，伸縮装置が不要となるため，維持管理性の向上と走行性の向上をもたらす．

以下に，橋全体系を考慮した耐震補強の事例を紹介する．

▶ 2.5.1 免震工法を採用した例[37, 38]

本橋は，1978（昭和53）年に竣工したPC3径間連続箱桁橋とPC4径間連続中空床版橋の2つの部分からなる橋梁である．補強前の構造概要を図2.44に示す．補強前の構造では，P3橋脚上で箱桁部と中空床版部の2つの連続桁の端部を支持している，いわゆる掛け違い構造となっていた．支承は，箱桁部，中空床版部ともに鋼製支承を使用し，P1橋脚およびP4橋脚が固定支承，その他は可動支承となっていた．

a. 免震化

構造形式を変更しない場合，すべての橋脚の補強が必要となるところを，図2.45に示すように，免震工法および上部構造の連続化の併用工法を採用することで，橋脚に作用する慣性力を効果的に分散させ，一部の橋脚の補強を不要としている．

支承は，鋼製支承から免震支承（超高減衰ゴム支承）へ交換している．

一般に，免震支承は通常の支承よりも支承高さが高くなるので，設置することが困難となることが多い．本例では，従来の高減衰ゴムを用いた免震支承よりもさらに高い減衰効果を有する超高減衰ゴム支承を採用し，支承高さを低減している．

b. 上部構造の連続化

免震工法を採用する場合，一般に地震時の上部構造の応答変位が補強前と比較して大きくなり，隣接する上部構造どうしが衝突する可能性がある．本例では，補強前の構造におけるPC3径間連続箱桁橋の端支点部の移動量がタイプ2地震時において145 mmとなり，隣接するPC4径間連続中空床版橋との掛け違い部の遊間である150 mmとほぼ等しい値となった．そこで，桁どうしの衝突を回避するために，隣接するPC3径間連続箱桁橋とPC4径間連続中空床版橋の連続化を行っている．

主桁を連結した場合，補強前とは異なり，活荷重に対して支承位置の断面上縁には大きな引張応力が発生する．主桁の連結においては，こうした上縁引張応力と，断面形状や断面高さの違いから局部的な軸方向応力が発生することに注意する必要がある．

本実施例では，主桁断面の構造形式が異なり，桁高にも1.5 mの差があったので，図2.46，および図2.47に示すように，断面高さの差が生じている中空

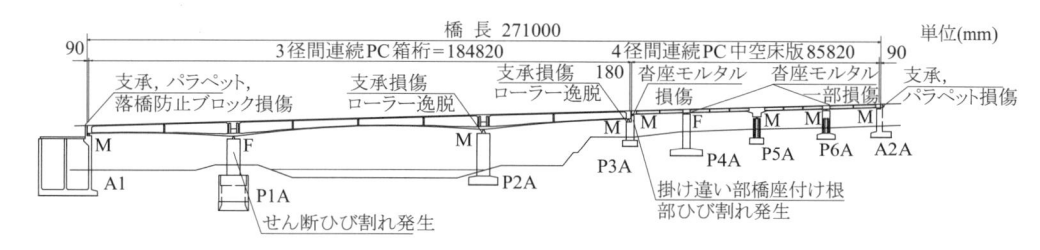

図2.44 補強前の構造概要

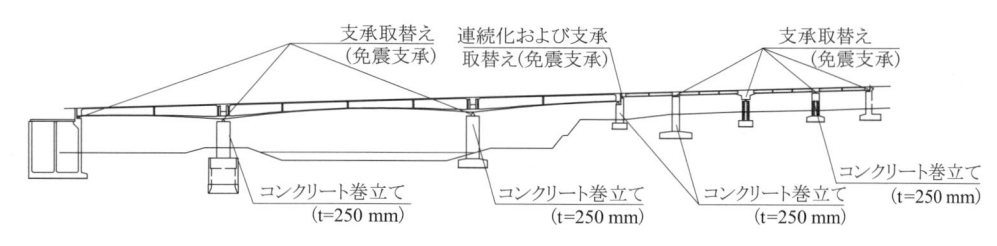

図2.45 補強後の構造概要

2.5 全体系を考慮した耐震補強

図2.46　主桁連結部

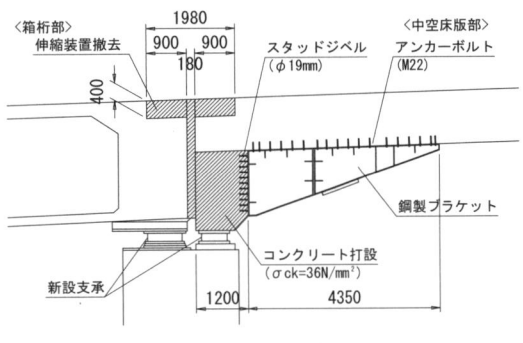

図2.47　連結部詳細図

図2.48　桁下を施設利用している橋梁での適用例

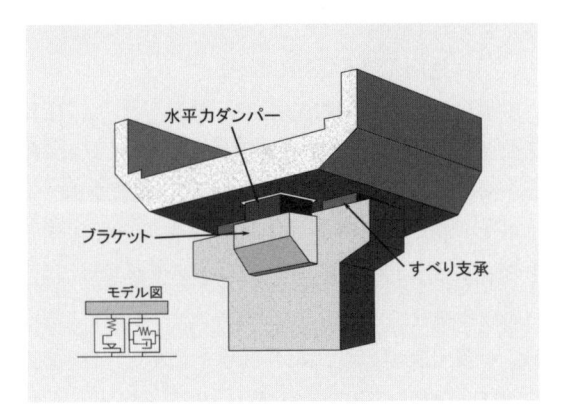

図2.49　既設橋梁の免震化工法

床版下面には鉄筋コンクリートの横桁を増設し，さらに，接合部に鋼製のブラケットによるハンチを設け，軸方向の応力を緩和している．また，上縁引張応力に対しては，既設の伸縮装置を撤去した部分に補強鉄筋を増設している．これらの鉄筋は，既設部分とケミカルアンカーにより一体化している．

c. 橋脚の巻立て補強

免震化によって分散される慣性力により，地震時断面力が増加して耐力不足となる橋脚については，標準的なRC巻立て工法（巻立て厚さ250 mm）により補強を行った．

d. 遊間の確保

補強前の両橋台のパラペットと主桁端部の遊間は90 mmであったが，免震化により上部構造の応答変位が増加し，最大171 mmに達するので，桁端部がパラペットに衝突しないように，パラペットを撤去，再構築し，伸縮装置も交換して，300 mmの遊間とした．

▶2.5.2　支承改造による免震工法の例 [39, 40]

免震工法は全体系を考慮して耐震性能を向上させる方法の1つであり，構造物の長周期化および高減衰化により地震力を低減する工法である．

免震化には既存の支承を免震支承に取り替える工事が必要になるが，取替え工事には橋脚天端や主桁下面の大規模なはつり，また主桁を仮受けするなどの工事が必要となる．そのため，一般に長期間の交通規制が必要となったり，特に桁下の空間の利用に制限がある場合には，こうした施工上の問題から，適用できない場合もある（図2.48）．

こうした問題を解決する工法として，既設の支承を改造することで支承の取替えを行わず，大がかりな主桁の受替え工事が不要となる工法がある．

a. 工法の概要

本工法の構造概念図を図2.49に示す．本工法における免震装置は，すべり支承と水平力ダンパーから構成されている．免震ゴム支承を用いた従来の免震工法との相違点は，すべり支承の摩擦減衰と水平力ダンパーの履歴減衰という二重の減衰付加によ

り，主桁の地震時変位を抑制し，地震力の低減を図ることである．

すべり支承は，既設の可動支承を改造したもので，主桁の重量を支持しながら免震化に伴う変位の増加に対応できるように，鋼製支承やゴム支承などの既存支承を改造する．

本工法は，既存の支承を活かして，上部構造を支えた状態ですべり支承に改造するため，アンカーボルトの付替えなどに伴う橋脚や主桁のはつり工事はほとんど必要ない．また，水平力ダンパーは，橋脚に取り付けたブラケットを利用することにより，設置スペースの制約を受けずに設置できる．したがって，工事において既設の主桁をジャッキアップする必要がなく，交通規制がほとんど不要となる．

b. 支承の改造

図 2.50 に，鋼製支承の一種である密閉ゴム支承板支承（いわゆる，BP-B 支承）の改造方法を示す．支承の改造は，既存の BP-B 支承をすべり支承に改造するため，支承のストッパーを切断撤去し，工場で製作した上沓アダプター（すべり上沓）を取り付けることにより行う．本工法では，主桁の地震時の移動量に対応したすべり面が必要なため，半割りとした鋼製のアダプターを既設の上沓の両側からはめ込む方法によってすべり面が確保されている．上沓アダプターの上面と主桁下面との隙間には，樹脂モルタルが注入される．なお，すべり面が大きくなるので，必要に応じて，主桁の補強が必要になる場合もある．

c. 水平力ダンパーの設置

水平力ダンパーには，免震支承として実績のある高減衰ゴムや鉛プラグ入り積層ゴムを用いることができる．

ただし，本工法における水平力ダンパーは，上部構造の重量を支持しておらず，地震時の変位に対しエネルギーを吸収すればよく，通常の支承とは必要な機能が異なるものである．通常の支承は，大変形時にも鉛直力により座屈や転倒が起こらないように，その寸法や内部補強鋼板の配置などに多くの制約を受けるが，この水平力ダンパーは通常の免震支承と同一形状であってもそうした制約がなく，通常の免震支承よりも設計の自由度があり，安価である．

水平力ダンパーの設置状況を，図 2.51 に示す．(a) の PC 単純 T 桁橋での適用においては，橋脚に鉄筋コンクリート（RC）製の台座ブラケットを増設し，主桁の間に RC 横桁を増設して一体化し，これらを介して水平力を伝達する構造となっている．鋼桁橋においても，このように鋼主桁間に新たに RC 横桁を増設した例がある．(b) の例では，主桁下面と橋脚天端側面の双方に鋼製ブロックを取り付け，その

（a）RC 横桁を増設した例

（b）鋼製ブロックを設置した例

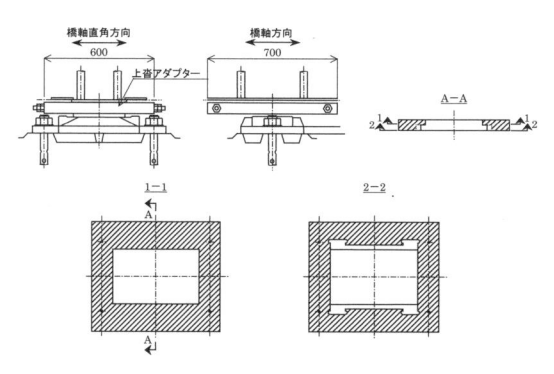

図 2.50 既存支承の改造方法

図 2.51 水平力ダンパーの設置状況

2.5 全体系を考慮した耐震補強

間に水平力ダンパーを設置している．

▶ 2.5.3　制震装置を用いた慣性力分散工法および変位拘束工法

慣性力分散工法は，可動支承と固定支承に分かれた複数の橋脚からなる橋梁において，可動支承にダンパーやストッパーなどの制震装置を取り付け，耐力に余裕のある可動支承の橋脚にも上部構造の地震時の慣性力を負担させ，固定支承の橋脚の負担を減らし，橋全体として，バランスよく地震に抵抗させる工法である（図 2.52(a)）．また，河川内の橋梁においては，巻立て工法などで比較的施工しやすい橋脚を補強し，この橋脚への慣性力の配分を増やし，流水部など工事の困難な橋脚への負担を小さくするために，巻立て工法を併用するものの，すべての橋脚の補強を行う場合に比べ全体の工事費の低減を図ることも可能である（図 2.52(b)）．

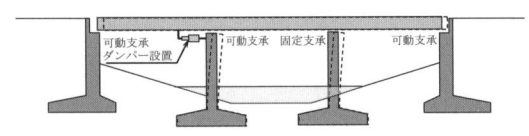

(a) 慣性力分散工法（下部構造の耐力に応じて慣性力を分散する）

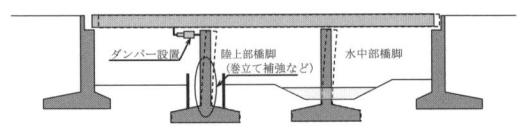

(b) 慣性力分散工法（補強工事のしやすい橋脚の負担を大きくすべく巻立て工法を併用する）

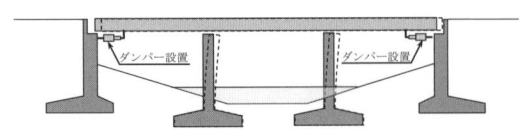

(c) 変位拘束工法（桁端にダンパーを設置し変位を拘束する）

図 2.52　ダンパーの設置による耐震補強のイメージ

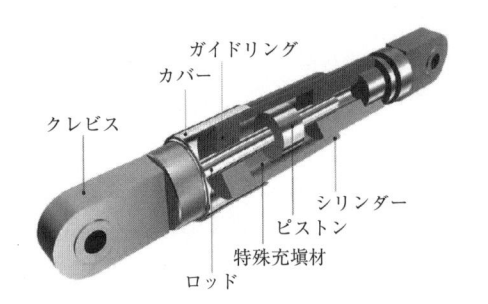

図 2.53　特殊充填材を封入したダンパー[41]

一方，こうした制震装置を桁端と橋台との間に設置することで，上部構造の地震時の変位を拘束することも可能である．この場合は，ダンパーによる変位拘束工法に分類される（図 2.52(c)）．

耐震補強における慣性力分散形式が，ゴム支承を用いた通常の反力分散形式と異なるのは，主桁の常時の温度変化（主桁の伸縮変位）に対しては，装置の機構により下部構造がこれを拘束せず，地震時にのみ変位を拘束する点である．ここで，装置の機構とは，温度変化のような非常にゆっくりした動きに対しては装置が自由に変形して反力が発生しないようなダンパー機構，あるいは温度変化による変位に相当する遊間を設け，それ以上の相対変位が地震時に生じたときにはじめて拘束する遊間付きストッパー機構がある．

ダンパー機構による装置には，オイルや粘性体を封入したダンパー，あるいは図 2.53 に示す特殊な充填材を封入したダンパー[41]がある．遊間付きストッパー機構による装置としては，遊間付きストッパーなどが開発されている．以下に，これらの装置の概要やその適用例を紹介する．

a. ダンパー

ダンパーとは，一般に，相対変位が生じたときに，その速度に応じて減衰力が生じるものであり，自動車のショックアブソーバーと同様に，ピストンの伸縮時にシリンダ内に満たされたオイルがオリフィスを通ることで減衰力を発生させるものである．正弦波のような周期的な正負の変位を与えたときのオイルダンパーの抵抗力と相対変位の関係は図 2.54(a) のような楕円形となり，履歴ループに相当するエネルギーを吸収する．耐震補強に用いられるダンパーとそうした一般的なダンパーとの違いは，必要とする減衰力が大きいだけではなく，屋外で長期間にわたって使用されることを考えると，温度に対しても安定した特性を発揮しなければならないこと，また温度変化による主桁の伸縮変位のように，微小振幅で橋の供用期間中の繰返し回数の多い変位に対して，オイル漏れを起こさずメンテナンスフリーとする必要があることである．そのため，耐震補強で使用されているダンパーには，特殊な充填材を封入したものが開発されている．ダンパーの吸収するエネ

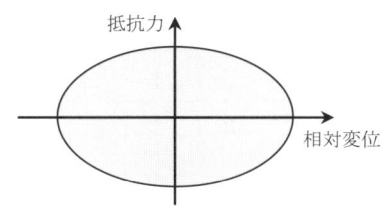

(a) 一般的なオイルダンパー

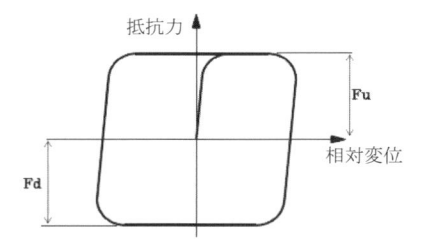

(b) 特殊充填材を封入したダンパー

図 2.54 ダンパーの荷重変位関係[41]

図 2.55 せん断パネルダンパー(試験体の載荷実験における終局状態)[43]

(a) 補強前

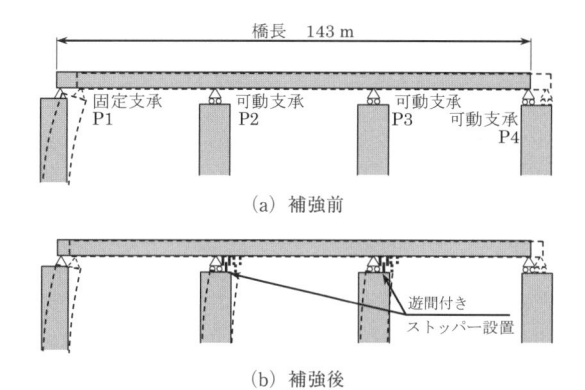

(b) 補強後

図 2.56 耐震補強前後の支承条件

ルギーは,その荷重と変位の関係の描く面積に相当する.特殊な充填材を封入したダンパーの荷重-変位関係は,図 2.54(b)に示すように,速度に比例して減衰力が生じる一般的なオイルダンパーが楕円を描くのに対し,より矩形に近い大きな面積を描いており,そのエネルギー吸収が大きいことがわかる.

b. 遊間付きストッパー[42]

遊間付きストッパーとしては,鋼製弾塑性ダンパーの一種である,せん断パネルを用いたものが開発されている.鋼製弾塑性ダンパーは鋼材の履歴減衰特性を利用したものであり,鋼材が塑性変形するときに消費するエネルギーにより振動エネルギーの吸収を図るものである.引張強さは通常の鋼材と同程度であるが,降伏点が低く,塑性変形性能に優れる低降伏点鋼材が用いられることが多い.せん断パネルダンパーは,図 2.55 に示すように,パネルが純せん断に近い変形をすることが可能となるように,ほぼ正方形のパネルの4辺を左右のフランジ,リブ,およびベースプレートで取り囲んだ形状となっており,低降伏点鋼 LY225(降伏点 225±20 N/mm^2)が用いられている.本装置は,機構が簡単であり,鋼桁と同様な塗装を必要とする以外は一般にメンテナンスフリーであり,特に鋼橋においては取付けも容易である.

なお,地震時の挙動には衝突現象を伴うため,設計においては動的解析においてそのような挙動を考慮することが必要である.

c. 慣性力分散工法の例[43]

本橋は,図 2.56 に示すような 3 径間連続 I 桁橋で,橋の両端も橋脚で支持されている.支承は一方の端橋脚で固定,他がすべて可動となっていた.

橋脚はすべて河川内にあり補強が困難であったことから,支承を取り替える反力分散化ないし免震化が検討されたが,桁下と橋脚の空間が狭く,既設支承をゴム系の支承に交換することが不可能であった.また,端橋脚が固定支承であったため,水平力分散ないし免震形式とすると,そこの伸縮装置に温度変化による伸縮変位が生じるために,遊間を確保し,伸縮装置を取り替えなければならなかった.

本橋は,桁端部が固定橋脚 P1 で支持されており,地震時には P1 と上部構造が一体となって震動するものであった(図 2.56(a)).そこで,2 つの可動橋脚 P2 および P3 に遊間付きせん断パネル型制震ストッパーを増設し,地震時には,3 つの橋脚と上部構造が一体となる構造系に変え(図 2.56(b)),3 つ

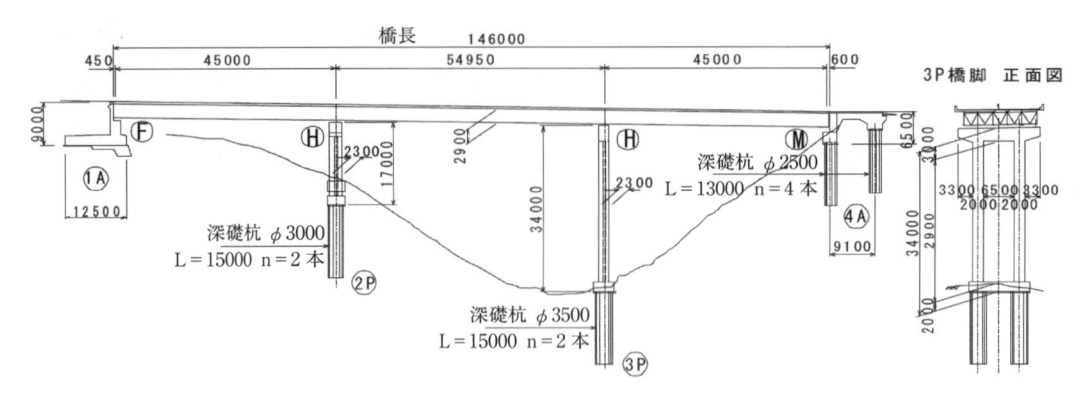

図 2.57 フレキシブル橋脚を有する 3 径間連続橋梁のダンパーによる耐震補強例[44]

の橋脚で地震力を負担させる慣性力分散形式の耐震補強が適用された.ここで,P2,P3 の 2 カ所にストッパーを設置したのは,P2 だけでは橋脚の耐震性能を確保できなかったためである.

可動支承に設置した制震ストッパーは,鉛直荷重を支持せず,温度変化に対して,遊間があるため主桁の伸縮を拘束しない.地震時に遊間以上の変位が生じたときにのみ,ストッパーとして機能する.しかも,レベル 1 地震時には弾性範囲で固定,レベル 2 地震時には制震装置としてエネルギーを吸収するので,主桁の変位の低減が期待できる.ストッパー自体は,変形の最大値が限界変位以下であること,かつ繰返し変形による累積損傷が許容値以内となるように設計されている.

河川内の橋脚の補強に対しては,桟橋工,仮締切り工などの仮設工事が工事費の大半を占めるが,本実施例のように,橋脚の補強を行わないか,行っても陸上部の橋脚のみとすることで,一般に大幅なコストダウンが可能になる.

d. 変位拘束工法の例[44]

本橋は,図 2.57 に示す 3 径間連続鋼鈑桁橋であり,支承条件は,片側の 1A 橋台が固定,2 つの中間橋脚がヒンジ,他方の橋台が可動となっている.2 つの中間橋脚は,門形フレームの内部に壁をもつラーメン式橋脚である.主桁の温度変化により生じる橋脚の橋軸方向の変位は,頂部のヒンジを介して,高さの高い橋脚の可撓性で吸収する構造となっている.

こうした橋脚は,フレキシブル橋脚といわれる形式であり,常時の活荷重や温度変化に対しては合理

図 2.58 桁橋におけるダンパーの設置状況[44]

的な構造といえる.一方,橋軸方向の地震動に対しては,橋脚の剛性が小さいために,上部構造の慣性力に加えて中間橋脚自身の慣性力の一部も,ヒンジと主桁を介して固定支承に集中することになる.

本橋の耐震補強においては,こうした地震時に支承に発生する力に抵抗できるように支承本体や橋台を補強することが困難であった.そこで,橋の両端の桁端と橋台の間にダンパーを設置し,支承部が破壊したあとには,このダンパーが作用し,一定の抵抗力しか橋台に作用しないような構造に変更された.ダンパーの抵抗力は,支承破壊後に生じる主桁の変位が,桁端における遊間の 100 mm 以下となり,かつ橋脚に発生する断面力が橋脚の耐力以下となるように選定された.図 2.58 にダンパーの設置状況を示す.

なお,橋軸直角方向に対しては,フレキシブル橋脚の壁を増厚して対処している.

▶ 2.5.4 PC ケーブルによる変位拘束工法

耐震補強が必要な橋脚の頂部にケーブルを連結

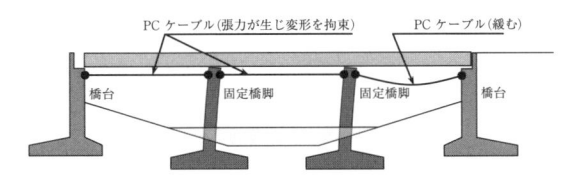

図 2.59 PCケーブルによる地震時変位の拘束

し，このケーブルを隣接する橋台などに定着すると，地震時の橋脚の変形を拘束することができ，橋脚に生じる曲げモーメントおよびせん断力を低減することができる．ケーブルには，コンクリートにプレストレスを導入するためのPC鋼材を利用することができる．

こうしたPCケーブルによる変位拘束工法の概念を図2.59に示す．

本工法は，橋脚本体の補強を必要としないか，または軽減できるため，橋脚基部の掘削が不要であり，河川内の橋脚においても仮締切りが不要である．また，道路交差部においても，制約条件にあまり影響されない．こうしたことから，通常のRC巻立て工法に比べ，大幅な工期短縮とコストダウンが可能になる．

ケーブルは，いうまでもなく，その軸方向にのみ剛性を有するので，本工法では，ケーブルの設置方向にのみ橋脚の変位を拘束できる．橋軸方向の変位を拘束する場合には，支間方向にまっすぐケーブルを取り付けるが，橋軸直角方向の変位も拘束する必要がある場合には，PCケーブルを交差状に設置することで対応できる．また，ケーブルの剛性は，ケーブルが長くなるにつれ低下するので，なるべく近くの橋脚・橋台に定着するほうが合理的である．いずれにせよ，ケーブルを固定した構造物とその支持地盤が安定していることが必須である．また，ケーブルの断面構成は，使用するPC鋼より線の本数で調整でき，選択の自由度が高いが，地震時に発生するケーブル張力は橋台や橋脚のコンクリートにとっては比較的大きなものとなるため，その定着部の耐力の確保にも，設計，施工において注意が必要である．

図2.60は，3径間連続のPC橋梁に適用した例である[45]．橋脚が円形断面のT形橋脚であり，橋軸方向と橋軸直角方向の両方向に対し補強する必要が

図 2.60 3径間連結プレテンションT桁橋での適用例[46]

図 2.61 5径間連続PC中空床版橋での適用例

あったことから，PCケーブルを各径間に交差状に配置し，両端の橋台の上部に定着している．使用したPCケーブルは，12S12.7（引張荷重2196 kN）を2本1組として，これを交差状に配置している．

図2.61は，5径間連続のPC中空床版橋に適用した例である[47]．本事例においては，門形ラーメン橋脚の橋軸方向および橋軸直角方向の耐震補強において，桁下の道路の建築限界や工事による通行止めや施設の移設などの制約があった．そこで，補強対象となる固定橋脚の補強に，3面の鋼板巻立てを採用し，不足する橋軸方向の耐力を補うために，PCケーブルを橋脚の頂部から斜めに延ばし，隣接する橋脚のフーチングに定着している．使用したPCケーブルは，19S15.2（引張荷重4959 kN）を4本1組として，門形橋脚の2本の柱それぞれに，トラスの斜材のように設置している．

2.5 全体系を考慮した耐震補強

2.6 支承の耐震補強と落橋防止システムの構築

▶ 2.6.1 支承とその地震被害

a. 支承に求められる機能

橋梁における支承は，桁の端部や中間支点において上部構造と下部構造の接点に設けられる部材であり，以下の機能を担っている．

まず，支承は，上部構造（主桁）自身の重量（死荷重）や車両や列車などの活荷重による鉛直方向の荷重はもちろん，地震時や暴風時に発生する上部構造の水平方向の荷重を下部構造（橋脚・橋台など）に伝えるという荷重伝達機能を担っている．

次に，上部構造には温度変化による伸縮変位が生じ，コンクリート製の桁ではクリープ・乾燥収縮による短縮が生じる．さらに，活荷重が載荷されたときには，桁のたわみにより支点位置に水平変位と回転変位が生じる．こうした上部構造の伸縮変位や回転変位を拘束することによって，下部構造に過度の反力が生じないようにするために，支承には変位追随機能も求められる．

さらに，免震構造の橋においては，耐震性能を高めるために，減衰を付与する減衰機能やアイソレート機能が必要となる．

地震時の支承について考えてみると，支承は上下部構造をつなぐ部材であり，上部構造の地震時の橋軸方向および橋軸直角方向の慣性力は，支承，下部構造，そして基礎を経て地盤に伝達される．

このように，支承と下部構造の関係は，地震時の力の伝達経路で考えると，直列の関係にあるので，もし支承が先行して破壊し，上部構造の慣性力が下部構造に伝わらないとすれば，下部構造に作用する地震力は低減し，ほとんど損傷は生じないことになる．実際，古い橋梁では，支承に対して考慮している地震力が小さかったこともあり，地震被害は支承周りに多く見られ，下部構造の被害が目立たなかったことから，こうした支承に対するヒューズ論は，ある意味で橋全体の地震被害を小さくできるのではないかとの考え方もあった．

しかし，支承の破壊は，落橋といった致命的な被害をもたらす可能性がある．1995年の兵庫県南部地震での被害の中には，支承の損傷から上下部構造の大きな損傷や落橋に結びついた例も少なくない．こうしたことから，支承は上部構造からの力を確実に下部構造に伝達し，落橋を確実に防止する必要があると考えられる．特に，免震構造や地震時水平力分散構造の橋においては，支承が設計で想定したとおりの挙動をしてはじめて橋全体の耐震性が確保されるものであるから，設計で想定する地震力を確実に負担できなければならない．

b. 支承の種類

支承をその使用材料に基づいて分類すると，鋳鋼品や鋼材からなる鋼製支承と，天然ゴムまたはクロロプレン系合成ゴムと鋼板の積層構造からなるゴム支承に大別される．それぞれは，構造などにより，図2.62に示すように，さらに分類される．

代表的な支承として，鋼製支承には，密閉支承版支承，ローラー支承，ピボット支承，ピン支承などが，ゴム支承には，固定型ゴム支承，可動型ゴム支承，免震支承などがある．これらの支承の概要を，図2.63に示す．

c. 支承の構造

荷重伝達機構と変位追随機構が同時に求められることから，支承は一般に本体が上下に分割された上沓と下沓からなり，可動支承・固定支承のいずれも，両者の接合部で水平力は伝達しながら回転変位を吸収する構造になっている．また，可動支承では，一般に下沓で橋軸方向にのみ変位を吸収する機構をもっている．

水平変位の吸収機構としては，すべり支承の摺動面のすべり，ローラー支承の転がり，ゴム支承における積層ゴムのせん断変形がある（図2.64(a)～(c)）．回転変位の吸収機構としては，ピン支承の回転すべり，ピボット支承の球面体の回転すべり，支

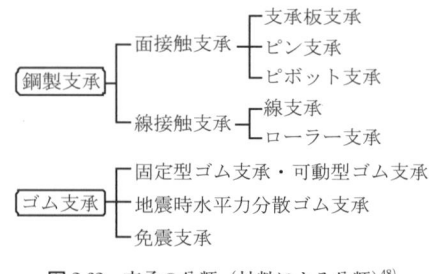

図2.62 支承の分類（材料による分類）[48]

承版支承の密閉ゴム板の弾性変形，ゴム支承における積層ゴムの弾性変形がある（図2.64(d)〜(g)）．なお，1本のローラーによれば，水平変位と回転変位を同時に吸収できるが，方向性が限定されることによる損傷が見られたため，現在ではほとんど使用されていない．また，ゴム支承は，水平変位と回転変位の両方を吸収できるが，同時に，鉛直荷重により，鋼製支承ではほとんど生じないある程度の圧縮変位が生じることも特徴といえる．

支承の上下の部材は，上部構造と下部構造に地震力が伝達されるように，取付けボルト，アンカーボルトによりそれぞれ上下部構造に固定されている．なお，支承本体を直接上下部構造に取り付けるのではなく，ソールプレート（主桁下面），ベースプレート（下部構造頂部）を介して結合する場合もある．

支承を橋脚・橋台の天端（沓座面）に設置する際には，支承は所定の位置に水平に比較的高い精度で設置する必要があることから，一般にアンカーボルトを収める箱抜きを施工し，ここにアンカーボルトの取り付いた支承（図2.63(g)左の状態）を設置し，支承の下面と箱抜きの空隙にモルタル（沓座モルタル）を充填して固定する．

荷重伝達機能，変位追随機能などの複数の機能を単一の部材にもたせたものを「機能一体型支承」と呼ぶ．ただし，すべての機能を1つの支承に集約することは必ずしも合理的ではないので，たとえば鉛直方向の荷重支持機能と水平方向の荷重支持機構を別の部材にもたせるといった，「機能分離型支承」もある．たとえば，機能一体型では，可動ゴム支承において，橋軸直角方向の変位を拘束するサイドブロック（鋼製の突起）を下沓に取り付ける場合があり，機能分離型では，固定ゴム支承において，鉛直荷重だけを支持させ，支承本体とは別にアンカーバーを設置して水平荷重を負担させる場合などがあ

(a) 支承板支承（密閉ゴム支承板支承）　(b) ピン支承

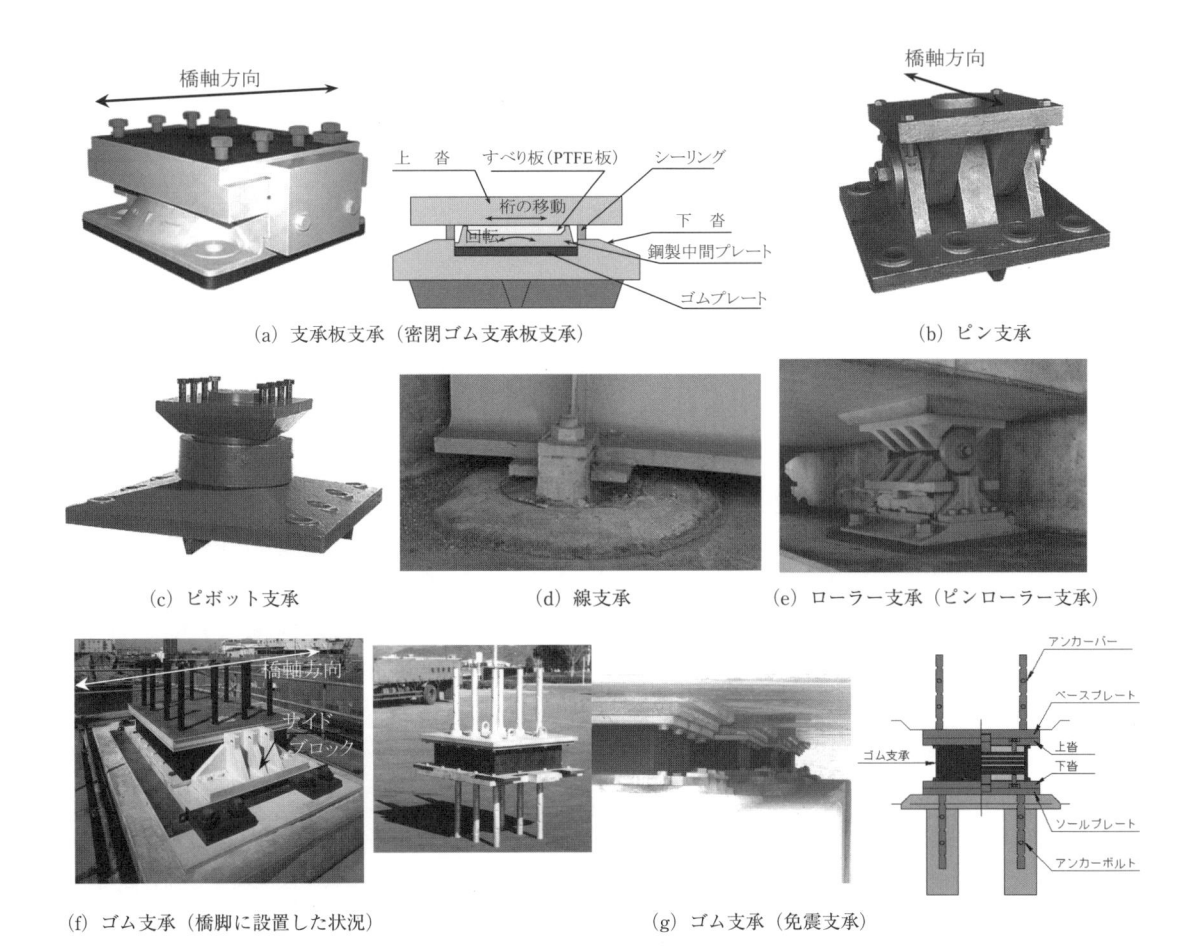

(c) ピボット支承　(d) 線支承　(e) ローラー支承（ピンローラー支承）

(f) ゴム支承（橋脚に設置した状況）　(g) ゴム支承（免震支承）

図2.63　主な支承

図2.64 支承の変位吸収機構

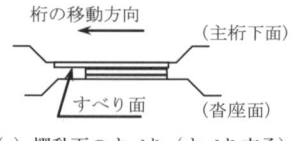

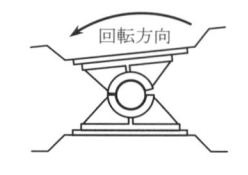

(a) 摺動面のすべり（すべり支承）
(b) ローラーの転がり（ローラー支承）
(c) 積層ゴムのせん断変形（ゴム支承）
(d) 回転すべり（ピン支承）
(e) 球面体の回転すべり（ピボット支承）
(f) 密閉ゴム板の弾性変形（支承板支承）
(g) 積層ゴムの弾性変形（ゴム支承）

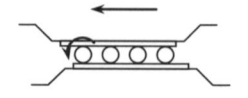

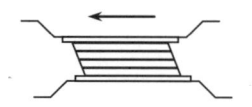

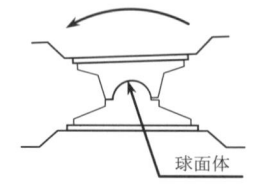

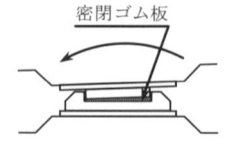

図2.65 支承の主な損傷（支承本体の損傷）

(a) ピンローラー支承
左：中央で破断し抜け出したピン
右：橋軸直角方向のずれ

(b) ピボット支承[49]
（上沓の破壊：橋軸方向の地震力により球面体を包む上沓が割れた）

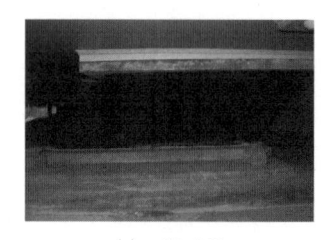

(c) ゴム支承
（過大な残留変形・ゴム体の肌すき：橋台が前面（左方向）に移動し、支承が過大にせん断変形した）

る．

なお，道路橋分野では，支承本体とそれを主桁や下部構造に固定するための沓座，アンカーボルトやボルトを含む全体を「支承部」と呼んでいる．

d. 支承の地震被害[50]

支承に生じる地震被害は，①ピン支承におけるピンの破断やローラー支承におけるローラーの逸脱，ピボット支承における球面体に取り付く上沓の破断といった「支承本体」の損傷，②アンカーボルト，沓座モルタルなど「支承取付け部」の損傷，および③サイドブロック（橋軸直角方向の変位を拘束したり支承の浮上りを防止する鋼製の突起）など「上沓の逸脱防止構造」の損傷に大別される．これらの被害の実際の例を，図2.65〜2.67に示す．なお，可動支承に一体的に設けられた上沓の爪状の部分の損傷もよく見られるが，これは，地震時の橋軸方向の上下部構造間の過大な相対変位を生じさせないことを目的とした移動制限装置の被害であって，

耐震設計上は，後述する落橋防止システムの損傷に位置付けられる．

耐震設計法が地震被害の教訓を受けて改善されてきたように，支承の材料・構造やその設計法も，地震被害とともに改善されてきた．

1995年の兵庫県南部地震における被害特性をまとめると以下のようである．

まず，支承の被害特性を使用材料別に見てみると，鋼製支承では，支承本体あるいはアンカーボルトやセットボルトの破壊など多数の被害が生じ，支承の破壊に伴う上部構造の大きな変位から落橋に至ったものも見られた．一方，ゴム支承については，一部の支承にゴムの亀裂が見られたものもあったが，全体としては鋼製支承に比べ，被害は少なかった．

鋼製支承は，従来，一般的な支承として使用されてきたが，こうした兵庫県南部地震での被害を受け，主にコンクリート橋で用いられていたゴム支承が，鋼橋においてもより多く用いられるようになった．

(a) ピン支承
(取付けナットの抜出し：橋軸方向の地震力によりナットがボルトから外れた)

(b) ピン支承
(取付けボルト破断・桁の移動：橋軸直角方向の地震力によりボルトが破断し，桁が支承から外れた)

(c) 支承線支承
(アンカーボルト・台座の損傷：橋軸方向の地震力でアンカーボルトが抜け出し，台座コンクリートがひび割れた)

図 2.66 支承の主な損傷（支承取付け部の損傷）

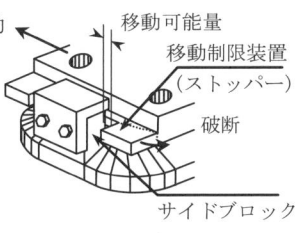

図 2.67 支承の主な損傷（上沓の逸脱防止構造・移動制限装置の損傷）

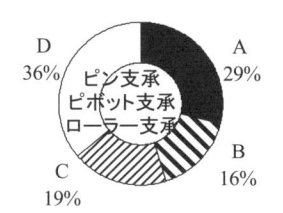

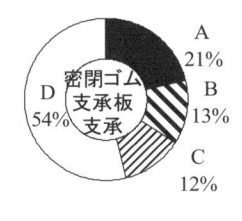

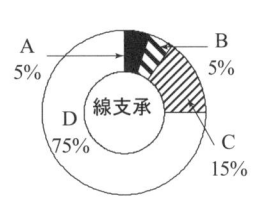

図 2.68 兵庫県南部地震における支承形式と被災度の関係[51]
A：大被害，B：中被害，C：小被害，D：無被害．

ただし，鋼製支承は，用途に応じて多くの種類と機構があり，きわめて大きな反力を受ける箇所，大移動量を必要とする箇所，負の力を受ける箇所など，ゴム支承の適用が合理的でない場合には，現在でも広く使用されている．

次に，兵庫県南部地震における支承形式と被災度の関係を図 2.68 に示す．この図より，支承高さの低い線支承が最も損傷しづらく，支承高さの高いピン支承，ローラー支承が損傷しやすいことがわかる．前述のような支承の構造を考えると，慣性力の作用位置は，ピン支承であればピンの中心位置であるように，支承下面からある高さがあるので，支承下面には水平力だけでなく，曲げモーメントが作用する．アンカーボルトの抜出しは，この曲げモーメントと水平力により沓座モルタルが損傷した結果に生じたものと考えられている．このため，支承の高さは，

できるだけ低いことが望ましい．

また，支承を水平力の支持方法により分類すると，固定支持型，可動支持型，弾性支持型に整理できる．兵庫県南部地震では，固定支承と可動支承で被災度の傾向に差は見られなかった．

なお，支承の被害には，腐食が進行していてアンカーボルトなどの断面が欠損していたことが原因であった事例もある．設計においては，支承本体や支承周りの排水などにも配慮し，目視点検などの維持管理のしやすい構造とすることも大切である．

▶ **2.6.2 支承の取替え**

設計法や設計地震力が改訂されてきたことに伴い，古い支承では，大地震時に脆性的な破壊が生じ，上部構造の落橋に至る可能性がある．また，腐食などの経年劣化により，取替えが必要となる場合もあ

2.6 支承の耐震補強と落橋防止システムの構築

る.

　支承は桁下の狭い空間で，かつ橋脚の天端といった高所に設置されており，維持管理，補修・補強が施工上難しい部材の1つである．このため，支承の取替えは，一般に高所で重量物を扱う作業となること，また狭い空間での作業となることなどから，施工条件をよく確認し，取替えが必要な支承の部品の範囲や現場の条件に合った施工方法を選定する必要がある．

　支承の取替えにおいて，設計・施工上，考慮すべき項目には，以下のことがあげられる．

① 施工範囲の選定：古い規準の設計地震力を超える地震時水平力を合理的に負担させるために，既設のアンカーボルト，上・下沓で流用できるものはないか，検討するとよい．

② ジャッキアップ時の検討：主桁のジャッキアップにおいて，適切なジャッキ設置位置を選定し，反力バランスを制御すること．また，補強リブの必要性などについて検討すること．

③ 既設部材への影響：主桁および橋脚に損傷を与えずに既存の支承を撤去すること．

④ 周辺環境：騒音，粉塵，洗浄・切断に伴う汚水の流出，その他落下物に対する対策．

⑤ 交通への影響：ジャッキアップに伴う交通規制の影響．

⑥ 作業方法・手順の検討：重量の大きな新旧支承を狭い空間において効率よく撤去・設置すること．

⑦ 施工時期・作業時間の選定：狭隘な空間での作業となるので，作業性，安全性に配慮することが望まれる．交通への影響を考えると，交通量の少ない夜間などがよいが，近隣環境からは地域住民との調和が必要となる．

　ここでは，既往の支承の取替え事例から，参考になる点を紹介する．

a. 既設橋脚のはつり作業と修復

　既存支承を撤去するためには，既設橋脚天端のコンクリートをはつる作業が必要となる．ブレーカーによるはつり作業は，騒音などの施工上の問題を伴うだけでなく，既設コンクリートにマイクロクラックを発生させる恐れがあるので，ワイヤーソーおよびウォータージェットを組み合わせるとよい．

　また，既設橋脚の鉄筋の一部を切断・撤去するため，新たに鉄筋を配置し相互を接続して修復する必要がある．鉄筋の継手には種々の方法があるが，一般に軸方向（鉛直方向）鉄筋の継手はガス圧接，水平方向鉄筋はフレアー溶接などによっている（図2.69）[52]．

　下沓下面のコンクリート打設には，収縮によるひび割れを防止し，既設橋脚部分との一体化を図るために膨張コンクリートを使用するのがよい．

図 2.69　鉄筋の組立て状況[52]

(a) アンカーを用いる方法　　(b) PC鋼棒を緊張する方法

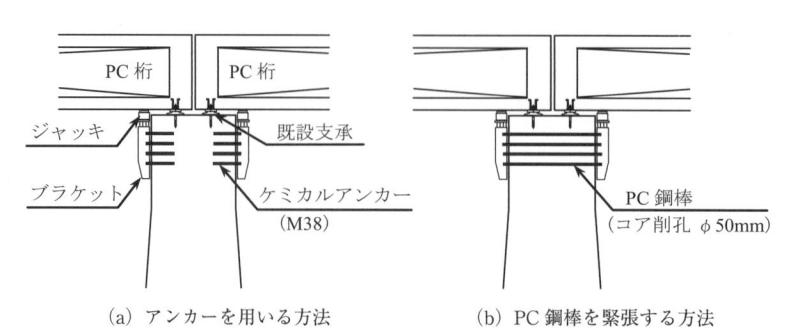

図 2.70　ブラケットによるジャッキアップ[53]

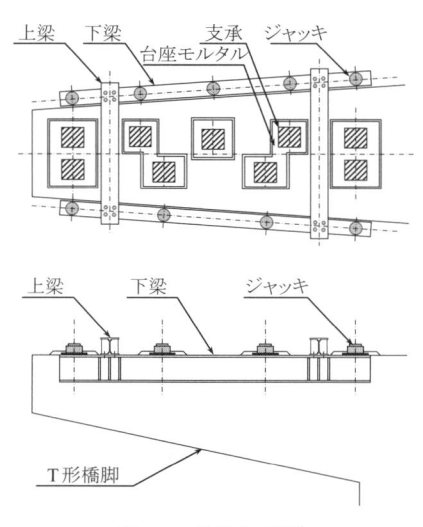

図 2.71 鞍がけ工法[54]

b. 主桁のジャッキアップ

既設主桁のジャッキアップの方法には，以下のような方法がある．対象構造物や現場の作業条件，転用回数などを勘案して選択している．

① 橋脚天端にジャッキを設置する方法：既設橋脚の天端にジャッキを直接設置し，主桁下面または横桁下面を支持する．鋼桁では必要に応じて補剛桁を増設する．

② ブラケットによる方法：橋脚側面にブラケットを取り付け，ブラケットにジャッキを設置する．ブラケットは，2.6.3b項目に述べる桁かかり長の確保のための橋脚天端の拡幅と兼用することもできる．ブラケットの固定には，図 2.70 に示すように，アンカーを用いる方法と PC 鋼棒を緊張する方法がある．

③ 鞍がけ工法：橋脚天端から鋼製のハンガーを吊り下げ，ハンガーにジャッキを設置する方法である．図 2.71 に T 形橋脚における鞍がけ工法の例[54]を示す．

④ ベント工法：橋脚のフーチング上またはその周辺地盤に仮支柱を組み立て，仮支柱にジャッキを設置する．

c. 支承の撤去・設置

既存支承のアンカーボルトを残して支承を撤去する場合は，ジャッキアップが可能であれば作業空間は狭いものの，比較的容易に撤去が可能である．一方，橋脚のアンカーボルトも取り替える場合は，

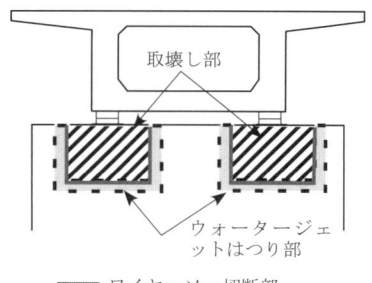

図 2.72 橋脚天端の切断撤去範囲[55]

図 2.73 リフターによるゴム支承本体の取付け[56]

図 2.72 に示すように，支承のアンカーバーを含む橋脚天端の鉄筋コンクリートをワイヤーソーにより切断し，クレーンなどで吊り下ろす事例が多い．

新しい支承を設置する方法としては，支承を分割することが有効である．図 2.73 の事例[56]では，総重量4トンの積層ゴム支承を，アンカーボルト，ソールプレート，ベッドプレート，フランジプレート，およびゴム支承本体に分割した上で，人力で搬入可能なアンカーボルト以外を，リフターを使用して，順次設置している．

なお，新設支承のアンカーバーを主桁下面に設置する必要がある場合は，橋脚側のアンカーバー部分のコンクリートをはつり取った後であれば，コアカッターマシンを設置する空間を確保することができる．図 2.74 に，主桁下面にアンカーバーを設置した後，分割したゴム支承を設置する場合の施工手順の例を示す．

d. 地震時水平力の負担の確保

支承の取替えにおいては，既存のアンカーボルトで必要な水平力を確保できるか否かが問題となる．

既存のアンカーボルトが利用できる場合には，アンカーボルトとソールプレートあるいは上沓を残して既存支承を撤去し，ボルトなどにより新設支承を接続するのがよい[52]．

また，図2.75に示すように，水平力の伝達機能を持たせるような鋼製の箱で既設上沓を包み込み，内部にモルタルを充填し，その下にゴム支承を設置した事例もある[57]．

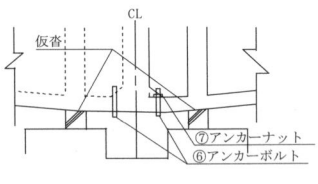

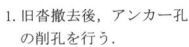

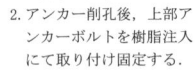

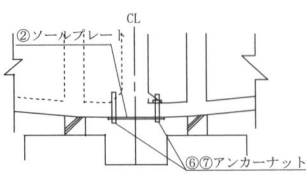

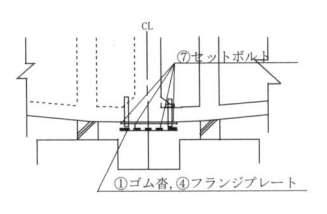

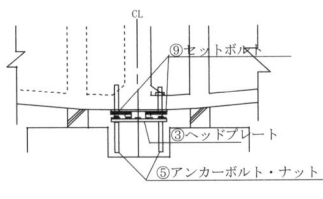

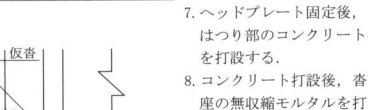

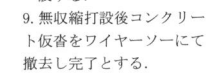

▶ 2.6.3 落橋防止システムの機能と構成

a. 道路橋における落橋防止システムの機能[58-60]

地震時に，基礎の大きな移動や傾斜，下部構造や支承の破壊が生じ，さらに桁が下部構造の頂部から逸脱してしまうと，上部構造の落橋に至る．各部材は，設計地震動に対して所定の安全性を確保するように設計されるが，設計で，直接考慮していない要因，たとえば，広範囲の地盤の液状化や流動化，断層変位などに対しても落橋を防止する必要がある．また，設計で想定した以上の地震力や予期し得ない橋の挙動などに対しても，落橋を防止する必要がある．

道路橋の分野では，このための装置や構造を総称して落橋防止システムと呼んでいる．落橋防止システムは，支承のタイプにより構成が異なるが，桁かかり長，落橋防止構造，変位制限構造，および段差防止構造から構成される．さらに，必要に応じてジョイントプロテクターを設ける．これらの各要素の役割などについては，後述する．

落橋防止システムは，1964年の新潟地震での落橋の被害経験から，フェイルセーフ部材として考えられたものである．その概念は，1971（昭和46）年の道路橋耐震設計指針においてはじめて盛り込まれ，1980（昭和55）年の道路橋示方書Ⅴ耐震設計編では，ほぼ現在に近いものが規定された．そして，1995年の兵庫県南部地震の被害を受け，1996（平成8）年の道路橋示方書Ⅴ耐震設計編で改定され，落橋防止システムを構成する各要素の名称も統一され，現在に至っている．

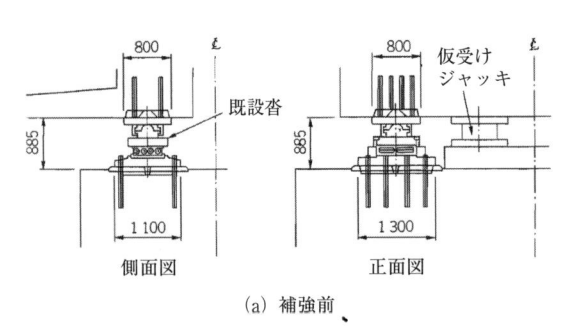

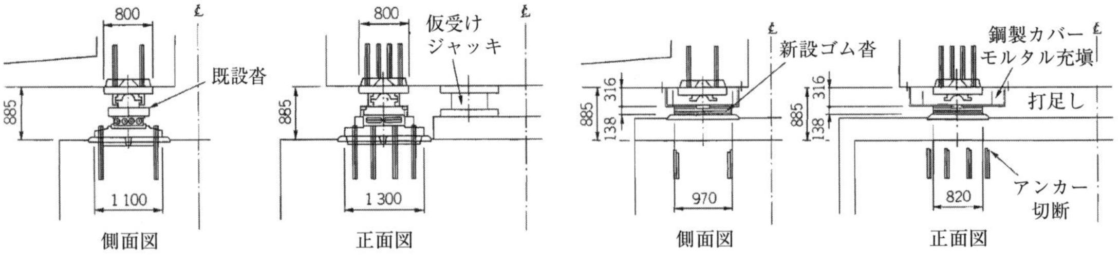

図2.74 ゴム支承の設置手順[56]

(a) 補強前　　(b) 補強後

図2.75 既存上支承を利用した支承取替え[57]

b. 桁かかり長

図 2.76 に示す桁の端部から下部構造頂部の縁端までの距離 S_E を「桁かかり長」と呼ぶ．桁かかり長は，下部構造や支承が破壊し，上部構造に予期しない大きな相対変位が生じた場合にも落橋を防止するためのものである．特殊な装置ではないが，落橋防止システムの中で，いわば最後の砦であって，最も重要とされているものである．

支承の設置位置は，支承の下面のコンクリートが欠け落ちないために，下部構造の縁端からある程度の距離を必要とする．上部構造の下面においても同様であるから，ある程度の桁かかり長は自動的に確保される．しかし，落橋しないためには，少なくとも，可動支承において，上下部構造の相対変位が桁かかり長以下でなくてはならない．

この相対変位は，地盤の変位・変形，基礎の移動・回転，下部構造の変形，および支承の変形（移動量）などにより生じるから，桁かかり長は，地震時の上下部構造の最大相対変位と，対象となる桁を支える下部構造間の距離に応じて設定される．また，曲線橋，斜橋においては地震時の挙動が直線橋に比べ複雑であるため，そうした影響を加味して，桁かかり長が設定される．

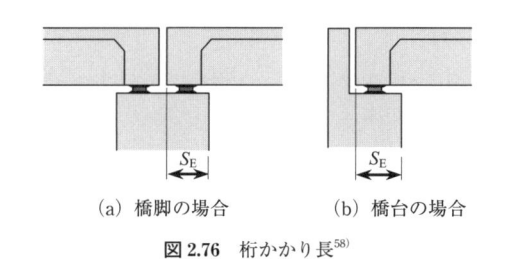

c. 落橋防止構造

落橋防止構造は，設計では予期し得ない地盤の変形などに対するフェイルセーフ機能として，桁かかり長を超える相対変位が生じないように，桁端部の橋軸方向に設けるものである．

その構造は，図 2.77 に示すように，(a) 上部構造と下部構造を連結する構造，(b) 上部構造および下部構造に突起を設ける構造，(c) 2 連の上部構造を互いに連結する構造のいずれかとし，衝撃的な地震力を緩和できる構造とするように規定されている．

上部構造と下部構造を連結する構造では，PC 鋼材やチェーンにより下部構造頂部と主桁を連結するものなどがある．下部構造頂部や上部構造に突起を設ける構造では，コンクリート製の突起や鋼製ブラケットを用いる方法などがあり，衝突面に緩衝材としてのゴムなどが貼り付けられている．また，2 連の上部構造を互いに連結する構造としては，PC 鋼材によるものがある．

図 2.78 に PC 鋼材を用いた落橋防止構造の例を，図 2.79 にその設置例を示す．PC 鋼材に PC 鋼より線が用いられる場合には，スプリングにより温度変化などの常時の移動量を吸収するとともに PC 鋼より線のたるみを防止している．また，緩衝ゴムにより，地震時の作用力を緩和する緩衝具が設置され，

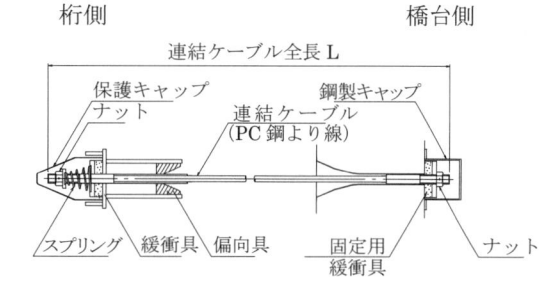

(a) 橋脚の場合　(b) 橋台の場合

図 2.76 桁かかり長[58]

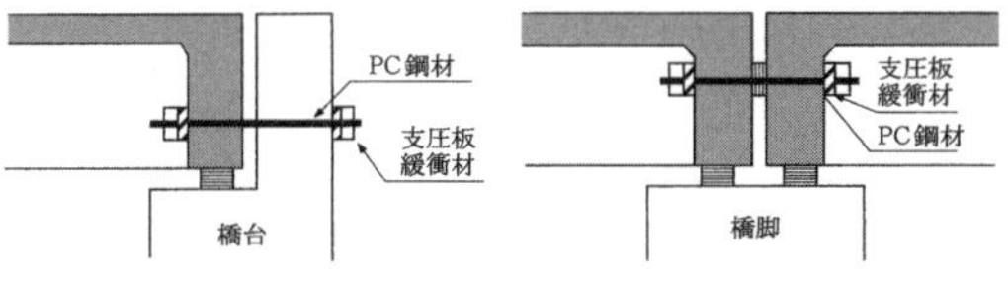

(a) 上部構造と下部構造を連結する例
(c) 2 連の上部構造を相互に連結する例
(b) 上部構造および下部構造に突起を設ける例

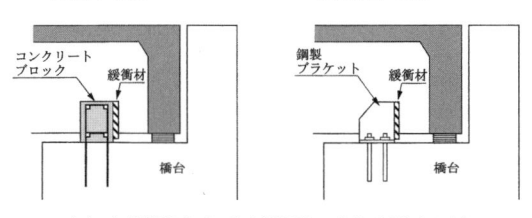

図 2.77 上部構造がコンクリートの場合の落橋防止構造の例[58]

図 2.78 PC ケーブルを用いた落橋防止構造[61]

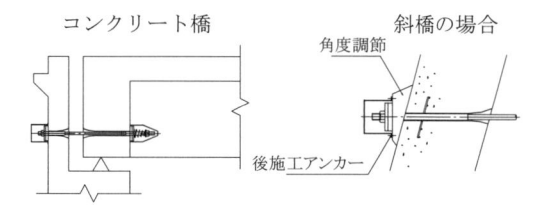

図 2.79 落橋防止構造の設置例[61]

さらに主桁の橋軸直角方向への変位にも追随する構造となっている．

これまでの地震で，実際に落橋防止システムが作動し，多くの事例から，落橋に対し有効に機能することが確かめられている．ただし，1995年兵庫県南部地震による落橋防止構造の被害には，衝撃的な地震力の作用により，装置本体もしくはこれが取り付けられた桁側に局部的な破断が生じ，落橋を有効に防止できなかったものが見られた．また，落橋防止構造が橋軸直角方向の変位に追随できない構造のために破壊したものも見られた．

そのため，落橋防止構造については，兵庫県南部地震の被害を考慮して，以下の改定がなされている．

① 設計地震力の引上げ．
② 衝撃的な地震力を緩和するため，緩衝材を用いることが義務付けられた．
③ 設計移動量の確保．
④ 主桁の橋軸直角方向への変位に対する追随機構の付与．

d. 変位制限構造

道路橋では，支承部を耐震性能によりタイプAとタイプBに分類している．タイプBの支承部とは，設計で考慮する地震動により生じる水平力および鉛直力に対して，支承部単独で支承に要求される性能を満足できる支承であり，通常はもちろん，免震橋，地震時水平力分散構造の橋など地震時の挙動が複雑となる橋においては，支承部にはタイプBが適用される．

一方，タイプAの支承部とは，地震動により生じる水平力および鉛直力に対して，別構造の変位制限構造と補完しあって抵抗する支承部である．両端が橋台で支持された桁長50 m程度以下の橋など，比較的地震による振動を生じにくい橋や，構造上やむをえない橋においては，タイプAの支承部を適用できる．

変位制限構造は，タイプAの支承を用いる場合に，橋軸および橋軸直角方向の両方向に対して，支承と補完しあって，地震力に抵抗することを目的とし，支承が破壊した場合に，上下部構造の相対変位が大きくならないように設ける構造である．

構造としては，図2.80に示すような，上部構造

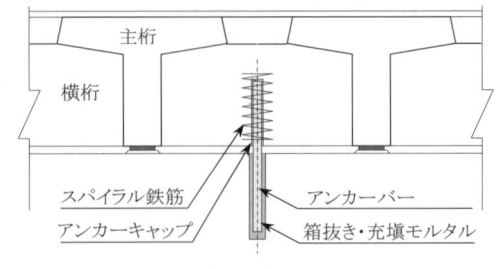

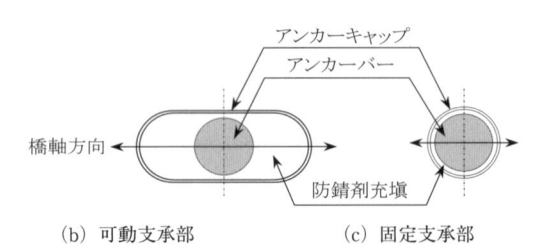

図2.80 アンカーバーの設置例と断面構造

と下部構造の相対変位をアンカーバーや鋼角ストッパーで拘束する構造が一般的であるが，そのほかにも下部構造頂部や上部構造に突起を設ける構造などがある．

一方，タイプBの支承では，基本的に変位制限装置を必要としないが，下部構造の頂部幅が狭い橋，一支承線の支承数が少ない橋，地盤の流動化により橋軸直角方向に橋脚の移動が生じる可能性のある連続橋では，端支点に加え，中間支点にも橋軸直角方向の変位制限構造を設けるように規定されている．

e. 段差防止構造

鋼製支承など支承高さの高い支承が破壊し，桁が下部構造の頂部に逸脱すると，路面に大きな段差が生じ，落橋しなくとも，車両の通行が不可能となる．特に，被災後の緊急車両の通行を確保するために，こうした段差が生じないように上部構造を適当な高さに支持する構造を，段差防止構造という．

具体的には，支承近傍の桁の下に，図2.81のような，新たな台座や予備のゴム支承を設置するものである．

緊急車両の通行を確保するための段差とは，一般に5～10 cm程度が目安といわれており，段差防止構造の台座天端と主桁下面の隙間は10 cm以下とする．また，その目的から，支承が破壊したときに一時的に上部構造を支持できればよく，一般に水平方向の荷重を考慮する必要はない．

(a) 設置方法の例

10cm 以下
段差防止構造

(b) 構造の例[61]

ボルト(a)
緩衝材（上部用）
スペーサーブロック（桁下クリアランス調整用）
コンクリート
アンカー
ボルト(b)
固定用金具
不陸調整可能
緩衝材（下部用）

図 2.81　段差防止構造

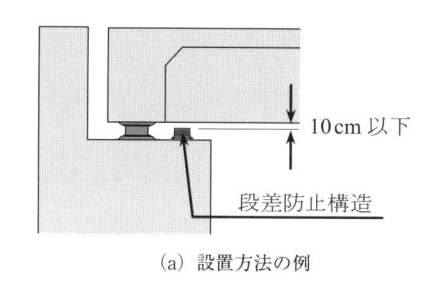

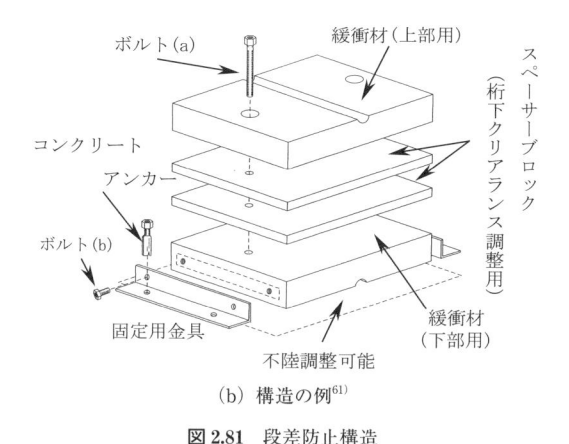

f. ジョイントプロテクター

橋梁の桁端部の路面には，桁の温度変化による伸縮変位などを吸収しながら車両のタイヤなどの荷重を直接支持して，車両が支障なく走行できるように，伸縮装置が設けられている．ジョイントプロテクターは，レベル1地震（供用期間中に発生する確率が高い地震）により伸縮装置が損傷することを防止するためのものである．

ジョイントプロテクターの構造は，変位制限構造と同様の，アンカーバーまたは下部構造頂部や上部構造に突起を設けるものとなり，橋軸方向および橋軸直角方向に対し設置する．

一般に，伸縮装置の移動余裕量として温度変化だけを考慮する場合には，レベル1地震相当の地震で伸縮装置が破損しないように，ジョイントプロテクターを設けるか，伸縮装置の移動量に震度法相当の移動量を見込むのがよい．一方，伸縮装置がレベル1の地震動に対し耐力を有している場合，また温度変化による伸縮変位がレベル1地震動に対する移動量よりも大きい場合には，ジョイントプロテクターは不要である．

なお，前述のタイプAの支承を用いる場合は，変位制限構造が必要となるので，変位制限構造にジョイントプロテクターの機能も兼ねさせてもよいとされている．

▶ 2.6.4　落橋防止システムの増設[62]

前述のように，落橋防止システムは，1971年にその概念が耐震設計に取り入れられ，1980年にはほぼ現在に近いものとなった[60]．したがって，既設橋梁の落橋防止システムの各構成要素の中には，設計年代に応じて，設置されているものの強度などが不足しているものや，段差防止構造のように新たに設置する必要があるものなどがある．

落橋防止システムの補強や増設の計画にあたっては，橋の形式，支承部のタイプ，施工上の制約，取付け部材の構造的な制限などを整理の上，構造性，施工性，経済性などを比較検討し，適切に設置する必要がある．既設橋梁の落橋防止システムは，設置場所に制約を受ける場合が多い．このため，計画にあたっては，支承部や落橋防止システムを構成する各々の部材が機能を損なわないこと，維持管理作業や雨水などが溜まらない構造とすること，さらに，桁下面に装置を設置する場合には，建築限界との位置関係についても十分な配慮が必要となる．

落橋防止システムを設置する際は，まず，図面などの既存設計資料の収集，現地における既設部材の配筋状況や材料強度の確認を行う必要がある．また，周辺環境などの状況で事前に十分な調査ができず，アンカーボルトが既設の鉄筋に交錯したり，削孔が困難となった場合は，落橋防止システムの形状または工法の再検討を行う．

落橋防止対策を検討する際には，落橋防止用の部材が取り付く既設部材についても，発生する断面力とその伝達経路に注意し，所要の耐力を確保する．また，施工などにより既設部材の耐力を損なうことのないよう留意しなければならない．

a. 桁かかり長の確保のための縁端拡幅

既設橋梁の耐震補強においては，下部構造の天端に鉄筋コンクリート製または鋼製のブロックを増設して，必要な桁かかり長を確保するのが一般的である．

すなわち，図2.82に示すように，鉄筋コンクリー

(a) コンクリートブロック (b) 鋼製ブロック

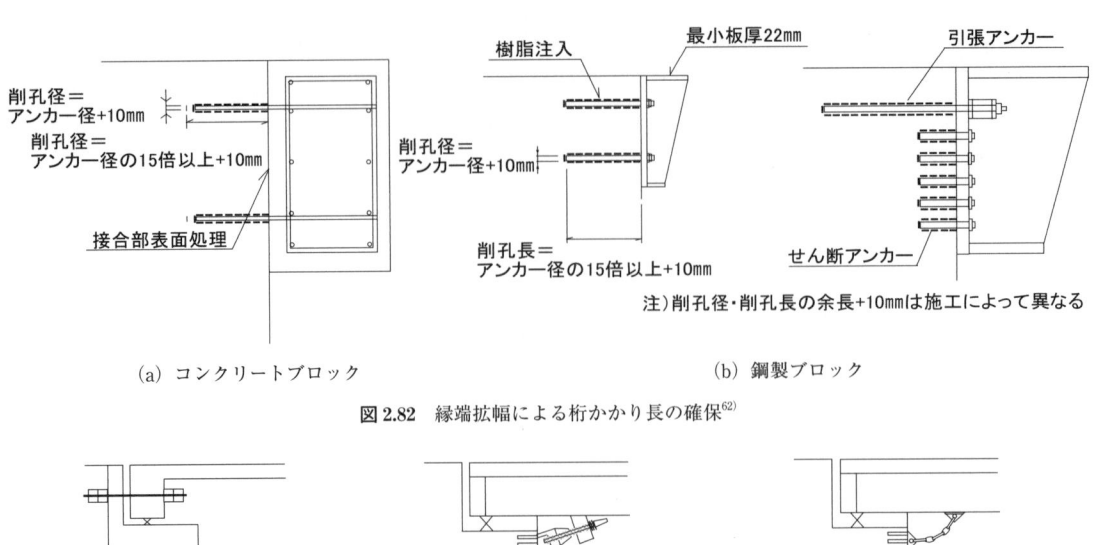

図 2.82　縁端拡幅による桁かかり長の確保[62]

(a) 上部構造と下部構造を連結する構造

(b) 上部構造および下部構造に突起を設ける構造

(c) 2 連の上部構造を互いに連結する構造

図 2.83　落橋防止構造の増設の例[62]

ト橋脚においては，その天端の側面に，鉄筋コンクリートまたは鋼製のブロックを取り付け，縁端を拡幅する．鋼製のブロックは，施工空間の確保が困難な場合，構造上の問題を有している場合，あるいは工期短縮が必要な場合などにおいて，採用されることが多い．

b. 落橋防止構造の増設

落橋防止構造の増設においても，新設の場合と同様に，図 2.83(a)，(b)，(c)に示す以下の基本構造の中から選定されている．

① 上部構造と下部構造を連結する構造
② 上部構造および下部構造に突起を設ける構造
③ 2 連の上部構造を互いに連結する構造

ただし，①の連結構造で橋台パラペットに定着する場合には，パラペットの耐力に留意する必要がある．また，③の連結構造は，2つの桁が連続する場合に適用可能であるが，片方の桁が移動して他方に衝突することもあるので，連結する2つの橋の規模や固有周期が大きく異なる場合，具体的には橋の重量の比が2倍以上，あるいは固有周期の比が1.5倍以上の場合は，避けるのがよい．

上記の各構造では，一般に後施工のアンカーボルトを用いて装置を設置する場合が多いが，既設構造の鉄筋配置などの構造条件から，削孔径や削孔深さについて，十分調査する必要がある．

また，既設橋梁では，設計当時の荷重に基づいて設計された耐震連結装置や落橋防止装置が設置されている場合がある．一般には，平成2年版以前の道

路橋示方書に基づく落橋防止装置は，平成8年版以降の道路橋示方書に規定される変位制限構造とほぼ同じ性能を有しているので，既設の落橋防止装置を変位制限構造として考えることができる．

c. 変位制限構造の増設

変位制限構造の増設においても，支承部や落橋防止構造の機能を損なわない構造とする必要がある．変位制限構造は落橋防止構造と類似した構造となる場合が多いが，その機能は異なるため，原則としては兼用することはできないこととされている．しかし，変位制限構造としての機能と落橋防止構造としての機能を独立して確保できる構造の場合には兼用も可能とされている．

変位制限構造の検討にあたっては，以下の基本構造の中から選定している．

① 上部構造と下部構造を連結する構造
② 上部構造および下部構造に突起を設ける構造

図2.84に変位制限構造の増設例を示す．

変位制限構造は，前述のように，タイプAの支承部とともに用い，レベル2地震動により生じる地震力に対して支承部と補完しあって抵抗することを目的としたもので，支承が損傷した場合に上下部構造間の相対変位が大きくならないようにする役割を担っている．橋の構造条件によっては，支承が損傷しても上下部構造間に大きい変位が生じ得ない場合もあるので，変位制限構造の必要性を検討した上で適切な工法を選定する．

変位制限構造の設計遊間量は，桁の温度変化，活荷重によって生じるたわみによる上部構造の変位を拘束することがなく，さらにレベル1地震動に対しても橋の挙動に影響を及ぼさないように設定する必要がある．

2.7 まとめ

既設構造物に対する耐震診断や耐震補強は，1995年の兵庫県南部地震の前からも行われていたが，限りある予算の中では，必ずしも十分ではなかった．そこへ，兵庫県南部地震による甚大な被害が生じ，橋梁をはじめとする耐震補強に対する認識と必要性はより大きなものになった．本章では，そうした橋梁を中心とした耐震補強の概要と代表的な工法について紹介した．

耐震補強を兵庫県南部地震から年代を追って振り返ってみると，落橋防止システムの構築（2.6節）とせん断破壊・段落し部の破壊の防止（2.2節, 2.3節）を目的として，1995年の地震直後からスタートした緊急的な耐震補強の普及時期を第一期と呼ぶことができるであろう．その後，新材料・新工法（2.2節, 2.3節）が開発され，施工性も改善された（2.4節）．さらに，部材に対する補強や部材の増設だけでなく，橋全体系の耐震補強（2.5節）を適用することにより，設計・施工上の条件が困難であった構造物に対する耐震補強が普及した時期は，第二期ということができる．2008年度末を目標として進められた「緊急輸送道路の橋梁耐震補強3箇年プログラム」や「新幹線，高速道路をまたぐ橋梁の耐震補強3箇年プログラム」が終了した現在は，第三期がスタートした時期である．

耐震補強が残された構造物もまだ数多くあり，新材料・新工法の開発や施工性の改善はまだまだ必要であるが，第三期は，土木構造物に限らず，復旧性がキーワードになると予想されている．

地震被害を，橋梁だけでなく広い範囲で，また海

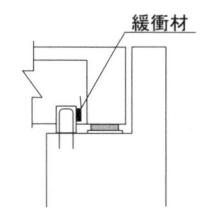

(a) 下部構造頂部にコンクリートブロックを設ける方法
(b) 上下部構造に突起を設ける方法
(c) アンカーバーを増設する方法

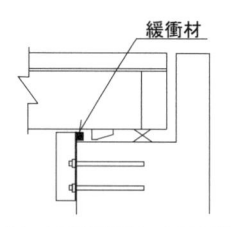

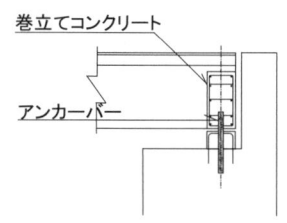

図2.84 変位制限構造の増設の例[62]

外での状況も含めて見てみると，近年の地震被害は，人的・物的損害だけでなく，社会経済活動に与える影響にも注目されている[63-65]．地震被害の統計を見ても，人的損害は減少しているのに対し，経済損失額は年々増加している．海外では1989年のロマプリエータ地震による都市機能の低下や経済損失，国内では2004年の中越地震および2007年の中越沖地震による製造業の操業停止やそれによる巨額の経済損失を受けて，事業の継続性の計画（BCP[66]）や復旧性といったことが議論されだした．

経済損失は，端的にいえば，地震で低下した機能が回復するまでのプロセスに関連しており，特に時間に直結している．インフラ施設として社会を支える各種の土木構造物の機能が停止した場合，社会基盤に与える影響は，復旧工事費用だけでなく，社会に与える影響を機能停止時間という指標で評価することが必要である．

すなわち，これまでの土木構造物の耐震設計・耐震補強は，人命の保護や地震後の構造物の機能維持の観点から，倒壊・落橋を防止することに主眼をおいていたが，今後，限りある予算で優先順位をつけて耐震補強を進めるためには，地震後の機能回復までのプロセスに重きをおく必要がある．復旧性を考慮して設計することは，性能設計の一部でもある．地震被害を直接的な補修費用だけでなく，機能回復までの時間や機能低下による経済損失を直接的な指標として示すことになるからである．

技術者の側から考えてみると，解析技術などが向上した現在では，構造物各部の詳細な損傷状態を評価することは可能であるし，これまでの工事の実績に基づいてその復旧プロセスを示すことで，機能停止の時間や経済損失を評価することは，十分可能であろう．

このように，被災後の効率的な対応と機能回復を目的とし，復旧性の観点からの最適な耐震補強の設計・施工へ取り組む時期が，第三期といえる．

現行の耐震設計基準では，地震損傷を塑性率に結び付けて評価している．しかし，復旧性を塑性率だけを考慮した指標に置き換えることは，必ずしも適切ではない．たとえば，多径間橋梁において，複数の橋脚を等しく補強するのと，1つの橋脚を集中的に補強するのでは，設計上の安全度は同じであっても，水中部にある橋脚よりも陸上にある橋脚の方が被災後の点検，補修，補強がはるかに容易であるから，被災した場合に陸上橋脚が損傷するように補強しておく方が，復旧性がよくなる．また，門形ラーメンの耐震補強で，梁を補強して柱で損傷させるか，柱を補強して梁に損傷させるかも，設計上の安全性に関する指標で表せば同じであるが，前者は，仮支柱を立てて上載荷重を仮受けして，徐行や荷重に制限をある程度設ければ供用できる（機能維持できる）のに対し，後者は交通荷重を直接支持する梁や床版の点検，補修，補強が必要となるので，復旧性の観点からは得策ではない．

こうしたことは，高度な技術者であればこれまでも考慮していたことであるが，性能設計では機能回復までのプロセスとともに示す必要がある．説明責任の観点からも，1つの設計解が安全性を満足するだけでなく，それが地震後の復旧性の観点からも最適な解であることを客観的に説明しなければならないのである．

第三期とは，厳しい財政事情の下で社会資本整備を着実にまた効率よく進めるために，社会基盤を支えるという土木構造物本来の役割に立って，地震被害をこれまで以上に定量的に評価し，機能回復までの時間的プロセスをわかりやすく説明することが求められる時代といえよう．

参考文献

1) 日本道路協会：道路震災対策便覧（震前対策編）平成18年度改訂版，pp.93-117，2006.
2) 海洋架橋・橋梁調査会：既設橋梁の耐震補強工法事例集，pp.I-3-9，2005.
3) ACI-ASCE Committee 426 : *ASCE Structural Division*, **99**(ST6), 1091-1187, 1973.
4) 土木学会：平成8年制定コンクリート標準示方書（耐震設計編）改訂資料．コンクリートライブラリー，87号，1996.
5) 池田尚治：無筋および鉄筋コンクリート標準示方書・設計編の一部改訂について．コンクリートライブラリー，46号，無筋および鉄筋コンクリート標準示方書（昭和55年版）改訂資料，23-32，1980.
6) 運上茂樹：道路橋の耐震診断・耐震補強．基礎工，

27(4), 7-12, 1999.
7) 日本道路協会：道路震災対策便覧（震前対策編），2002.
8) 海洋架橋・橋梁調査会：既設橋梁の耐震補強工法事例集，pp. I-37-39, 2005.
9) 日本コンクリート工学会：コンクリート構造物の震災復旧・耐震補強技術と事例，1998.
10) 窪田賢司，井ケ瀬良則：既設道路橋の耐震補強優先度－日本道路公団における事例－．既設構造物の耐震補強に関するシンポジウム論文集，9-13, 2002.
11) 土木学会：コンクリート構造物の補強指針（案）．コンクリートライブラリー，95号，1999.
12) 日本道路協会：既設道路橋の耐震補強に関する資料，pp. I-42-67, 1997.
13) 土木学会：連続繊維シートを用いたコンクリート構造物の補修補強指針．コンクリートライブラリー，101号，2000.
14) 吉田健太郎，古市耕輔，山中宏之，須藤 豊：拡底式あと施工アンカーの引張耐力と疲労特性に関する確認試験．土木学会第56回年次学術講演会，V-597, 1194-1195, 2001.
15) 吉田 敦，野島昭二，上東 泰：新旧コンクリートの一体化に関わる表面処理技術の評価．日本道路公団試験研究所報告，36, 70-78, 1999.
16) 興石逸樹，水野光晴：JR東日本における工事例．セメント・コンクリート，No. 606, 99-108, 1997.
17) 土木研究センター：炭素繊維シート端部の定着材料「CFアンカー」．建設技術審査証明報告書，2006.
18) 池谷純一，加藤寛之，小林孝光，塚越英夫：I型断面橋脚の炭素繊維シートと炭素繊維ストランドによる補強－中央自動車道底沢大橋耐震補強工事－．コンクリート工学，43(3), 57-63, 2005.
19) 藤原保久，和田宣よ，田村 均，北川毅彦：壁式RC橋脚耐震補強工法（AWS工法）の開発と実用化．耐震補強・補修技術，耐震診断技術に関するシンポジウム講演論文集，1, 95-102, 1997.
20) 山村賢輔，清宮 理：開削トンネル擁壁部のせん断力に対する鉄筋差込による耐震補強方法．土木学会論文集，No. 777/V-65, pp. 37-51, 2004.
21) 田中良弘，大友 健，三桶達夫，堀口賢一：後施工プレート定着型せん断補強鉄筋によるRC地下構造物の耐震補強工法の開発．コンクリート工学，45(3), 30-37, 2007.
22) 土木研究センター：後施工セラミック定着型せん断補強鉄筋「セラミックキャップバー（CCb）」．建設技術審査証明報告書，2009.
23) 松本信之，曽我部正道，岡野素之，涌井 一，大内 一：鋼製ダンパーブレースを用いた鉄道高架橋の振動性状改善に関する研究．構造工学論文集，46A, 547-554, 2000.
24) 土木学会：減震・免震・制震構造ガイドライン（案），pp. 63-67, 2002.
25) 吉田幸司，喜多直之，岡野素之，関 雅樹：圧縮型鋼製ダンパー・ブレースによるRCラーメン高架橋の耐震補強工法．構造工学論文集，50A, 551-558, 2004.
26) 吉田幸司，喜多直之，岡野素之，関 雅樹：圧縮型鋼製ダンパー・ブレースによるRCラーメン高架橋の補強効果に関する振動台実験及び解析．構造工学論文集，51A, 839-846, 2005.
27) 木村育正：特殊条件下での圧入工法．建設機械，45(9), 13-17, 2009.
28) 池田省三：水中構造物の検査・補修・補強工法「NDR工法」．電力土木，268, 121-124, 1997.
29) 渡辺 寛：PC巻立て工法による水中橋脚の耐震補強．技術リポート，87, 50-55, 2002.
30) 植作宗一郎，埣浦康行，鈴木 仁：プレキャストパネルを使用した水中施工による橋脚耐震補強工事（神山川橋）．土木学会第60回年次学術講演会，V-475, 949-950, 2005.
31) 三島徹也，小原孝之：水中RC橋脚の耐震補強工法「PRISM工法」．土木技術，57(12), 47-52, 2002.
32) 東日本旅客鉄道構造技術センター：維持管理マニュアルII 補修・補強編 耐震補強設計マニュアル，2004.
33) 鉄道ACT研究会：新技術の紹介，http://www.rail-act.org/syokai.html, 2007.
34) 中村敏晴，廣中哲也，柴田輝和，松田好史，北後征雄：橋脚の耐震補強載荷実験．土木技術資料，45(1), 58-61, 2003.
35) 海洋架橋・橋梁調査会：既設橋梁の耐震補強工法事例集，pp. I-34-35, 2005.
36) 日本道路協会：道路橋示方書・同解説 V耐震設計編 参考資料，pp. 399-405, 2002.
37) 岡 靖人，丸山淳一，亀田和夫，大信田秀治：新潟中越地震による芋川橋の損傷および復旧工事．橋梁と基礎，40(5), 37-42, 2006.
38) 脇坂英男，佐藤 孝，丸山大三，武知 勉：芋川橋の耐震補強に関する検討．第14回プレストレストコンクリートの発展に関するシンポジウム論文集，447-450, 2005.
39) 竹田哲夫，日紫喜剛啓，南雲広幸，新原雄二，長谷川 治，水津洋二：既設橋梁に適した免震化工法．阪神淡路大震災に関する学術講演会．1996.
40) 森山 守，石村勝則，佐藤亥四治，一宮利通：既

存PC単純桁橋における新しい免震化工事の設計と施工―北陸自動車道・金沢高架橋住人川橋―. 耐震補強・補修技術, 土木学会耐震診断技術に関するシンポジウム, 167-174, 1997.
41) オイレス工業(株)：BM-S技術資料, 2001.
42) 谷 一成, 佐合 大, 池田哲夫, 大橋 勝：せん断パネル型制震ストッパーを反力分散構造に用いた耐震補強. 土木学会第62回年次学術講演会, 2007.
43) 谷 一成, 佐合 大, 谷中聡久, 小池洋平, 鵜野禎史, 姫野岳彦：低降伏点鋼板を用いたせん断パネル型制震ストッパーの研究. 第9回地震時保有耐力法に基づく橋梁等構造の耐震設計に関するシンポジウム講演論文集, 2006.
44) 下前隆雄, 川端 淳：伊毘高架橋における制振装置を用いた耐震補強対策検討. 土木学会第61回年次学術講演会, 第Ⅰ部門, 479-480, 2006.
45) 三井祐二, 平川吉幸, 宮原裕二, 中原 晋：PC&PA工法施工報告―瀬石谷橋橋脚耐震補強工事―. プレストレストコンクリート, **47**(1), 34-40, 2005.
46) PC&PA工法研究会：PC連結材による既設橋の耐震補強工法 PC&PA工法. PC&PA工法研究会パンフレット, 2002.
47) 栗田広夫, 齊藤 進, 鈴木淳一, 西川孝一：第三京浜道路川崎高架橋における耐震補強. 土木学会第63回年次学術講演会, 193-194, 2008.
48) 日本道路協会：道路橋支承便覧, pp.6-84, 2004.
49) 本田利幸, 川崎 優, 山本誠二, 山崎敏宏：木津川橋梁の耐震補強. クリモト技報, No.54, 39-46, 2006.
50) 日本道路協会：道路橋支承便覧, pp.299-309, 2004.
51) 土木学会 阪神・淡路大震災調査報告 編集委員会：阪神・淡路大震災調査報告, 土木構造物の被害, 橋梁, 1996.
52) 渋谷幸弘, 浅井 洋, 楠 基：十勝河口橋災害復旧工事報告その2（支承交換工事）. プレストレストコンクリート技術協会第14回プレストレストコンクリートの発展に関するシンポジウム論文集, 459-462, 2005.
53) 高木隆一：茂喜登牛水路橋支承補修工事報告. 構造物の診断と補修に関する第14回技術・研究発表会論文集, 73-79, 2002.
54) 阿部浩樹, 槌谷 直, 山崎敏宏：首都高速道路公団「支承・連結装置耐震性向上工事2-22」工事報告. クリモト技報, No.47, 30-40, 2002.
55) 田中一也, 上野 仁, 岸 哲也, 原 健二：2003年十勝沖地震における被災橋梁復旧報告について―一般国道336号豊頃町十勝河口橋―. 第48回（平成16年度）北海道開発局技術研究発表会, 2004.
56) 倉成裕之, 前田隆志, 弓削磯雄：美々津大橋における支承取替工事報告. 構造物の診断と補修に関する第9回技術・研究発表会論文集, 36-43, 1997.
57) 久保真一, 岩川宏和, 神田一夫, 安藤直文, 内藤政男, 真継章夫：PCTラーメン箱桁橋の耐震性評価と支承・落下防止システムの改良―東名高速道路川音川橋―. 橋梁と基礎, **38**(3), 27-32, 2004.
58) 日本道路協会：道路橋示方書・同解説Ⅴ耐震設計編, 2002.
59) 日本道路協会：5-4 橋梁の耐震対策法. *In*：道路震災対策便覧（震前対策編）平成18年度改訂版, pp.156-183, 2006.
60) 半野久光：落橋防止構造, 基礎工, **25**(3), 97-102, 1997.
61) 土木工法事典改訂5編集委員会編：土木工法事典, 産業調査会事典出版センター, 2001.
62) 海洋架橋・橋梁調査会：落橋防止対策. *In*：既設橋梁の耐震補強工法事例集, pp.I-109-121, 2005.
63) 首都直下地震対策専門調査会：「首都直下地震対策専門調査会報告」, 内閣府中央防災会議, 2005.
64) 国土交通省：「国土交通省安全・安心のためのソフト対策推進大綱」について, http://www.mlit.go.jp/kisha/kisha06/01/010629_.html, 2006年8月.
65) 国土交通省：「国土交通省安全・安心のためのソフト対策推進大綱」フォローアップについて, http://www.mlit.go.jp/kisha/kisha07/15/150621_.html, 2008.
66) 企業等の事業継続・防災評価検討委員会：事業継続ガイドライン第一版・解説書, 内閣府防災担当, http://www.bousai.go.jp/kigyo-machi/jigyou-keizoku/guideline01_und.pdf, 2007.

3

RC 構造物（建築）

3.1 建築耐震設計の歴史

▶ 3.1.1 文化と建築構造

現在日本において建築物は必ず耐震性を考慮して建てられている．しかし，このようにすべての建物が耐震性を考慮されるようになってからまだ100年も経っていない．

建築構造は，必ずしも世界共通の普遍的なものではなく，地域によって家をつくる目的も材料も異なるものである．建設材料は，身近な材料であること，安価に豊富に手に入るものであることが必要であり，そのために建築構造といえども地域性豊かなものとなる．たとえば，子供のころ誰でも「3匹の子豚」のお話を聞いたことがあるだろう．わらでつくった家よりも，木でつくった家よりも，手間がかかってもれんがでつくった家が一番安全というお話であるが，これは，外敵から身を守ることが最も重要で，丈夫な壁がなければ安心できない．そして，適当な石材が身近にたくさんある国の話である．他民族から襲われることもなく，森林に囲まれ，たくさんの雨が降り，雨露を防ぐことが最も重要である日本では，屋根があれば家であり，壁は特に必要としていない．

現在日本では，木造に代わって鉄筋コンクリート造が主役であるが，このことは，日本が地震の多い国であること，セメントをつくるために必要な石灰岩と石炭が豊富にあったこと，人口が密集した大都市が形成されてきたことと密接に関係している．

室町以降日本に都市が形成され，人が集まり住宅が密集してくると，それまで発展してきた木造建築に，火災という欠点が大きく浮かび上がってくる．

江戸は何度も大火に見舞われ，地震被害でも，建物の倒壊よりその後の火災の方がはるかに多くの被災者をもたらしてきた．類焼を防ぐためには，民家はむしろ壊しやすい方がよかったとさえいえよう．

明治になってまもない1872（明治5）年2月，東京で7時間以上燃えつづけ，銀座から築地にかけて28万坪を焼き尽くす大火災が発生する．この大火災の直後，明治政府は東京を日本の首都にふさわしい街にするために，銀座の道路を改造し，家屋をれんが造にすることを計画した．いわゆる銀座れんが街計画である．この銀座れんが街計画は必ずしも計画どおりには進まなかったが，耐火性に優れたれんが造の建物が普及し，れんがとセメントの国産化が国策として急速に進められることとなる．

明治政府は，建物を従来の木造から欧米型のれんが造とするために，ウォトルス，コンドルやミルンなどたくさんの外国人を招き，これらいわゆるお雇い外国人が日本の近代建築工学の基礎を創っていった．ウォトルスは，れんが造建築の普及とともに，れんがやセメントの国産化に力を尽くした．ミルンは日本到着間もない1880年に横浜地震を経験し，地震を科学的に研究する必要性を感じて地震学会を設立し，また，1886年コンドルの指導のもとに造家学会が設立され，この造家学会は1897年には建築学会に発展し現在に至っている．

1891（明治24）年濃尾地震が発生し，死者7000人以上，全壊家屋14万棟という大災害が発生した．この地震において，れんが造や組石造の建物にも大きな被害が生じ（図3.1），これらの被害を契機に，れんが造建物には耐震性に問題があることが認識されるようになる．

欧米と異なり地震の多い日本においては，建築構

尾張紡績会社　　　　　　　　　　　　　　名古屋郵便局

図3.1　1891年濃尾地震（マグニチュード8.0）による建築物の被害[6]

造物の性能として，耐震性能が強く求められるようになり，次第に，れんが造に代わって，鉄筋コンクリート造建物が主流となっていく．

▶3.1.2　市街地建築物法の制定

1906（明治39）年サンフランシスコ地震（マグニチュード8.2）が発生し，れんが造建物に多くの被害が生じるとともに木造家屋による4日間に及ぶ火災が発生した．この年，東京市長の尾崎行雄は無秩序に家屋が建設されていくことを心配し，東京市に建築条例をつくることを計画し建築学会にその素案を依頼した．日本建築学会では，諸外国の建築条例などを参考に活発な議論を行い，1913（大正2）年東京建築条例案として提出するに至った．この案は残念ながら実施されなかったが，1918年に警視庁建築取締規則案として引き継がれていく．この警視庁建築取締規則案も実施されることはなく，1919年，日本ではじめての建築に関する法律，市街地建築物法が成立し，同施行令や施行規則が整備されることとなり，ようやく日本建築学会の努力が実を結ぶこととなった[1-3]．

市街地建築物法では，用途地域を設けたこと，高さ制限，敷地面積に対する床面積の割合の制限や一般建築物や特殊建築物の構造，設備あるいは建設地の制限などを定めており，その後現在に至るまで大きな影響を与えている．

高さ制限は施行令によって定められ，建設地や構造種別によって異なっていた．住居地域内では65尺（約20 m），それ以外では100尺（約31 m）となっているが，この100尺の規定は1963年に建築基準法が改正されるまで続くことになる．

木造，石構造，れんが構造，コンクリート構造，鉄構造，鉄筋コンクリート構造などについて材料や構造細則などは，施行規則の中で規定されている．鉄筋コンクリート構造関係としては，材料規定（骨材粒径，品質，調合，鉄筋の品質など），構造規定（鉄筋の末端における定着，せん断補強筋間隔，かぶり厚さなど），構造計算標準（鉄とコンクリートのヤング係数比，鉄とコンクリートの許容応力度，付着の許容応力度など）が規定されている．これらの規定の多くは，当然のことながらが仕様規定であるが，たとえば，「柱の繋筋（帯筋）間隔1尺以下」という規定のように後々まで影響を及ぼした規定もある．コンクリートに関していえば，セメントと砂，砂利の比は1:2:4が基本となっていて，コンクリート強度に影響する最も重要な要因である水量は定められていない．

荷重については自重と積載の鉛直荷重について規定されたが地震荷重については規定されなかった．

▶3.1.3　関東大震災

濃尾地震後，その被害の悲惨さを反省して，翌年1892年に震災予防調査会が設立された．震災予防調査会は，震災予防調査会報告を発行し，83号で佐野利器による「家屋耐震構造論」を掲載するなど，耐震構造技術の普及に大きな役割を果たした．

1923（大正12）年9月1日，相模湾北部を震源とするマグニチュード7.9の大地震が発生した．

「おほとのも　のべのくさねも　おしなべて　なゐうちふるか　かみのまにまに：九月一日，あたかも午飯を喫し居る時，俄かに強く揺れ出したれば，庭に飛び下りしも，振動烈しくつづきて，地上に立つこと能はず．しばらく四つ匍いになりたるままに，前後を打ち見るに，睡蓮を植ゑたる幾鉢の水は，泥とともに飛び散り，屋根の瓦の大半は落ちつくさんとす．余震はしばしば到りて，書棚は悉く倒れて畳の上に重なり合ひ，家の中には安んじて入りがたければ（略）」東京下落合でこの地震に遭遇した，歌人，会津八一著「震余（自注鹿鳴集）」の一節である．死者・行方不明者14万人，全壊家屋13万戸，全焼家屋45万戸という大災害であった（図3.2）．日本の耐震設計法と耐震研究に大きな影響を与えることになる関東大震災である．このとき東京市内および近郊に，710棟の鉄筋コンクリート造の建物が建設されており，震災予防調査会からの報告によれば，全壊したもの15棟，大破以上の被害を受けたもの84棟とされている．

関東大震災において，鉄筋コンクリート造建物の被害が他の構造の建物に比べて小さかったことを受けて，震災予防調査会報告100号丙において，土居松市（震災予防調査会嘱託員）は「昨秋の大震火災に鉄筋『コンクリート』造家屋の耐震耐火価値が一般的に認められたことは事実で偉大なる自然の大実験に合格し，好成績を顕し，その真価が遺憾なく証明された訳である．今後之に優る良法が案出されない限りは日本の市街地建築物は正に之を以って築造すべき筈である．木造の非を悟り煉瓦造，石造の欠点に懲り懲りした市民に是非とも推薦しなければならぬ建築物は鉄筋『コンクリート』造たるべしということに一致せざるを得ないのである」と絶賛したうえで，「但し之が万能であるという意味では決してないことを最初に断って置きたい」と注意を喚起した．

この報告書では，鉄筋コンクリート造建物の被害原因として，「不規則な平面，少ない壁量，不完全な柱梁接合部，鉄筋の継手・定着の不足，不適当な配筋，不完全な基礎，コンクリート強度の不足」などをあげている．定性的ではあるが，鉄筋コンクリート造建物の耐震性に関する問題点がはじめて指摘された．当時の技術では，この定性的な指摘に対し，柱の最小断面やせん断補強筋間隔の上限など，仕様規定の強化で対応せざるを得なかった．その後の耐震設計の研究は上記7項目を定量化することが課題となる．しかし，千差万別の構造物に対し，一般論としての定量化は容易なことではなく，前に述べたように「柱のせん断補強筋間隔1尺以下」という規定に対し，「柱のせん断補強筋量の計算法」が規準化されたのは1968（昭和43）年十勝沖地震で痛い思いをした後の1971年のことであり，1918年以来50年以上かかっている．この規定の見直しの原因となった1968年十勝沖地震の後，東京大学教授の梅村魁博士は建築雑誌に「1968年十勝沖地震による被害にかんがみて」という一文を寄せ，被害の原因として「コンクリート強度の不足，配筋法の不備，基礎の不同沈下，柱の耐力と靱性の不足，隅柱の2方向応力に対する認識不足，建物のねじれに対する

日本橋三越　　　　　　　　　　　　銀座方面

図3.2　1923年関東大震災（マグニチュード7.9）の被害[6]

3.1　建築耐震設計の歴史

考慮不足，屋上突出物に加わる地震力の過小評価など」をあげている．関東大震災の被害報告書とほとんど変わっていないことに注目すべきであり，地震災害の原因に対する定性的な指摘はいまだに解決されていないことがわかる[4]．

関東大震災によって耐震設計の重要さが認識されることとなり，1924（大正13）年に市街地建築物法が改正され，建築物の構造設計にはじめて地震力が規定された．水平震度は 0.1 と小さい値であるが，荷重を小さくして材料安全率を大きくとるという考え方をしたようである．構造計算に水平外力による検討が義務付けられはしたが，当時，骨組みに水平力を作用させたときの構造計算法は一般的ではなかった．日本建築学会は，1925（大正14）年に「構造強度計算規準」を発刊して実用的な耐震計算法を提案，1929年に「コンクリート及び鉄筋コンクリート標準仕様書」を発刊してコンクリートの調合，練方，打方をはじめ仮枠や鉄筋工作の標準を提案，さらに，1933 年に「鉄筋コンクリート構造計算規準」を発刊して実用的な構造計算法や計算式，計算図表などを提示した．ここに至ってようやく，鉄筋コンクリート造建物の耐震設計法の基礎が確立されることとなる．標準仕様書，構造計算規準は，ともに改定を重ねながら現在に至っている．

▶ 3.1.4 建築基準法

第二次世界大戦敗戦後の混乱がやや落ち着いた1950（昭和25）年，建築基準法ならびに施行令が交付された．これは，日本国憲法に基づいて国民の生命，健康および財産の保護を目的とした，建築物に関する最低基準を定めたものである．鉄筋コンクリート造建物の建設にあたって，構造計算が義務付けられ，水平震度は 0.2 となったが，応力度計算の方法は定めず，日本建築学会の定める計算規準に委ねられた．構造規定の多くは，市街地建築物法の規定から引き継がれ，建物の 31 m（100 尺）の高さ制限も引き継がれた．これは，建物の耐震性の確保とともに都市の過密化を防ぐことが大きな目的であった．その後，構造計算技術が進歩し，高層建物の設計も可能になってきたことを受けて，1963 年建築基準法が改正され，敷地に対する容積制限を取り入れることによって，建物の高さ制限が撤廃された．高層ビルは，建物ごとに建設（現国土交通）大臣の認可が必要とされたが，これ以後，霞ヶ関ビルを始め多くの高層建物が建設されていくこととなる．

1968 年十勝沖地震は，マグニチュード 7.9 で，北海道や東北地方で死者 49 人，全壊建物 673 棟の被害をもたらし，特に鉄筋コンクリート造建物の被害が多く建築関係者に大きな衝撃を与えた（図 3.3）．鉄筋コンクリート造建物が大きな被害を受けた原因は，柱にせん断破壊が生じたためであった．学会の規準どおりのせん断補強筋量では，柱の変形性能が不足していることが明らかになり，1971 年柱のせん断補強を強化することを中心とした日本建築学会の鉄筋コンクリート構造計算規準が改正され，引き続き建築基準法の改正が行われた．

建築基準法が改正されたことにより，それ以前に建設された建物には耐震性に不安があることが明らかとなり，既存建物の耐震性を判定するための研究が行われ，1977 年に財団法人日本特殊建築安全セ

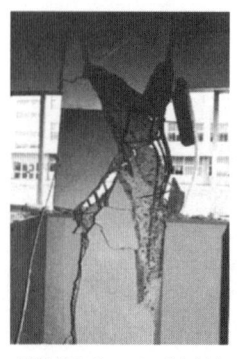

学校の層崩壊　　　　　腰壁付き柱のせん断破壊

図 3.3 1968 年十勝沖地震（マグニチュード 7.9）

ンターより「既存建築物の耐震診断基準・耐震改修指針」が刊行され，既存の建物が現行基準法に照らして，耐震性がどの程度不足しているかを定量的に表すとともに，現行基準法に適合するまで補強する補強設計法と補強工法を提示した．この内容の詳細については，3.3 節，3.4 節で詳しく述べる．

さらに，1968 年十勝沖地震の反省とそれまでの高層建物の設計における地震動解析の蓄積などから，靱性を考慮した耐震設計法の研究が進められることとなった．

▶3.1.5 建築基準法の大改定

1978（昭和 53）年マグニチュード 7.4 の宮城県沖地震が発生し，仙台市を中心に，死者 27 人，全壊家屋 651 棟の被害をもたらした（図 3.4）．特にピロティや壁の偏在した建物に被害が見られた．また，鉄筋コンクリート杭の被害がはじめて報告されたのもこの地震である．

この地震を契機として，建築基準法の大幅な改正が検討され，1981 年施行されることとなった．この 1981 年改正の建築基準法は，耐震要素の変形能や，建物の平面的かつ立面的な剛性のバランスを評価した耐震設計法を目指したもので，仕様書的だった耐震設計法から性能目標を定めた耐震設計法への転換の契機となるものであった．

1981 年改正の建築基準法は，設計用地震力の考え方を変えるもので，1950 年の施行以来最も大幅な改正となり，以後"新耐震"と呼ばれるようになった．改正の主な点は以下のとおりである．

① 構造計算に関する規定の適用範囲を，建築高さ 60 m 以下の建物とし，60 m を超える建物の構造安全性は建設大臣（現国土交通大臣）の確認による．

② 設計用地震力を各層に作用する水平外力ではなく，それらの総和となる各層の層せん断力で規定し，建築物の固有周期と地盤の卓越周

ピロティ建物の倒壊  　　　　　　　　　　コア偏心建物の倒壊

図 3.4　1978 年宮城県沖地震（マグニチュード 7.4）の被害

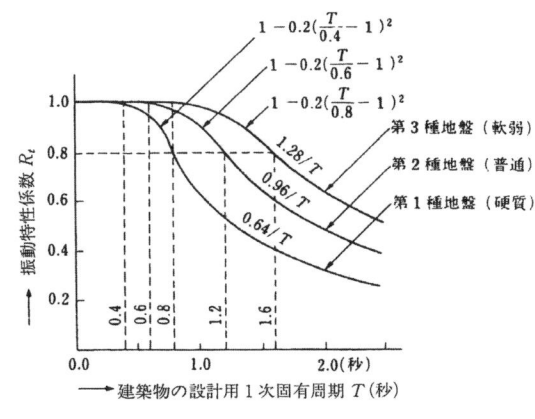

図 3.5　振動特性係数

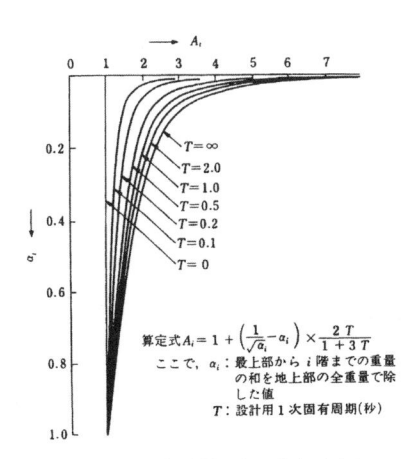

図 3.6　地震力係数の高さ方向の分布

3.1　建築耐震設計の歴史

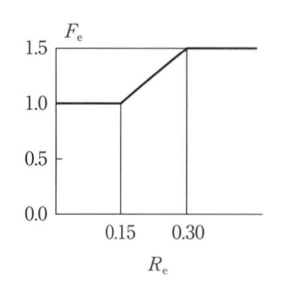

図 3.7　偏心率による割り増し[5]

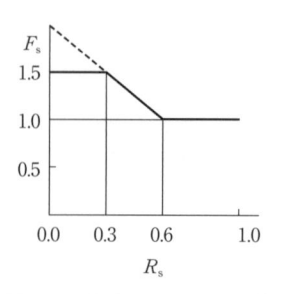

図 3.8　剛性率による割り増し[5]

図 3.9　1995 年兵庫県南部地震（マグニチュド 7.2）による 1 階ピロティ建物の崩壊

期の関数で与えること．
③ 建築物の崩壊機構時の保有水平耐力は，崩壊機構に関係する部材の変形性能から計算される必要保有水平耐力以上であること．
④ 剛性率と偏心率を計算し，剛性率の小さい層，偏心率の大きい層では，必要保有水平耐力を割り増すこと．

以下に，具体的に建築物に対する地震力の計算手順を示す．

建築物の i 層の設計用層せん断力 Q_i は式（3.1）で定義する．

$$Q_i = ZR_tA_iC_0W_i \tag{3.1}$$

Z は地域係数で，各地の地震発生頻度に応じて定められており，沖縄は 0.7 であるが，その他の地域は 0.8 から 1.0 の間の数値である．

R_t は振動特性係数で，建物の設計用一次固有周期と地盤種別の関係で与えられる数値で，図 3.5 に示されている．

A_i は地震層せん断力係数の分布を表す係数で，建物の設計用一次固有周期と i 層で支持しなければならない建物重量 W_i と建物全重量との比の関係で与えられる数値で，図 3.6 に示す．

C_0 は標準せん断力係数で，必要保有水平耐力の

確認に際しては，1.0 とする．
建物各層の必要層せん断力 Q_{uni} は，この設計用せん断力に対し，崩壊機構を形成する部材の構造特性と各層の剛性率と偏心率を乗じて定められる．

$$Q_{uni} = D_sF_{es}Q_i \tag{3.2}$$

D_s は構造特性係数で，鉄筋コンクリート構造の場合，崩壊機構を形成する部材の靱性および保有水平耐力を負担する耐震壁の量に基づき，0.3 から 0.55 の間の値として与えられる．

F_{es} は形状係数で，剛性率 R_s による割増係数 F_s と偏心率 R_e による割増係数 F_e との積で与えられる．両割増係数は，図 3.7 と図 3.8 に示すように 1.0 から 1.5 の間の値で与えられる．

▶ 3.1.6　阪神・淡路大震災

1995（平成 7）年 1 月 17 日明石海峡を震源とするマグニチュド 7.2 の地震が発生し，神戸市を中心として，死者 6348 人，全壊家屋 11 万棟という大災害をもたらした（図 3.9）．人口 500 万人を超える大都市での地震は，新幹線や高速道路にも大きなダメージを与えた．1981 年以降の建築基準法に基づいて建てられた建物はそれ以前に建てられた建物に比べ被害は少ないとはいえ，決して小さいものではなく，

また，新耐震法に基づいて靱性を重視した設計では，倒壊を免れたものの再使用できなくなり取り壊しになることも生じた．単に人命の安全を確保するということだけではなく，財産保持の観点からも耐震設計を考えなければならないことが認識され，さらに，建築基準法は最低限を定めたものであるので，設計者の安全への考え方の違いによって，建物の耐震性には大きな差があることが明らかとなった．このことから自動車や家電などと同じように耐震性能を明示できる構造設計法の確立を目指し，地震時の建物の損傷評価などに関する研究が多くの研究者や技術者によって推し進められることとなった．

この地震による鉄筋コンクリート造建物の被害と，建築基規準の評価の詳細については3.2節で述べるが，ここでは，1971年と1981年の建築基準法の改正による建物被害の減少効果について簡単に記述する．

日本建築学会では，建物の竣工年代や構造形式と被害との相関を把握することは重要であり，それらの相関を定量的に評価するためには，無被害建物を含めた全数調査を行うことが必要であることを認識し，被害の最も大きかった震度7地区（三宮，灘，東灘）において，建物の全数調査を行っている[5]．このような無被害建物も含めた建物の全数調査ははじめての試みである．

建物の階数および建築年代と被害率の関係を図3.10(a)に示す．高い建物ほど被害が大きいこと，建設年代が新しいほど被害率が低下していることがわかる．近年になるほど，建築材料の品質が高くなっていることが要因の1つではあるが，やはり，建築基準法の改正が鉄筋コンクリート造建物の被害軽減に大きく寄与していたことが読み取れる．

建物の構造形式（ピロティ建物）と建築年代との相関を図3.10(b)に示す．1971（昭和46）年の基準法の改正は，全建物の被害軽減には寄与しているものの，ピロティ建物の被害軽減にはそれほど大きな寄与はないことが読み取れる．柱のせん断耐力を大きくすることを目的とした1971年の改正ではピロティ建物の耐震性の向上は図れず，剛性率による地震力の割増を考慮した1981年の改正によってはじめてピロティ建物など，不整形な建物の耐震性が向上することとなった．1981年以降の建物であってもピロティ建物は全建物より被害率が高く，さらなる検討が必要であることも読み取れる．

▶ **3.1.7　これからの耐震設計**

耐震設計法が完成するのを待つことなく構造物は建てなければならない．耐震規準の定量化は，時代時代の技術や経済のレベルに応じた経験の影響を強く反映したものとなり，構造物の種類や要求性能の違いによって耐震設計法が異なる発展をすることになったのは当然の帰結である．日本において，土木構造物と建築構造物はもちろんのこと，同じコンクリート系の建築構造物であっても，鉄筋コンクリート構造をもとに，プレストレストコンクリート構造，壁式鉄筋コンクリート構造，鉄骨鉄筋コンクリート構造と枝分かれしてきた．

コンクリート材料と構造の世界標準化を目指した試みは，1949年国際標準化機構（ISO）にTC71として設立されたが，世界各国の文化と経済事情を無視した構造設計法の確立は難しく，1987年には休眠状態となった．ISO/TC71では，1995年に「コンクリート構造物の性能と評価に関する要求事項」の国際標準を目的とする委員会を立ち上げ，活動が再開される．材料の性能や設計法（設計式）の国際標準をあきらめて，設計基準に盛り込むべき事項の国際標準を目指すこととなる．設計基準の規準「構造コンクリート用国家規格認定のための性能と評価要件（Performance and Assessment Requirements for Acceptance of National Standards on Structural Concrete）」は，2003年にISO加盟国の投票にかけられ，ISO1938として制定された．現在，アメリカ，ヨーロッパ，日本の規準は，このISOに適合していることが認定されているが，今後，さらに，基準中

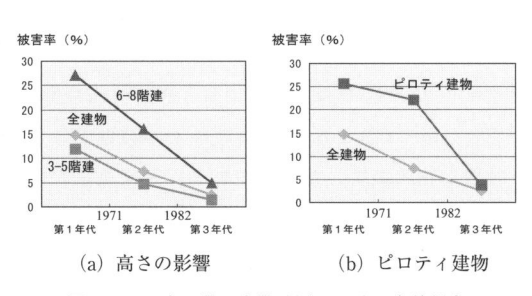

図3.10　三宮・灘・東灘地区における全数調査
（a）高さの影響　　（b）ピロティ建物

の仕様書的な表現を具体的な構造物の性能の形で表現することが求められることとなる．現在，各種コンクリート構造物ごとに異なっている耐震設計基準の国内における統一を図らなければならない．2002年「土木・建築にかかる設計の基本」が国土交通省で取りまとめられた．ここでは，構造物の基本的な要求性能と構造物の性能を明示的に扱うことを意図しており，この基本方針に従って，性能設計を行うためには，まず構造物の要求性能を定量的に明示することが必要となる．しかし，建物の性能を定量的に表す試みは始まったばかりであり，大変難しい．

耐震性能だけではなく，建築物に必要な性能とは何なのか，その性能をどのような指標で定量的に表すことができるのか，議論を積み重ねていくことが重要である．

3.2 地震被害と基準法の関係

▶ 3.2.1 阪神・淡路大震災全数調査における被害率と基準法の関係

鉄筋コンクリート造建物の耐震性に関しては，1971（昭和46）年（帯筋間隔）と1981年（新耐震設計法）に建築基準法の大きな改正が行われているため，建物を次の3グループに分類して，被害率を検討するのが合理的である．

・第1世代：1971年以前に建設された建物（柱の帯筋間隔が25～30cm程度）
・第2世代：1971～1981年に建設された建物（柱の帯筋間隔が密になる）
・第3世代：1982年以降に建設された建物（新耐震設計による）

表3.1に，建築学会によって行われた被害調査結果[5]を建物の世代別に示す．また，被害率を比較検討する場合，地震力のほぼ同程度と推定される地域におけるできるだけ多くの建物の統計資料が必要である．それゆえ，表3.1には震度VII相当地域に限定したコンクリート系建物の全数を対象とした調査結果に基づく被害率を示している．「震度VII相当地域」とは木造建物の全壊率が30%を超える地域と定義されている．被害の分類については，建築学

会学校建築WGは主に日本建築防災協会の被災度区分判定基準によっているが，その他は外観調査に基づく略基準に従っている場合が多い．灘区・東灘区・中央区の全数調査を合わせた5618棟に対する被害率と各世代別の被害率を図3.11に示す．第2世代の建物の被害率分布は，全建物の被害率分布とほぼ等しく，第1世代の建物は重度の被害率が大きいが，第3世代の建物の被害率は大幅に低下している．特に大破・倒壊率は建設年代が新しくなるとともに，明確に低下していることがわかる．表3.1にしたがって灘区・東灘区と中央区全数調査で比較すると，大破・倒壊率は第1世代が3.7+5.9%（大破+倒壊）と8.8+7.7%，第2世代が2.6+3.5%と4.8+3.4%，第3世代が1.0+0.4%と5.0+1.6%となり，中央区の被害が大きくなっている．その原因としては，建築学会近畿支部鉄筋コンクリート部会が全数調査を行った灘区・東灘区の震度VII相当地域では，全体の70%までが集合住宅用途の比較的壁の多いコンクリート建物であり，74%が3～5階建てと比較的規模が小さい．これに対し，建築学会が初動調査を行った中央区では店舗・商業用途の壁の少ない建物や事務所など灘区・東灘区に比べて建物の規模が大きいためと考えられる．このことは現行の耐震設計においてもまだ詰めなければならない問題点があることを示している．さらに集合住宅の建て替えには住民の80%以上の賛成が必要なため，建て替えの合意に至るまで10年の歳月を要した例もある．建物の損傷をどの程度まで許容するのかは，設計段階で考慮すべき重要な課題であることが認識され，これまでの仕様規定型設計法から使用限界，修復限界，終局限界に対する性能目標を規定する性能照査型設計法への移行が図られるようになった．

建築学会学校建築WGが調査した文教施設建築物のうち震度VII相当地域に建つ建物280棟の建築世代別被害率分布を図3.12に示す．大破と倒壊を合わせた被害率は第1，第2，第3世代の順に，16.7%，3.6%，0%となり，1968年十勝沖地震による学校建築物の被害に基づいて柱のせん断補強が強化された第2世代以降の低減が顕著である．また被災度区分判定による詳細調査によると，1982年以降の建物はほとんどが小破程度以下（被災度区分$\sum D$

表 3.1 震度 VII 相当地域の全数調査結果に基づく世代別被害[5]

調査機関	建築世代	無被害	軽微	小破	中破	大破	倒壊	不明	計
近畿支部 RC 部会 灘区，東灘区全数調査	第1世代	298 43.7	176 25.8	81 11.9	32 4.7	25 3.7	40 5.9	30 4.4	682 100.0
	第2世代	673 49.7	337 24.9	150 11.1	60 4.4	35 2.6	48 3.5	50 3.7	1353 100.0
	第3世代	1195 64.3	418 22.5	124 6.7	54 2.9	19 1.0	7 0.4	42 2.3	1859 100.0
	不明	8	0	1	1	2	2	3	17
	計	2174 55.6	931 23.8	356 9.1	147 3.8	81 2.1	97 2.5	125 3.2	3911 100.0
建築学会 初動調査 中央区全数調査	第1世代	132 29.9	133 30.1	57 12.9	43 9.7	39 8.8	34 7.7	4 0.9	442 100.0
	第2世代	248 35.2	252 35.8	84 11.9	56 8.0	34 4.8	24 3.4	6 0.9	704 100.0
	第3世代	188 42.6	130 29.5	68 15.4	24 5.4	22 5.0	7 1.6	2 0.5	441 100.0
	不明	31	41	27	10	9	2	0	120
	計	599 35.1	556 32.6	236 13.8	133 7.8	104 6.1	67 3.9	12 0.7	1707 100.0
建築学会 学校建築 WG による調査	第1世代	29 19.3	26 17.3	21 14.0	43 28.7	10 6.7	15 10.0	6 4.0	150 100.0
	第2世代	18 31.6	14 24.6	15 26.3	8 14.0	1 1.8	1 1.8	0 0.0	57 100.0
	第3世代	27 41.5	28 43.1	6 9.2	4 6.2	0 0.0	0 0.0	0 0.0	65 100.0
	不明	1	4	1	0	1	0	1	8
	計	75 26.8	72 25.7	43 15.4	55 19.6	12 4.3	16 5.7	7 2.5	280 100.0
近畿支部 RC 部会 建築学会 初動調査 灘区，東灘区，中央区全数	第1世代	430 38.3	309 27.5	138 12.3	75 6.7	64 5.7	74 6.6	34 3.0	1124 100.0
	第2世代	921 44.8	589 28.6	234 11.4	116 5.6	69 3.4	72 3.5	56 2.7	2057 100.0
	第3世代	1383 60.1	548 23.8	192 8.3	78 3.4	41 1.8	14 0.6	44 1.9	2300 100.0
	不明	39	41	28	11	11	4	3	137
	計	2773 49.4	1487 26.5	592 10.5	280 5.0	185 3.3	164 2.9	137 2.4	5618 100.0

被害棟数　下段は被害率%

<10) であり，1958 年～1972 年の 15 年の間に大破・倒壊（同 $\sum D > 50$）のすべての建物が含まれている．

以上の全数調査による建物被害の特徴は，地盤崩壊を除けば第 1 世代の大きな被害建物は，ほとんどすべてが柱のせん断破壊に起因した被害であり，1971 年以前のせん断補強が震度 VII 相当の地震動に対しては不十分であったことを示している．3～5 階建ての学校建物はすべて 1 階のせん断破壊が卓越した被害であり，7～10 階建ての事務所建築や公共建築では中間階の被害も見られた．第 2 世代建物の被害についても被害率は低下しているものの，被害内容は柱のせん断破壊が支配的である．第 3 世代では倒壊・大破建物は激減しているが，柱，耐震壁のせん断，端部の曲げ圧壊による被害が多い．また，これまでの地震被害ではあまり見られなかった柱・梁接合部のせん断ひび割れによる損傷も報告され，これを反映して 1999 年改定の建築学会 RC 計算規準では，柱・梁接合部のせん断設計法が追加されている．

▶ 3.2.2　構造計画から見た被害統計

a.　構造形式別の被害統計

灘区・東灘区の震度 VII 相当地域における RC 系全数調査 3911 棟の長辺方向の構造形式別被害率を表 3.2，図 3.13 に示す（短辺方向の被害率もほぼ同様である）．中破以上の被害率は純ラーメン構造の

3.2　地震被害と基準法の関係　　93

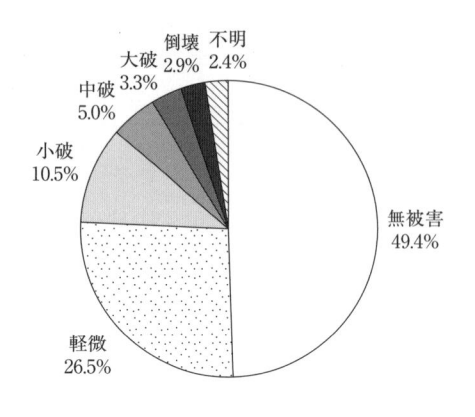

灘区・東灘区・中央区全建物 5618 棟

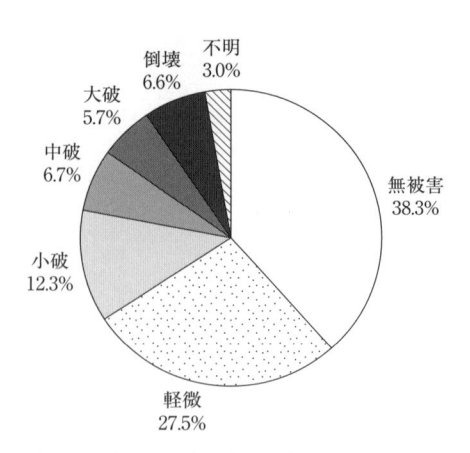

灘区・東灘区・中央区第 1 世代建物 1124 棟

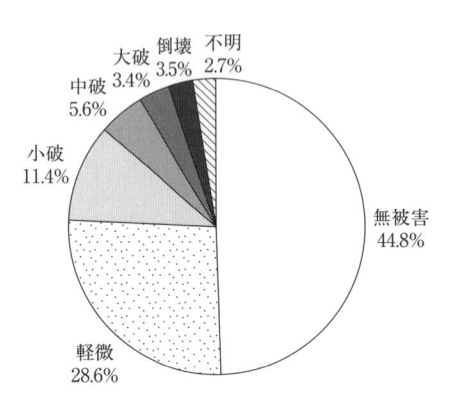

灘区・東灘区・中央区第 2 世代建物 2057 棟

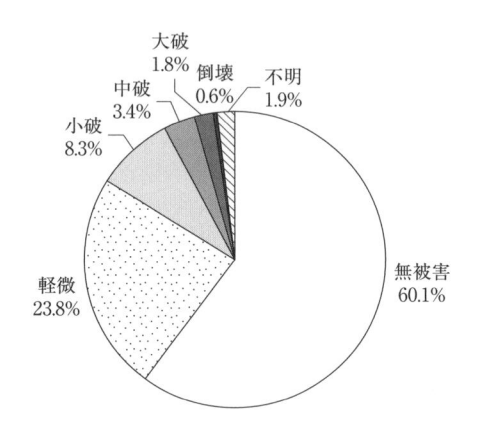

灘区・東灘区・中央区第 3 世代建物 2300 棟

図 3.11 灘区・東灘区・中央区の全数調査 5618 棟に対する被害率と各世代別の被害率

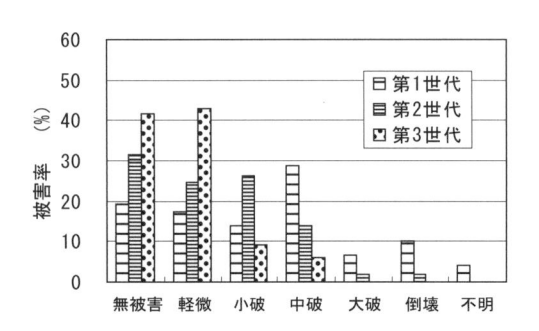

図 3.12 学校建築物 280 棟に対する建築世代別被害率分布

7.7%，壁付きラーメン構造の 4.5% に比べ，壁式構造は 0.8% とかなり低下している．

b. 建物階数別の被害統計

表 3.3 に灘区・東灘区・中央区の震度 VII 相当地域における全数調査建物のうち比較的棟数の多い 3～10 階建て建物の被害率を建築世代別に示す．図 3.14 はその被害分布図である．建物階数の増加に伴って，被害率が大きくなる傾向はどの建築世代も同じであるが，倒壊率に着目すると，第 1, 2 世代建物と異なり，第 3 世代建物は階数にかかわらずほぼ 1% 以下と非常に小さくなっている．また第 1 世代と第 2 世代の大破・倒壊率を比較すると，3～6 階建ての低層建物では，第 2 世代は第 1 世代の約 1/3 に低下しているが，7 階以上の建物では約 2/3 の低下にとどまっている．このことより，1971 年の建築基準法の改訂は低層建物の被害低減には効果があったものの，中高層建物には効果が少なかったと考えられている．その理由として，第 2 世代の柱の断面積は第 1 世代とほぼ同じで，せん断強度は上昇したが，曲げ強度はさほど上昇していないことも一因と考えられている．それに対して第 3 世代の柱の断面は 1～2 サイズ大きくなっており，たとえば従来の設計で柱の寸法が 60 cm×60 cm だったものが第 3 世代では 70 cm×70 cm になったとすると，せ

表3.2 灘区・東灘区3911棟の長辺方向の構造形式別被害率

構造形式	被害棟数　　下段は被害率%							
	無被害	軽微	小破	中破	大破	倒壊	不明	計
純ラーメン	745	359	160	71	24	12	31	1402
	53.1	25.6	11.4	5.1	1.7	0.9	2.2	100.0
壁付きラーメン	943	443	151	46	16	11	27	1637
	57.6	27.1	9.2	2.8	1.0	0.7	1.6	100.0
壁式	394	86	28	3	1	0	6	518
	76.1	16.6	5.4	0.6	0.2	0.0	1.2	100.0
その他	2	0	0	0	0	0	3	5
	40.0	0.0	0.0	0.0	0.0	0.0	60.0	100.0
不明	90	43	17	27	40	74	58	349
	25.8	12.3	4.9	7.7	11.5	21.2	16.6	100.0
計	2174	931	356	147	81	97	125	3911
	55.6	23.8	9.1	3.8	2.1	2.5	3.2	100.0

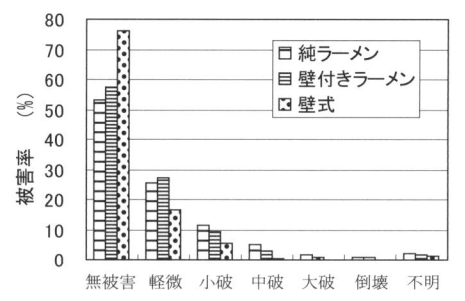

図3.13 灘区・東灘区3911棟の長辺方向の構造形式別被害率分布

ん断強度に影響する柱の断面積は36%増加し，曲げひび割れ強度に影響する断面係数は59%増加し，水平剛性に影響する断面二次モーメントは85%増加することになる．

c. ピロティ建物の被害統計

灘区・東灘区震度Ⅶ相当地域の全数調査におけるピロティ建物380棟とピロティのない建物3531棟の被害調査結果を表3.4に示し，ピロティ建物の建築世代別被害率分布を図3.15に示す．ピロティ建物の中破以上の被害率は，第1世代で40%，第2世代で35%と非常に高く，第3世代でも10%であり，全体で4棟に1棟が中破以上の被害を被っている．ピロティ建物に対するこの調査結果は，1971年の基準法改正ではあまり効果が見られず，各層の水平剛性の変動を考慮した1981年の新耐震設計法により耐震性能が改善したことを示している．しかしながらピロティ建物の大破・倒壊率はピロティを有しない一般建物に比べて，第1世代で3.1倍，第2世代で5.3倍，第3世代で3.5倍と高くなっており，この形式の建物は新耐震設計基準でも不十分である

ことが示された．その後，各層の剛性変化に伴う割増し係数の上限1.5が撤廃されたが，剛性の分布を正しく評価するためには，非構造壁などの影響を適切に評価すること，およびできる限りバランスのよい構造を計画することが重要である．

▶ **3.2.3　個別建物の層崩壊被害形態**

兵庫県南部地震における建築物の注目された被害形態として，中間層崩壊と第3世代建物ピロティ階被害の特徴，要因について概説する．図3.16にねじれ振動により4階部分が層崩壊した8階建て事務所ビルの被害状況を示す．本建物の構造は非充腹組立鉄骨によるSRC造で，1965年竣工の第1世代建物である．この建物は角地に位置し，道路に面していない北側および東側にL字型の耐力壁が配置されている（図3.17）．1階から3階までは，平面の中央部付近にも壁が存在するが，4階以上にはL字型の耐力壁とその周辺以外には耐力壁が存在しない．このため，4階でねじり剛性が急激に低下し，偏心率が大きくなり，ねじれ振動が原因で崩壊したと考えられている．図3.18は1965年竣工の地上10階，地下2階の格子型SRC造事務所建物の3階層崩壊である．平面形は52.4m×28.2mの整形な長方形であるが，耐震壁とコアが東側に偏在し，さらに3階以上の壁率が1, 2階に比べ減少している．3階が完全に層崩壊し，東西方向に100cm右回りにねじれた．耐震壁の偏心配置が崩壊の1つの要因と考えられている．ねじれ振動を引き起こすその他の要因としては，腰壁や垂れ壁などによる柱剛性の偏り，貯水槽などの重量物の偏心などがある．また，

表 3.3 灘区・東灘区・中央区の各建築世代の階数別被害率

建築世代	階 数	無被害・軽微	小破	中破	大破	倒壊	不明	計
第1世代	3	207	29	9	12	9	5	271
		76.4	10.7	3.3	4.4	3.3	1.8	100.0
	4	218	30	25	15	24	14	326
		66.9	9.2	7.7	4.6	7.4	4.3	100.0
	5	88	24	11	11	19	2	155
		56.8	15.5	7.1	7.1	12.3	1.3	100.0
	6	28	2	7	10	6	1	54
		51.9	3.7	13.0	18.5	11.1	1.9	100.0
	7	11	6	3	6	4	1	31
		35.5	19.4	9.7	19.4	12.9	3.2	100.0
	8, 9, 10	16	10	8	4	6	1	45
		35.6	22.2	17.8	8.9	13.3	2.2	100.0
	平均	568	101	63	58	68	24	882
		64.4	11.5	7.1	6.6	7.7	2.7	100.0
第2世代	3	450	36	22	4	5	12	529
		85.1	6.8	4.2	0.8	0.9	2.3	100.0
	4	431	65	18	16	15	13	558
		77.2	11.6	3.2	2.9	2.7	2.3	100.0
	5	223	53	17	15	14	14	336
		66.4	15.8	5.1	4.5	4.2	4.2	100.0
	6	73	13	10	2	7	3	108
		67.6	12.0	9.3	1.9	6.5	2.8	100.0
	7	59	11	10	10	12	6	108
		54.6	10.2	9.3	9.3	11.1	5.6	100.0
	8, 9, 10	59	32	27	18	10	5	151
		39.1	21.2	17.9	11.9	6.6	3.3	100.0
	平均	1295	210	104	65	63	53	1790
		72.3	11.7	5.8	3.6	3.5	3.0	100.0
第3世代	3	509	15	5	1	2	6	538
		94.6	2.8	0.9	0.2	0.4	1.1	100.0
	4	520	43	9	5	5	11	593
		87.7	7.3	1.5	0.8	0.8	1.9	100.0
	5	349	29	3	8	2	3	394
		88.6	7.4	0.8	2.0	0.5	0.8	100.0
	6	138	21	7	7	1	3	177
		78.0	11.9	4.0	4.0	0.6	1.7	100.0
	7	89	26	13	6	3	1	138
		64.5	18.8	9.4	4.3	2.2	0.7	100.0
	8, 9, 10	133	42	39	9	1	7	231
		57.6	18.2	16.9	3.9	0.4	3.0	100.0
	平均	1738	176	76	36	14	31	2071
		83.9	8.5	3.7	1.7	0.7	1.5	100.0
合計	全平均	3601	487	243	159	145	108	4743
		75.9	10.3	5.1	3.4	3.1	2.3	100.0

(被害棟数 下段は被害率%)

構造形式の不連続が要因となって中間層崩壊を引き起こした被害も見られた．図 3.19 は 1957 年竣工の地上 8 階，地下 1 階の事務所建物である．構造形式は，地階から 5 階柱下半分の柱は格子型 SRC 造で，5 階柱上半分より上階の柱は RC 造となっている．平面形は，南北方向 94.6 m，東西方向 26.0 m の整形な長方形であるが，6 階部分の柱や耐震壁が長辺方向に破壊する中間層崩壊により，7, 8 階部分が北側へ約 1.5 m ずれて 5 階に重なった．6 階柱の主筋量が 5 階柱の主筋量の約 1/4 となっていることから 6 階における外力に対する層の保有耐力の比が，上下階に比べて相対的に小さく，破壊が集中したと考えられている．図 3.20 は地上 8 階，地下 1 階の東西 14 スパン，南北 3 スパン（75.6 m×19.2 m）の一文字型形状の総合病院である．構造形式は鉄筋コンクリート造耐力壁付きラーメン構造で，両妻面を

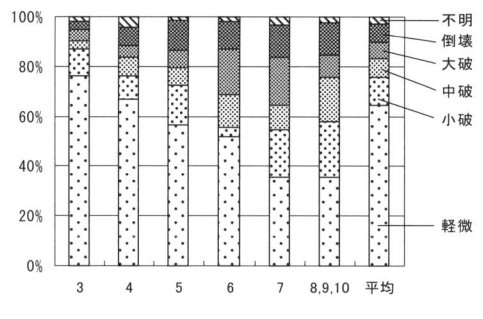

第1世代882棟の階数別被害率分布

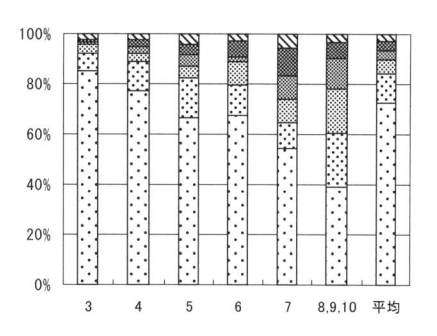

第2世代1790棟の階数別被害率分布

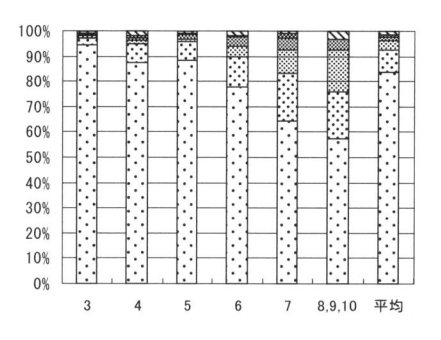

第3世代2071棟の階数別被害率分布

図3.14　灘区・東灘区・中央区の各建築世代の階数別被害率分布

表3.4　ピロティを有する建物とない建物の被害率

建築世代	被害棟数　下段は被害率%								ピロティの有無
	無被害	軽微	小破	中破	大破	倒壊	不明	計	
第1世代	9	10	7	7	2	10	2	47	ピロティ有
	19.1	21.3	14.9	14.9	4.3	21.3	4.3	100.0	
第2世代	37	30	19	18	11	21	8	144	
	25.7	20.8	13.2	12.5	7.6	14.6	5.6	100.0	
第3世代	82	57	23	11	4	3	6	186	
	44.1	30.6	12.4	5.9	2.2	1.6	3.2	100.0	
不明	0	0	1	1	0	1	0	3	
計	128	97	50	37	17	35	16	380	
	33.7	25.5	13.2	9.7	4.5	9.2	4.2	100.0	
第1世代	289	166	74	25	23	30	28	635	ピロティ無
	45.5	26.1	11.7	3.9	3.6	4.7	4.4	100.0	
第2世代	636	307	131	42	24	27	42	1209	
	52.6	25.4	10.8	3.5	2.0	2.2	3.5	100.0	
第3世代	1113	361	101	43	15	4	36	1673	
	66.5	21.6	6.0	2.6	0.9	0.2	2.2	100.0	
不明	8	0	0	0	2	1	3	14	
計	2046	834	306	110	64	62	109	3531	
	57.9	23.6	8.7	3.1	1.8	1.8	3.1	100.0	

耐震壁とし，東西方向の外構面はウォールガーダー付きである．被害形態は5階の西側約2/3が落階する中間層崩壊である．この建物の特徴は1969年の竣工当時は地上5階であったが，1977年に6階から8階および搭屋を増築している．したがって6階以上は1971年に改訂された建築基準法施行令によ

り，柱中央部の帯筋が5階以下の柱より密に配されている．さらに地震当時は補強工事中であり，1階から4階まで耐力壁の増設や壁の増打，梁補強などが完了しており，まだ補強前であった5階部分で剛性や耐力の急変が生じ，被害が集中したと考えられている．

3.2　地震被害と基準法の関係

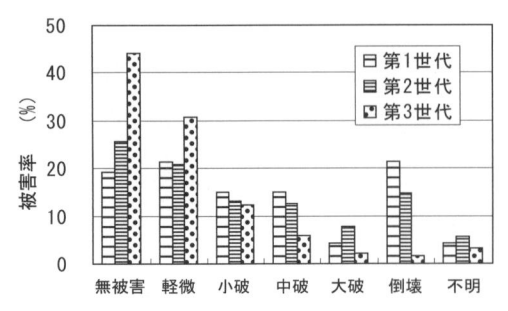

図3.15 ピロティ建物の建築世代別の被害率分布

図3.18 事務所建物の3階層崩壊[6]

図3.16 4階がねじり崩壊した事務所ビル

図3.19 構造形式不連続の6階層崩壊[6]

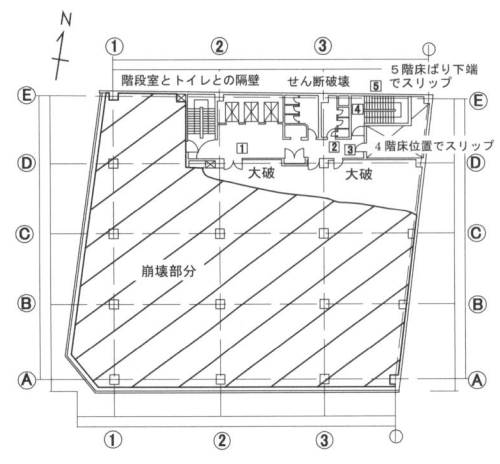

図3.17 図3.16の4階平面図[5]

耐力壁などが偏在することによるねじれ振動や立面的な剛性や耐力の急変が要因となって，中間層崩壊したと思われる建物被害は新耐震基準以前の第1世代，第2世代の建物がほとんどである．1981（昭和56）年の新耐震設計により，耐力壁の偏在や剛性の急変に対して耐力割増規定が適用されているが，ピロティ型建築物の被害率は第3世代の建物に関しても高く，注目された．

図3.21は1990年設計の鉄筋コンクリート造ラーメン構造で，地上5階，桁行方向1スパン（6.2 m），梁間方向1スパン（7.8 m）である．1階は4本柱のピロティ形式でほとんど壁はなく，2階以上には外周壁があるが，柱と壁の間に部分スリットを設けて2次壁として扱っている．被害状況は1階柱の柱頭，柱脚で曲げ破壊を起こし，1階部分は柱せいを残すまでに完全に倒壊した．1階柱の柱頭，柱脚以外の中間部分にはせん断ひび割れはなく，柱頭，柱脚のヒンジ領域での破壊であり，柱頭部では，梁主筋の定着部が柱から完全に抜け出した．2階以上の部分にはほとんど損傷が見られなかった．設計では2階以上の外周壁を非構造部材とし，純ラーメンと見なして構造計算ルートII-3により柱・梁の曲げ降伏先行を意図していた．しかしながら，実際には2階の梁は，外周壁のため強度，剛性が高まり，2階の梁端に曲げ降伏ヒンジは形成されず，構造計算の意図とは異なり1階柱頭に曲げ降伏ヒンジが形成され崩壊に至った．

図3.22は1986年竣工の鉄筋コンクリート造の地上8階建てピロティ型共同住宅1階柱配置図である．2および3構面の中央スパンには，全層に2枚の耐

98　　3．RC構造物（建築）

図 3.20　病院建物の 5 階南側層崩壊と 5 階北側外部構面破壊状況[6]

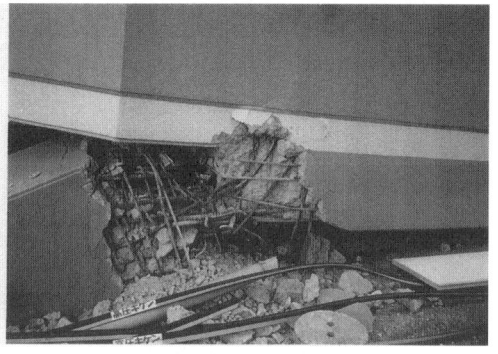

図 3.21　新耐震設計によるピロティ階の被害[6]

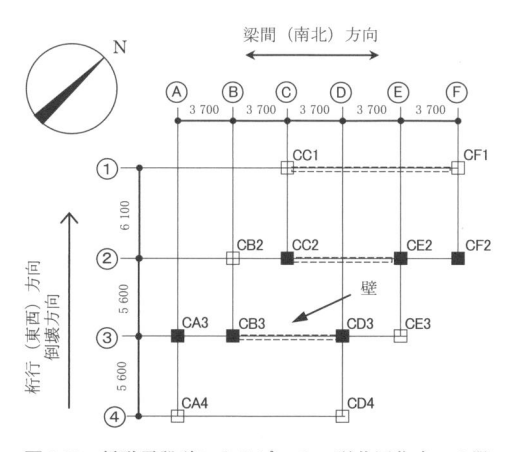

図 3.22　新耐震設計によるピロティ型共同住宅の 1 階柱・壁配置[7]

図 3.23　ピロティ階西側の被害状況

震壁が設けられているが，倒壊はこの耐震壁と直交する東西方向に起こった．倒壊方向の軸組は，1 階は柱のみであるのに対して，2 階以上では F 構面には耐震壁が，E 構面には袖壁と方立て壁，D 構面にはドア開口を有する壁が構面内にある．A, B, C の各構面には長さ 45 cm の袖壁がついている．被害状況は 1 階の西側部分で落階を生じ，建物全体が西側に約 4 度傾いている．損傷は 1 階に集中し，2 階以上では壁にせん断ひび割れが見える程度で被害はわずかである．設計法は梁崩壊機構を想定したルート III の設計であったが，倒壊方向の梁には大きな損傷が発生しておらず，西側の 1 階柱のほとんどが脆性的にせん断破壊することにより崩壊に至った（図 3.23）．崩壊メカニズムが設計で想定したものと異なった場合には，このような形式の破壊が起こりうる．主筋のガス圧接継手部および帯筋のフ

3.2　地震被害と基準法の関係

図 3.24　新耐震設計によるピロティ柱の被害詳細

図 3.25　ピロティ建物の全景

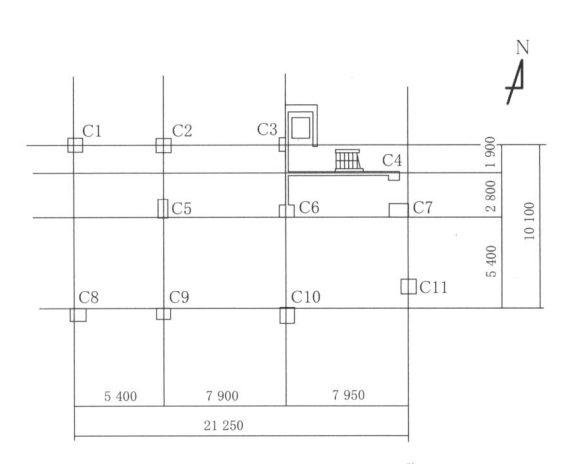

図 3.26　ピロティ階の柱配置[5]

ラッシュバット溶接部や曲げ加工部の破断も見られた．図 3.24 より柱の帯筋はかなり密に入っているが，中子筋は入っておらずせん断破壊後の軸力保持が困難であったと推察される．

図 3.25 は 1993 年竣工の 1 階を駐車場ピロティ形式とした鉄筋コンクリート造耐震壁付きラーメン構造 7 階建ての共同住宅である．1 階には C3-C6 間にのみ耐震壁が存在するのに対して，2 階以上には C5-C9 間と C6-C10 間の耐震壁のほかに，部分スリットを有する多くの二次壁が存在している（図 3.26）．15 cm の壁厚に対して部分スリットによる断面欠損は 5 cm であった．被害はピロティ構造である南北方向の 1 階に集中し，2 階以上の被害は軽微であった．1 階のすべての柱は北側に 16〜30 cm 水平移動し，コンクリートの圧壊，主筋の座屈が見られた（図 3.27）．1 階唯一の壁である C3-C6 間の耐

図 3.27　ピロティ階隅柱の損傷

震壁も完全にせん断破壊している（図 3.28）．2 階以上に存在する二次壁の部分スリット部には大きな被害が認められず，スリットとしての機能を発揮し

図 3.28 ピロティ階耐震壁の損傷

なかったと思われる．このため設計上，構造部材と見なさなかった二次壁にもせん断ひび割れが発生しており，実際には大きなせん断力を負担したと推察される．その結果，1階の柱には予期せぬ大きな変動軸力が作用し，1階柱に甚大な損傷を与えたと考えられている．

以上のようなピロティ階における大きな被害は，兵庫県南部地震において，現行規準による建物に見られた最も典型的な被害形態の1つである．二次壁や耐震壁はその取り付く部材のみならず，建物全体としての挙動にも大きな影響を及ぼすことに留意する必要がある．

▶ 3.2.4　柱部材の被害

柱の被害形態としては，曲げ破壊，せん断破壊，付着破壊が多い．せん断破壊の原因としては，第1世代建物のせん断補強筋量の不足が最も多いが，その他，ピロティ階の柱や腰壁や垂れ壁などの非構造壁によって変形が拘束された柱あるいは2方向曲げを受けた柱のように設計時に考慮した応力よりも過大な応力が柱に作用したこともあげられる．また，付着割裂破壊や鉄筋の破断，抜け出しなども柱の被害に影響を及ぼしているが，以下に各被害例とその原因について述べる．

a. せん断補強筋の不足によるせん断破壊

第1世代の建物の柱では，せん断補強筋量が大幅に不足している場合が多く，このことが柱のせん断破壊の主たる原因となっている．図3.29はこのような例であり，最初の一撃でせん断破壊し，1方向の大きなせん断ひび割れの発生とともにせん断補強筋が破断している．

b. 短柱のせん断破壊

柱の内のり長さに比べて，柱せいの大きな柱は曲げ破壊よりせん断破壊が先行する傾向がある．図3.30の2例はいずれも前述したせん断補強筋不足による被害例でもある．本来は，短柱ではなかったにもかかわらず，非構造部材の拘束の影響で，実際には短柱となりせん断破壊を引き起こすことがある．図3.31は層崩壊を起こした学校建物の腰壁付き短柱の被害であり，図3.32は腰壁とともに垂れ壁もあったため，さらに短柱となった例である．図3.33

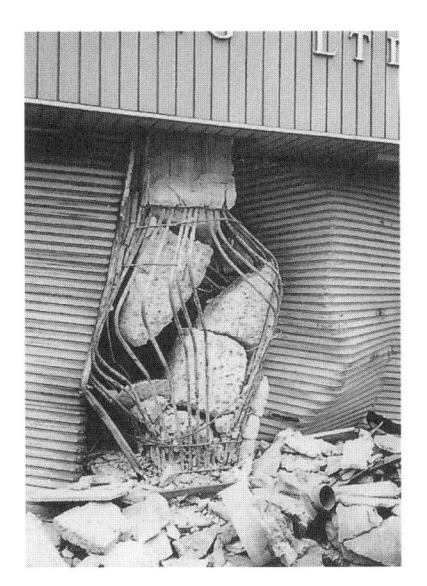

図 3.29　せん断補強筋不足によるせん断破壊

図 3.30 非構造部材の拘束によるせん断破壊

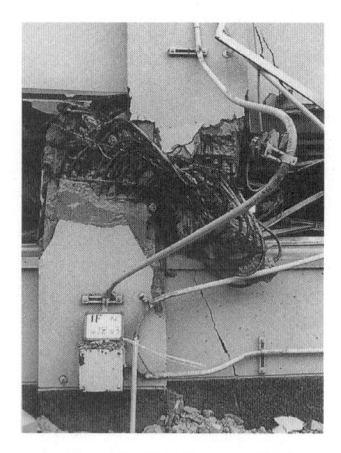

図 3.31 腰壁付き柱のせん断破壊

図 3.32 垂れ壁・腰壁付き柱のせん断破壊

図 3.33 袖壁付き柱のせん断破壊

図 3.34 高窓横の極短柱のせん断破壊

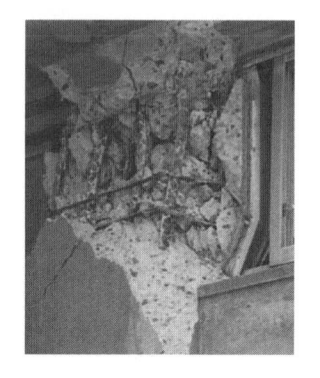

は柱に袖壁がついているため短柱になった例であり，図 3.34 は高い腰壁による高窓横の柱が極短柱となってせん断破壊した例である．

c. シアスパンが長い柱のせん断破壊

柱のせん断破壊はシアスパン比が小さい短柱において生じやすいが，外力の条件によっては，シアスパンが長い場合でもせん断破壊を生じる．図 3.35 は内のり長さが柱せいに比べて比較的長いにもかかわらずせん断破壊が生じた例である．いずれもせん断ひび割れは，柱と直交する窓枠位置から発生していることから，窓枠が柱に拘束を与えた可能性がある．図 3.36 の柱の配筋は，主筋が 18-D25 であるのに対し，帯筋は $\phi 9$ が 250 mm ピッチで端部が 90 度フック定着という第 1 世代である．このため比較的長柱にもかかわらず，柱頭部でコアコンクリートの脱落と主筋の座屈を伴うせん断破壊を引き

起こしている．図 3.37 は第 1 世代のピロティ柱の被害例である．柱高さは 2450 mm で，主筋は高さ約 1000 mm の位置で 16-D29 から 12-D29 に減じられ，柱頭部で 180 度フック定着されている．また，せん断補強筋は 1600 mm の高さまで 13 mm 丸鋼のフープが 250 mm 間隔で配され，残り柱頭部には D16 スパイラルが 100 mm 間隔で配されていた．丸鋼のフープは 90 度フックではずれていたが，スパイラル筋は残っていた．これらの状況から鉄筋量の減じられた柱中腹部に生じた曲げせん断ひび割れの発生，フープ筋の引き抜けによってせん断破壊が生じたものと思われる．

d. 設計外力を超えた柱のせん断破壊

現行の設計基準による建物でも，地震時の柱に対

図 3.35 シアスパンの長い柱のせん断ひび割れと窓枠位置

図 3.36 シアスパンの長い柱の柱頭圧縮曲げせん断破壊

図 3.37 柱中央の圧縮曲げせん断破壊

図 3.38 ピロティ階のせん断破壊

3.2 地震被害と基準法の関係

する入力が設計で想定したものより大きくなる場合には，せん断破壊を生じることもある．特に前項で述べたようにピロティ階の柱は，現行の耐震基準に従って帯筋が密に配されているにもかかわらず，中子筋がない場合や帯筋が破断あるいはフックが外れた場合などは，図3.38のような甚大な損傷を引き起こしている．また，図3.39は，斜め方向からのせん断力によってせん断破壊した例である．

e. 付着破壊

鉄筋コンクリート柱の復元力特性を確保するためには，鉄筋とコンクリートの一体性が必要である．図3.40は主筋に異形鉄筋を使用した柱の付着割裂破壊例である．帯筋間隔が広い場合には，せん断破壊だけでなく，付着割裂破壊も生じやすいが，帯筋間隔が100 mmとかなり密な場合でも付着割裂破壊を起こしている．

3.3 耐震診断

鉄筋コンクリート造既存建築物の耐震安全性に関する研究は，3.1.4項で述べたように，1968年十勝沖地震被害の反省からはじめられた．1977年に財団法人日本特殊建築安全センター（現：財団法人日本建築防災協会）より「既存建築物の耐震診断基準・耐震改修指針」が刊行され，既存の建物が現行基準法に照らして，耐震性がどの程度不足しているかを定量的に表すとともに，現行基準法に適合するように補強するための補強設計法と補強工法を提示した．この指針は何回か改定を重ね，現在では「2001年改訂版既存鉄筋コンクリート造建築物の耐震診断基準・同解説」[8]，「2001年改訂版既存鉄筋コンクリート造建築物の耐震改修設計指針・同解説」[9]としてまとめられている．また，3.1.6項で示したように，1995年兵庫県南部地震により，1981年の建築基準法改正以前に建設された建物と以後に建設された建物では，耐震安全性に大きな差があることが確認されたことから，現行の耐震規準に適合しない建物の耐震補強を促進することを目的とした「建築物の耐震改修の促進に関する法律」（以後，耐震改修促進法という）が1995年12月に施行された．この法律の考え方も，前述の「2001年改訂版既存鉄筋コンクリート造建築物の耐震診断基準・同解説」（以後，耐震診断基準という）に準じている．促進法に従って，全国で，公立の小・中学校を中心に耐震診断と耐震改修工事が進められているが，ほとんどがこの

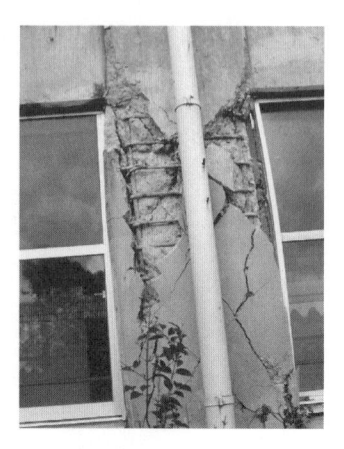

図3.39 斜め方向せん断力によるせん断ひび割れ

図3.40 付着割裂破壊（左：帯筋間隔大，右：帯筋間隔小）

耐震診断基準によって行われている．

国の建築物の耐震診断と耐震改修を目的とした「官庁施設の総合耐震診断・改修規準および解説」もあるが，考え方は，現行の建築基準法により近いものとなっている．ここでは，耐震診断基準に沿って，既存建物の耐震診断の考え方と方法について説明することとする．

▶ 3.3.1 建築物の調査

耐震診断を行う前に，対象建物について現状の調査を行う必要がある．調査は，第1段階として書類調査があり，第2段階が現地調査となる．

書類調査は，耐震診断に必要な情報を集めることが目的であり，調査項目は以下のとおりである．

① 建物概要：建設場所，用途，規模，設計者，施工者，施工監理者
② 建物経歴：設計年，竣工年，増・改築記録，火災・震災経験，用途変更，修理等管理記録
③ 構造概要：階数，構造種別，骨組形式，基礎
④ 図面の有無：意匠図，構造図，設備図，構造計算書，地盤調査
⑤ 周辺環境：地盤種別，地盤概要（崖地，埋立地など），支持地盤
⑥ 仕上げ概要：屋根，外壁

現地調査は，対象建物の劣化状況を確認するとともに，書類との整合性を確認し，書類で不足している事項があれば確認するために行われる．現地調査項目は以下のとおりである．

① 図面照合：柱，梁，壁などの部材寸法，非破壊あるいは部分的なはつりによる配筋確認
② 構造躯体：概観：ひび割れ，不同沈下，仕上げ，漏水など
③ 材料：コンクリート強度，コンクリート中性化深さ，鉄筋強度

図面がない場合，あるいはあっても整合していない場合には，構造躯体に関する調査は詳細なものとなる．配筋調査は，部分的に構造物を壊すことになり，ある程度限定的にならざるを得ないので，代表部材の選定を行う必要がある．また，非破壊調査を有効に活用しなければならない．

コンクリート強度の確認は必要不可欠である．通常直径100 mm程度のコアを採取しての確認とする．コンクリート打設日（各階，各期）ごとに最低3本の抜き取りを行う．鉄筋は採取することが難しいので，鉄筋種別と径の確認のみを行う．一般的に，強度は規格値よりも高いので，規格値の1.1倍程度の値を使用している．

▶ 3.3.2 耐震診断計算の流れ

既存建物の耐震指標値の計算は，各階，各方向について行われる．

耐震診断計算の流れを図3.41に示す．

耐震壁の量が多く，建物の耐震性が壁の保有性能によって支配されている場合，柱や梁の構造性能を無視しても，耐震性能の判定には影響しない建物もあり，また，柱や梁の構造性能を正確に把握しなければ，耐震性能を判定できない建物もある．そこで，建物の耐震診断簡略化のために，構造耐震指標の計算法として3種類の提案がされている．

第一次診断法は，耐震壁の量が多く，柱や梁の構造性能を無視できる場合に適用される．

第二次診断法は，柱や壁が混在しているが，これら鉛直部材の構造性能が建物の耐震性能を支配しており，梁の影響を無視できる建物に適用される．

第三次診断法は，建物の崩壊形が梁の降伏や耐震壁の浮き上がりなどによって支配され，柱，梁，耐震壁の性能を詳しく調べなければ，建物の耐震性が判定できない場合に適用される．

第一次診断法より第二次診断法の方が，またさらに第三次診断法の方がより複雑で詳細な検討が必要であるが，複雑で詳細な検討の方が正確な診断が得られるわけでもない．建物の崩壊系に適した診断法を選択しなければならない．

▶ 3.3.3 強度指標の計算

第一次診断における各構造要素の強度指標Cの計算は，壁と柱の断面積のみを用いて計算する．

$$Q_u = \tau_u \times A_w$$

Q_u：鉛直部材の終局せん断強度
τ_u：鉛直部材の終局せん断応力度
　　壁　両側柱付き壁の場合，$3\,\mathrm{N/mm^2}$
　　　　片側柱付き壁の場合，$2\,\mathrm{N/mm^2}$

```
                ┌─────────────┐    ┌─────────────┐       ┌─────────────┐
                │ 強度指標値の計算 │    │ 靭性指標値の計算 │  ←──  │ 耐震要素の構   │
                │   C 指標     │    │   F 指標     │       │ 造性能の計算   │
                └──────┬──────┘    └──────┬──────┘       └─────────────┘
                                                          ┌─────────────┐
                                          ←──────────     │ 各部材の変形性能 │
                                              集計         │ 建物の振動性能  │
                       ↓           ↓                      └─────────────┘
                    ┌─────────────────┐
                    │ 階の保有性能基本指標値の計算 │
                    │      E₀ 指標       │
                    └────────┬────────┘
                             │         ┌─────────┐
                             ←──────── │ 経年指標  │
                             補正       │ T 指標   │
                                       └─────────┘
                             │         ┌─────────┐
                             ←──────── │ 形状指標  │
                             補正       │ S_D 指標 │
                             ↓         └─────────┘
                    ┌─────────────┐
                    │ 階の構造耐震指標 │
                    │   I_S 指標   │
                    └──────┬──────┘    ┌─────────────┐
                           │   ←────── │ 階の構造耐震判定指標 │
                           │           │    I_S0 指標     │
                           ↓           └─────────────┘
                        ◇ 耐震診断 ◇ ──NO──┐
                        │ I_S≧I_S0 │       │
                        └────┬────┘        │
                           YES             │
                            ↓              ↓
                    ┌─────────────┐  ┌─────────────┐
                    │ 耐震安全性あり │  │ 耐震性に不安 │
                    └─────────────┘  └─────────────┘
```

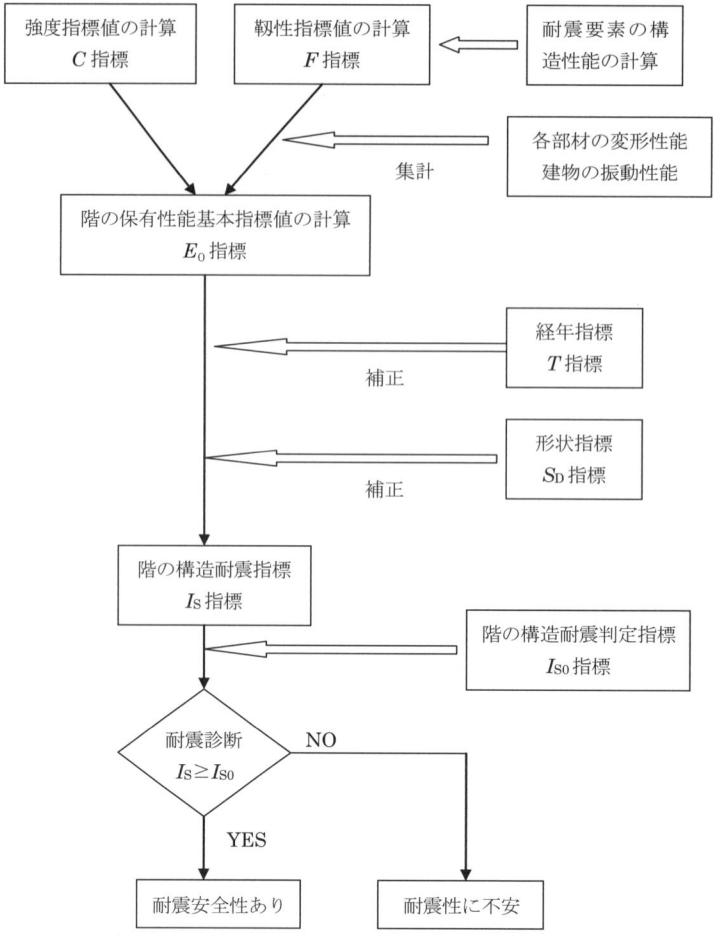

図 3.41 耐震診断の流れ

両側柱なし壁の場合，1 N/mm²

柱　内のり高さ/柱せいが2以下の場合，
　　　1.5 N/mm²
　　内のり高さ/柱せいが2を超えて6未
　　　満の場合，1 N/mm²
　　内のり高さ/柱せいが6以上の場合，
　　　0.7 N/mm²

A_w：鉛直部材の断面積

$$C = \frac{Q_u}{\sum W} \quad (3.3)$$

$\sum W$：対象階より上の建物の重量

第二次診断法における強度指標値の計算は，梁の強度は十分大きいとして，柱と壁の水平力に対する強度から計算する．柱の強度は，曲げ終局時せん断力とせん断終局強度を比較して小さい方とする．曲げ降伏強度から曲げ終局時せん断力を計算する場合，反曲点の高さは柱内のり高さの1/2とする．壁の強度も同様にして計算するが，最上階の壁のみ反曲点高さを内のり高さとする．柱や壁の曲げ強度やせん断強度については，既往の信頼できる設計式を用いればよい．

各鉛直部材の強度指標値は，一次診断と同様に式(3.3)で計算する．

第三次診断法における強度指標値の計算は，柱，梁，壁の曲げ強度とせん断強度を計算し，これらの値を使って，骨組全体の崩壊形を計算して，各階の保有水平耐力を計算する．各階の保有水平耐力を求めるためには，リミットアナリシスによる節点振分け法によるのがよいが，外力分布形が適切でない場合には，仮想仕事法や増分解析によることとなる．この場合，各階ごとの保有水平耐力が計算できなくなるので，適切に判断しなければならない．三次診

断法による場合，一次診断法や二次診断法による場合に比べ，格段に設計者判断の影響が大きいので，設計者は特に注意が必要である．

▶ 3.3.4 靭性指標の計算

構造要素の靭性指標値 F は，部材角 1/250 の変形を規準として考えている．したがってせん断破壊する部材の靭性指標を 1.0 として相対的な靭性能を考えている．

第一次診断法の場合，部材はすべてせん断破壊するものと考えているが，せいに比べて内のり高さが極端に小さい極脆性柱を除いて 1.0 としているので，靭性指標 F は下記によることとなる．

壁　1.0
柱　内のり高さ/柱せいが 2 以下の場合，0.8
　　内のり高さ/柱せいが 2 を超える場合，1.0

第二次診断における各構造要素の靭性指標は，各構造要素の破壊モードによって与えられる終局時変形に応じて計算する．終局時変形は，柱の曲げ降伏時せん断力，せん断終局強度，終局時軸力などを考慮して決められるが，基本的にはせん断終局強度と曲げ降伏時せん断力との比（せん断余裕度）によって与えられている．靭性指標 F は以下のようになっている．

せん断破壊する壁の場合，1.0
曲げ降伏する壁の場合，せん断余裕度によって
　1.0～2.0
せん断破壊する柱の場合，せん断余裕度によって
　1.0～1.27
曲げ降伏する柱の場合，せん断余裕度や軸力の大きさを勘案して，1.0～3.2
　ただし，せん断破壊する柱で，内のり高さ/柱せいが 2 以下の場合，0.8

第三次診断における各構造要素の靭性指標は，第二次診断に加えて，梁の変形性能と壁の浮き上がり耐力を考慮することになる．

梁の靭性指標は，せん断余裕度に応じて 1.5～3.5 となる．壁の場合，基礎の状態，境界梁の状態によって複雑であるので，説明を省略するが，最大で 3.0 となっている．

▶ 3.3.5 保有性能基本指標

各構造要素の強度と変形の関係を足し合わせ，階の水平力と変形関係を作成する．柱の $C\text{-}F$ 関係を図 3.42 に例示するが，図に示すように，縦軸は C 指標，横軸は F 指標をとる．各構造要素ともその構造要素の F 指標に達した後は，耐力 C 指標を 0 とする．

各構造要素の $C\text{-}F$ 関係を足し合わせて，層の $C\text{-}F$ 関係を作成すると図 3.43 のようになる．Ⓐ～Ⓓの各位置において履歴面積を計算して最も大きな値が，この階の保有エネルギー吸収能と考えることができる．この値に外力分布による（振動特性による）補正係数を乗じたものをこの階の性能基本指標値 E_0 とする．このとき同時に検討している位置の F 値より小さい部材，たとえば，Ⓒの位置で検討している場合，Ⓐ，Ⓑの位置で耐力を失った部材の軸方向力の負担能力を調べ，その柱が負担している長期軸力を負担できていることも確認しなければならない．負担できなくなっている場合には，その値より小さな F 値の中での最大値を求めて，保有性能基本指標値を計算しなければならない．

▶ 3.3.6 形状係数

形状係数 S_D は，建物形状の複雑さや剛性分布のアンバランスさが建物の耐震性能に及ぼす影響を評

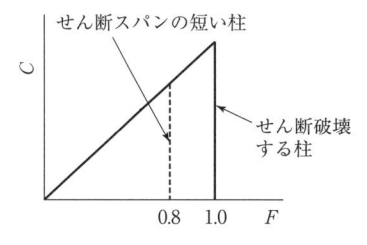

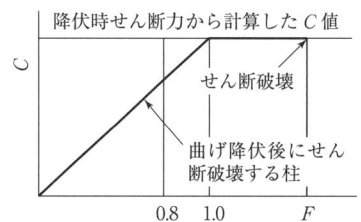

図 3.42 柱の $C\text{-}F$ 関係

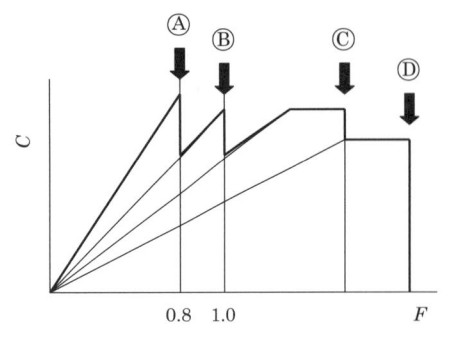

図 3.43 階の C-F 関係

価して，保有性能基本指標 E_0 を補正するものであり，0.8 から 1.2 の値となる．形状係数に考慮する項目は以下のとおりである．

① 平面形状に関するもの：整形性，辺長比，くびれ，エキスパンションジョイントの間隔，吹き抜けの大きさと偏在性
② 断面形状に関するもの：地下室の有無，階高の均等性，ピロティの有無
③ 平面剛性に関するもの：重心と剛心の偏心率
④ 断面剛性に関するもの：上下階の剛性率

項目①，②は，一次診断から三次診断まで用いられ，図面から簡単に読み取ることができる指標である．一般に全階にわたって同じ値が用いられる．項目③，④は，やや詳細な検討項目であり，二次診断と三次診断に用いられる．

3.3.7 経年指標

経年指標 T は，構造体に生じている構造ひび割れや経年劣化が建物の耐震性に及ぼす影響を評価して，保有性能基本指標 E_0 を補正するものであり，0.7 から 1.0 の値となる．経年指標に関する検討項目は以下のとおりである．

① 変形：不同沈下，柱や梁の変形状況，敷地の状況（埋立地か水田かなど）
② ひび割れ：雨漏り，鉄筋のさびの有無，ひび割れ状況
③ 火災経験
④ 用途：化学薬品の使用状況
⑤ 建築年数
⑥ 仕上げ状況

基本的には，外観調査とともに，ひび割れ幅の測定やコア抜きによる中性化の進行状況などから判断することとなる．

3.3.8 耐震性の判定

保有性能基本指標を補正したものを構造耐震指標 I_S と呼ぶ．構造耐震指標が大きければ耐震安全性が高いということになる．地域や建物の重要性によって，このガイドラインは異なるが，一般的な地域の一般的な建物については，過去の地震被害と構造耐震指標との関係から判断している．過去の地震被害と構造耐震指標との関係を図 3.44 に示す．構造耐震指標が 0.6 以上であれば，中破以上の地震被害は生じていない．

構造耐震指標が大きくても，耐力が低い場合には，変形が大きくなりひび割れなどの被害は大きくなる．形状係数を考慮した強度と構造耐震指標と被害の関係を図 3.45 に示す．構造耐震指標が 0.6 以上であっても，強度係数が 0.5 以下の場合にはかなりの被害が生じる建物があることに留意しなければならない．耐震診断は，人命の確保という耐震安全性を評価するものであり，被害の有無を評価している

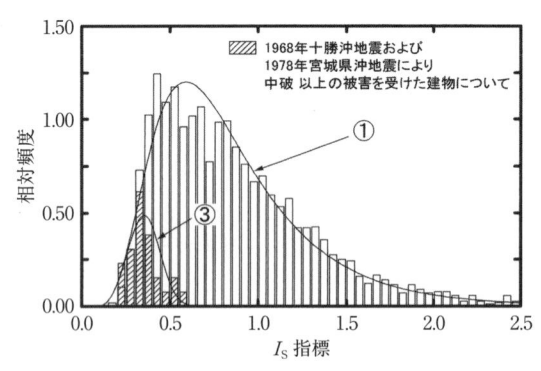

図 3.44 I_S 指標と地震被害の関係[10]

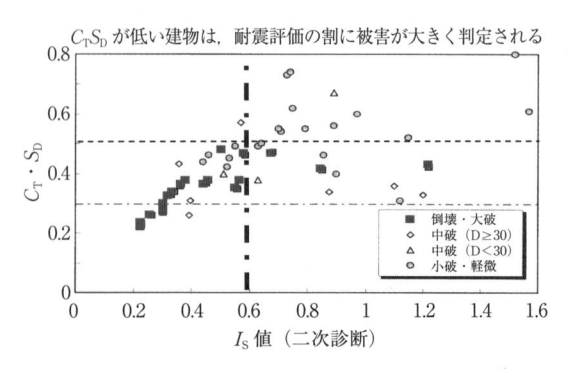

図 3.45 I_S 指標と強度指標および地震被害との関係[5]

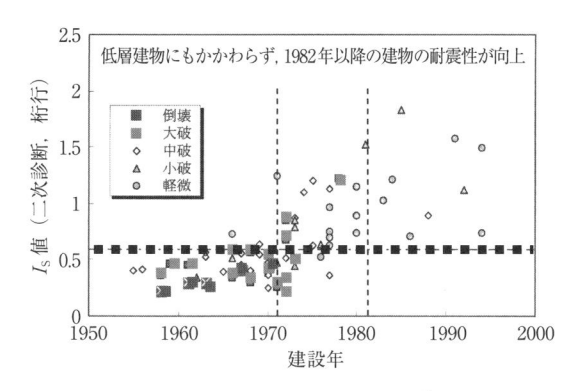

図 3.46 建設年と I_S 指標の関係[5]

のではない．被害の有無に関しては，構造耐震指標の値だけではなく，建物全体のバランスと靱性指標をある程度抑えたところでの構造耐震指標の値を確認するなどの注意が必要である．

1995年兵庫県南部地震で被害を受けた建物について，建設年と構造耐震指標の関係を図3.46に示す．1971年以前に建設された建物のほとんどが構造耐震指標0.6以下であり，大破以上の被害となっている．1981年以降に建設された建物は構造耐震指標が0.6以上となっており，被害も小さいものとなっている．また，建物による構造耐震指標値の差は，1981年以降大きくなり，構造性能の建物による差が大きくなっている．

3.4 耐震補強

1968年十勝沖地震の後，被害を受けた多くの建物の補修と補強が行われたのを契機に既存鉄筋コンクリート造建築物の耐震診断法と補強法に関する研究が始められた．これらの研究は，1977年に財団法人日本特殊建築安全センター（現：財団法人日本建築防災協会）より出版された『既存建築物の耐震診断基準・耐震改修指針』に耐震改修指針としてまとめられた．さらに1978年宮城県沖地震によって，当時の耐震基準では不十分であることが明らかとなり，急速に耐震補強技術の研究が進められることになった．

1995年兵庫県南部地震では，建築物に甚大な被害が発生し，特に1971年の建築基準法改正以前に設計された建物に被害が大きかったことから，既存建築物の耐震補強の必要性が認識されることとなった．1995年12月には，耐震改修促進法が施行され，地震時の避難や復興の拠点となる公共建築物や不特定多数の人が使用する建物に耐震補強が推奨された．特に地域拠点となる小・中学校校舎の耐震補強には国からの補助もあり，全国各地で進められている．新築建物の場合には，設計の妥当性に関し建築主事の確認行為が法的に義務付けられているのに対し，耐震診断と耐震補強設計に関しては，設計の妥当性を確認する第三者機関として「耐震判定委員会」が全国に設立され，現在60を超える判定委員会が活動している．

▶ **3.4.1 耐震補強の考え方**

耐震補強は，まれに発生する大地震に対し人命の確保を目的として行われる．したがって，構造躯体の耐震安全性のみを検討するのではなく，避難路や非構造部材の落下の危険性などについても気配りを行わなければならない．特に，エキスパンションジョイントや出入口周りには注意が必要である．最近では，制振や免震装置を用いて，補強工事の軽減や大地震時の損傷低減も目的とした工事も行われるようになってきている．したがって，耐震性能の向上を目的とした工事を耐震改修と定義する場合が多い

耐震改修の考え方を表3.5に示す．また，建物の耐力と変形性能の関係を模式的に図3.47に示す．

耐震要素を増設する方法①は，建物の強度と剛性

表 3.5 耐震改修の考え方

①耐力の向上	耐震要素の増設
②靱性の向上	耐震要素の補強
③地震入力の軽減	重量軽減，エネルギー吸収能の向上

図 3.47 耐震改修の考え方

を高くすることによって，耐震目標を確保するものであり，耐震要素の変形性能を向上させる方法②では，建物の変形性能を向上させることによって耐震目標を確保するものである．建物の重量を軽くすることや建物の履歴エネルギー吸収能を大きくすることができれば，耐震目標を下げることができる．方法③はこのことを目的とした方法である．一般には，単独ではなく，いくつかの方法の組合せで建物に合った，また改修後の機能の低下をできるだけ小さくするような設計が行われる．

▶ 3.4.2 耐震改修工法選定の方針

耐震改修工法選定にあたっては，工費や工事期間，改修後の機能性などを勘案して選定しなければならない．改修工事期間中も転居することなく建物の通常使用ができた方がよく，建物外観のデザインの変更や機能の変更は少ない方がよい．歴史的建造物の場合には，外観変更がまったく認められない場合が多い．また，工事期間はできるだけ短い方がよい．

改修工事にあたっては，以下のことに留意すべきである．

① 機能への影響：動線，採光，使用性など
② 周辺環境への影響：音，振動，埃，においなど
③ 重量：基礎，下層階への柱の軸力など
④ 費用：工事費，工期など

学校の改修の場合には，夏休みなどを利用して行われるので，工期が重要視され，病院や住宅などの改修の際には居住したまま，いわゆる居ながら補強の要望が多く，その際には特に音が重要視されることとなる．

▶ 3.4.3 耐震要素の増設

a. 外部架構の増設

既存骨組の外部に骨組を増設して耐力と変形性能

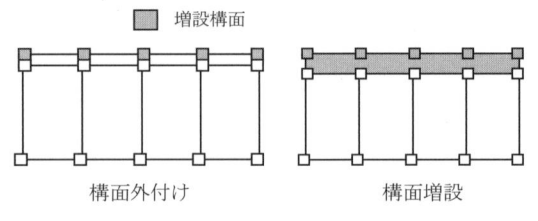

図 3.48 構面の増設

を高める構法である．既存骨組をそのままにして工事ができるので，居ながら工法として用いられる．一般に，増設構面は，ラーメン構造かブレース構面が用いられる．図 3.48 に示すように，増設構面を直接既存骨組と縫い合わせる外付け工法と新設の梁や床を介して既存骨組と接合する工法とがある．外付け工法は，スペースも必要なく工事は容易であるが，増設構面の基礎と既存基礎との取り合いが難しい．構面増設は，梁や床が新設ではなく，既存躯体のベランダ先端などに外付けする場合もある．

耐震要素が偏在する可能性もあり，この工法の採用にあたっては，重心と剛心の偏心に配慮する必要がある．

b. 壁またはブレースの増設

既存骨組の面内に耐震壁またはブレースを増設して耐力，場合によっては変形性能も，向上させる工法である．既存骨組の中に設置することができない場合には，建物の外に設けることもあり，その場合，図 3.49 に示すように構面内に控え壁として増設する工法と構面外に外付けする工法がある．壁やブレースの耐力は大きく，地震時には下階の柱に大きな軸力変動を生じる可能性があるので，壁やブレースが下階から連続するような配置計画が重要である．また，外付け工法の場合には，柱に局部的なねじれなど大きな応力が作用するので詳細な検討が必要である．

また，壁やブレースを構面内に増設する場合，いくつかの工法が提案されている．

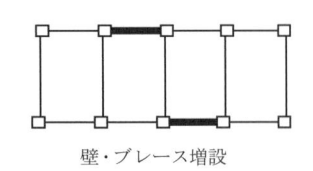

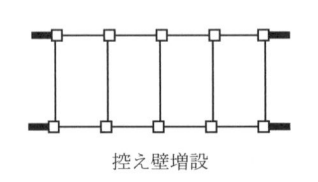

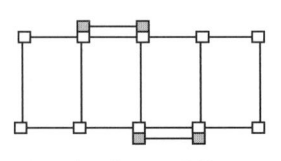

図 3.49 壁あるいはブレースの増設

図 3.50 増設耐震壁

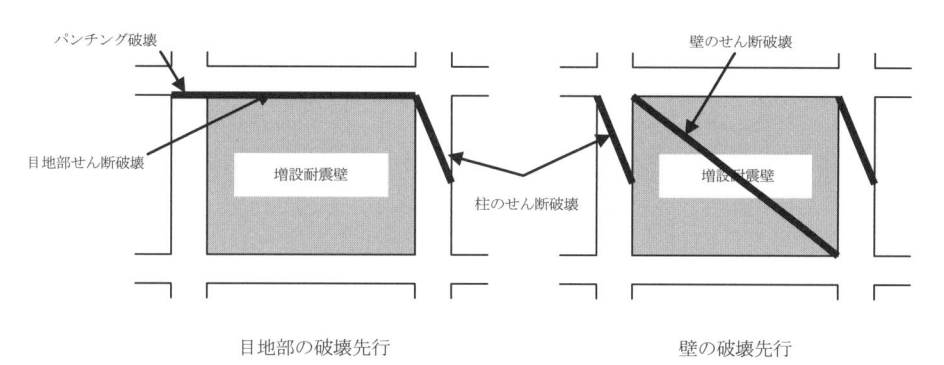

図 3.51 増設耐震壁の破壊機構

(1) 鉄筋コンクリート壁の増設

増設の耐震壁を有効に利用するためには，既存骨組との一体化を図る必要がある．既存骨組との一体化の例を図 3.50 に示す．この場合の破壊機構は，目地部の破壊先行機構と壁の破壊先行機構を考えて，耐力の低い方を破壊機構とする（図 3.51）.

後施工アンカーを打設する際には，埃と音を発生するので，工事を行っている階以外の階でも執務することは困難である．そこで，最近では，後施工アンカーを打設せずに，周辺目地部にシアキーを接着剤で貼り付けるなどの無アンカー工法が開発されている．無アンカー工法は目地部の破壊が先行し，かつ，目地部の破壊後は，増設壁の回転に伴う摩擦力だけになるので，アンカー工法に比べ同じ壁厚さでも耐力は低いものとなる．

また，耐震壁を現場で打設するのは，コンクリートの搬入方法の工夫や周辺の汚れ防止対策が必要となるので，壁板を工場で製作して搬入するプレキャスト鉄筋コンクリート壁を増設する場合もある．この場合には，新設と異なり，大きな重機が使用できないので，壁板の重量などに考慮が必要となる．

増設耐震壁を構面内に設置せずに，控え壁として建物の外に増設することもある．この場合には，建物は通常どおり使用しながら補強工事を行うことができる．図 3.52 は控え壁補強の例である．

(2) 鉄骨ブレースの増設

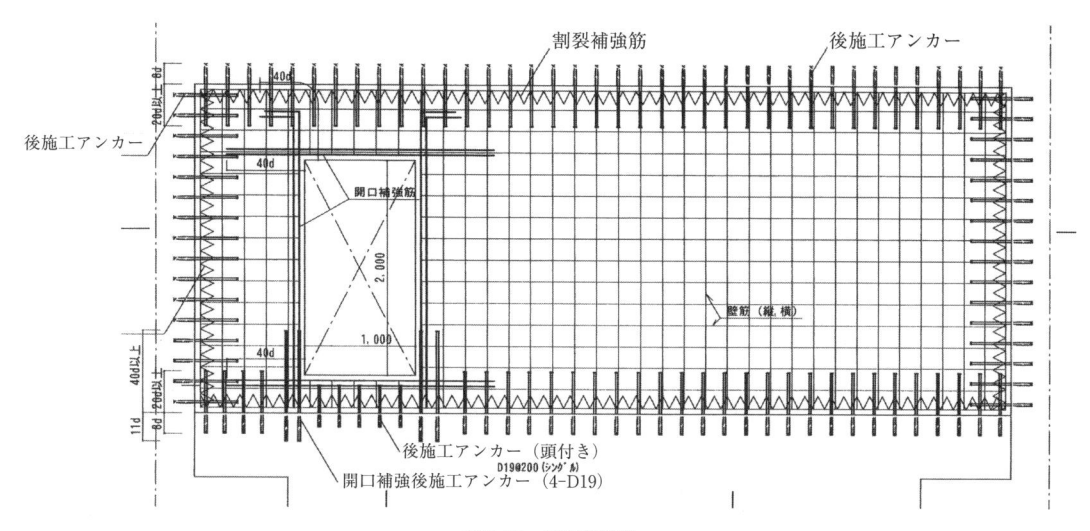

コンクリート造耐震壁の増設は，重量の増加を伴い，基礎に対する考慮や重量増に伴う地震力の増加を見込む必要があるので，軽量化を図って鉄骨のブレースを増設する工法が開発された．

鉄骨ブレース増設工法の一例を図 3.53 に示す．鉄骨枠付きのブレースを既存骨組と一体化する工法であり，後施工アンカーとモルタル充填によって一体化を図る．図 3.54 は，補強の実例である．

3.4 耐震補強

破壊機構は，図3.51に示した増設耐震壁の場合と同様である．この工法においても，後施工アンカーを打設せずに，接着剤やモルタルを圧入する，無アンカー工法とすることもある．

(3) 制振・免震装置の増設

既存建物に制振装置や免震装置を増設することによって，地震入力を低減することができる．鉄筋コンクリート造既存建物の変形性能は小さいので，制振装置を増設する場合，小さな変形でも有効に履歴吸収を行うことができる装置を用いる必要があり，また既存建物への設置方法もガタのない工法を用いる必要がある．免震装置を用いる場合，変形が大きいので，建物周辺に衝突する恐れのある障害物がないことが必要である．また工事が大掛かりになり，工費も高くなることが多い．

図3.55は，免震装置による既存建物改修例と免

全　景　　　　　　　　　控え壁取付け詳細

図3.52 控え壁補強（衣笠秀行氏提供）

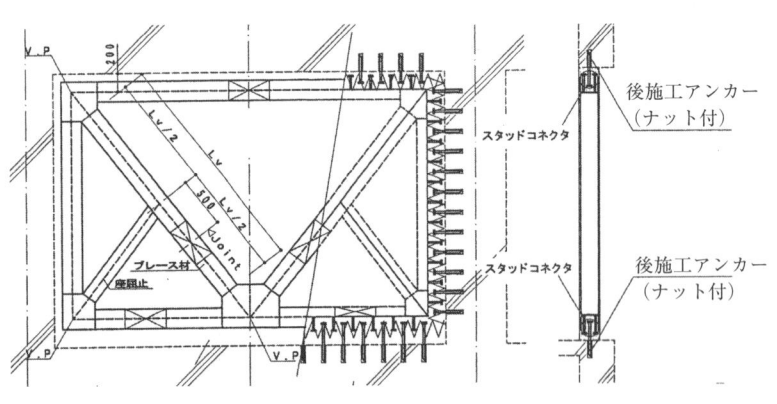

図3.53 鉄骨ブレース増設工法

図3.54 鉄骨ブレースによる補強実例

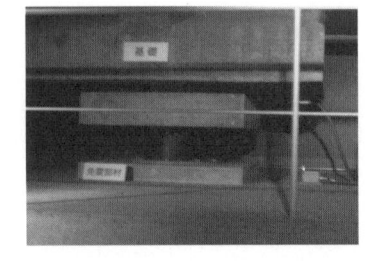

図3.55 免震による改修例とその免震装置

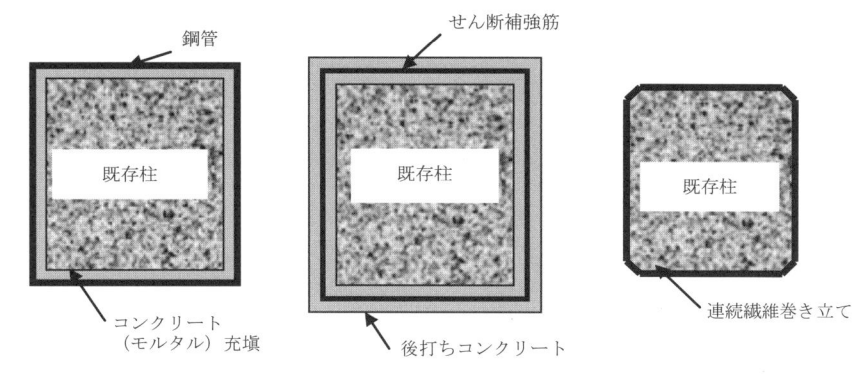

図 3.56 柱のせん断強度と変形性能の向上

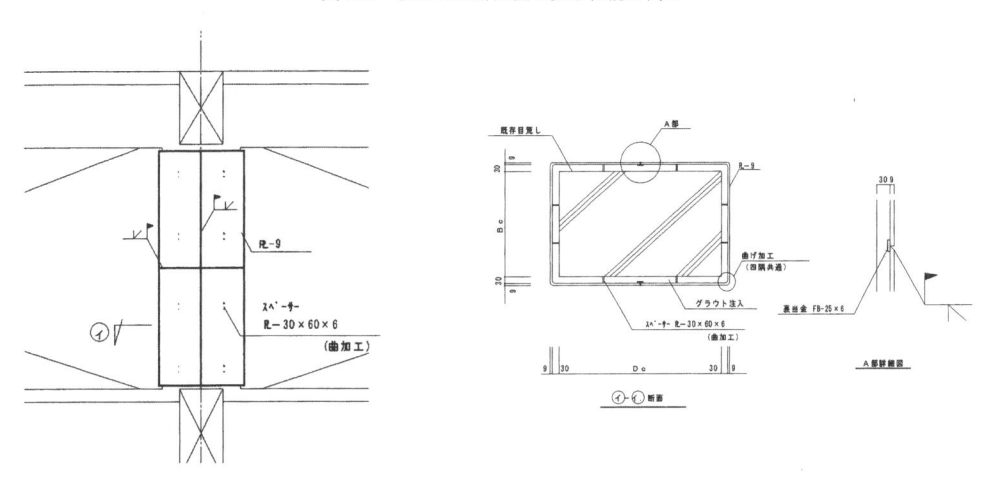

図 3.57 柱の変形性能向上

震装置の一例である.

▶3.4.4 既存耐震要素の変形性能向上

柱のせん断強度を向上させるためには，図 3.56 に示すようにせん断補強量を増す方法を用いる場合が多い．せん断補強材料として，鋼管，コンクリート＋鉄筋，連続繊維（炭素繊維を用いる場合が多い）が用いられる．

柱の材端の曲げ降伏から定まる曲げ降伏時せん断力がせん断強度を上回ると，曲げ降伏後の変形性能が向上する．一般的に，柱のせん断強度を向上させる目的は，柱の最大強度を向上させることよりも変形性能を向上させることにある場合が多い．したがって，鋼管や断面増し打ち法による柱のせん断補強は，曲げ降伏強度を変えないよう図 3.57 に示すように，両材端部を少し残して行うことが多い．

図 3.58 は，柱にせん断補強筋のみを施工した例である．せん断補強筋に若干のプレストレスを導入

図 3.58 柱のせん断補強実例

し，繰返し応力時にもせん断補強筋が脱落しないようにしている．モルタルや樹脂などを用いず，また溶接工事も用いないので，地下街など，火災に対する対策や換気が必要な場所では有効な工法である．

▶3.4.5 耐震補強実例

耐震補強は，上記工法の一工法だけによるのではなく，いくつかの組合せで用いられる場合が多い．

図3.59 地震被害とその補修補強例

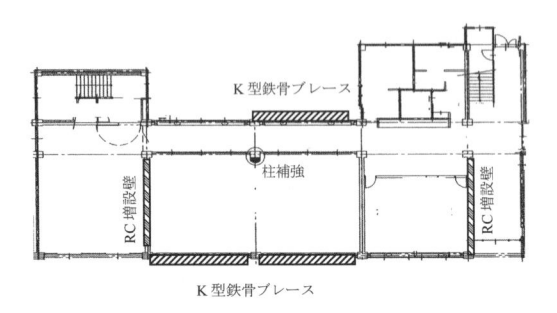

図3.60 耐震補強例

図3.59は，1995年兵庫県南部地震で被災した建物とその補強例である．層崩壊した階から上を撤去しての重量を軽減と妻面に鉄筋コンクリート壁の増設が図られている．

現在耐震補強が進んでいるのは，公立の小中学校であるが，この場合，建物の強度を向上させることが最も効果的な場合が多く，構面内の鉄筋コンクリート耐震壁の増設と鉄骨ブレースの増設が併用される．採光が必要な位置では鉄骨ブレースが，その他の場合には耐震壁の増設が用いられる．1階には出入口もあり，耐震壁が設置できない場合があるが，その場合には，柱の変形性能向上を目的としたせん断補強工法が用いられる．図3.60は鉄筋コンクリート造増設壁，鉄骨ブレース増設，鋼管巻き柱の補強を併用して小学校を耐震補強した例の1階平面図である．

参考文献

1) 石川孝重，平田京子：東京市建築條例学会案から市街地建築物法施行規則に至る構造計算にかかわる数値規定の変遷とその根拠―構造規定の成立過程に関する研究―．日本建築学会構造系論文報告集，412号，1990．
2) 大橋雄二：日本建築構造基準変遷史，日本建築センター，1993．
3) 日本建築学会関東支部：鉄筋コンクリート構造の設計，2002．
4) 構造標準委員会：1968年十勝沖地震による被害にかんがみて．建築雑誌，1月号，85-88，1969．
5) 阪神・淡路大震災調査報告編集委員会：阪神・淡路大震災調査報告―建築編1 鉄筋コンクリート造建築物―，日本建築学会，1997．
6) 国立科学博物館地震資料室ホームページ
7) 耐震問題検討小委員会：阪神・淡路大震災と今後のRC構造設計，日本建築学会，1998．
8) 日本建築防災協会：2001年改訂版既存鉄筋コンクリート造建築物の耐震診断基準・同解説，2001．
9) 日本建築防災協会：2001年改訂版既存鉄筋コンクリート造建築物の耐震改修設計指針・同解説，2001．
10) 中埜良昭，岡田恒男：信頼性理論による鉄筋コンクリート造建築物の耐震安全性に関する研究．日本建築学会構造系論文集，406号，1989．

索　引

欧　文

BCP　82
BP-B 支承　65
CF アンカー　47
PC ケーブル　69
PC 鋼材　69
PC 鋼線　55
PC 鋼より線　55
RB 工法　57, 58
RC 橋脚　35
RC 構造部材　44
RC 巻立て工法　45, 57
RC 横桁　65
RP 工法　57, 58

ア　行

アイソレート機能　70
アクリル樹脂　60
アーチ　50
後施工型せん断補強工法　48
アラミド FRP ロッド　48
アラミド繊維　46
アンカー定着　45, 46, 48
アンカー頭部　7
アンカーバー　78

維持管理性　63
一面耐震補強工法　57, 58
移動制限装置　72

ウォータージェット　47, 74
薄板多層巻き工法　57, 59
打継面　39

永久アンカー　6
液状化　76
エネルギー一定則　40
エネルギー吸収　51
エポキシ樹脂塗装鉄筋　55
縁端拡幅　79

応急復旧工法　4
応答スペクトル　36
応答塑性率　56
帯鋼板　58
帯状鋼材　18
帯鉄筋　38, 45
帯鉄筋量　38

カ　行

海底トンネル　49
外部スパイラル鋼線巻立て工法　60
拡底式後施工アンカー　47
荷重伝達機能　70
ガス圧接　74
河積阻害　54
河積阻害率　53, 60
加速度応答スペクトル　36
可動支承　61, 70
可撓性　68
かぶり　50
かぶりコンクリート　45
壁式橋脚　48
壁増設　42
嚙合せ金具　58
嚙合せ継手　58
仮締切り　52, 53
仮締切り工法　53
緩衝具　77
緩衝ゴム　77
慣性力　41
慣性力分散形式　68
慣性力分散工法　61, 66, 67
完全弾塑性型　40
函体　54
関東大震災　87

機械式鋼板継手　47
機械式継手　55
既存不適格　37
機能一体型支承　71
機能分離型支承　71
急速施工　56
強地震動　1
強地震動地震　11
橋台　43, 62, 68
強度指標　105
極限アンカー力　10

許容アンカー力　9
許容応力度設計法　38
許容せん断応力度　38

杭-鋼矢板複合基礎工法　30
空頭制限　54
グラウト　55
グラウト注入　59
グラウンドアンカー　7
　　――の維持管理　14
グラウンドアンカー工法　6
鞍がけ工法　75

形状係数　107
経年指標　108
ケーソン基礎　30
桁かかり長　43, 76, 77, 79
桁の連続化　63
ケミカルアンカー　64
限界状態設計法　38
減衰機能　70
減衰定数　36
減衰特性　36
減衰力　66
健全性調査　14
建築限界　46, 79
建築基準法　88, 92, 97
現地調査　105

コアカッターマシン　75
コアボーリング　59
鋼角ストッパー　78
鋼製函体　53
鋼製支承　70
鋼製プレート　49
鋼製ブロック　65
構造細目　56
構造耐震指標　108
拘束効果　46
鋼板巻立て工法　45-47, 57
降伏強度　58
鋼矢板　53
腰壁　101
骨材の嚙合せ　37
固定支承　61, 70
ゴム（系）支承　61, 70

固有周期　36, 40
コンクリート標準示方書　38

サ　行

災害リスク評価　31
最小帯鉄筋比　39
最小鉄筋比　38
最大相対変位　77
サイドブロック　72
座屈　45
残存引張力　14, 15
残留変形　35

支圧抵抗　22
ジオグリッド　17, 23
　　　　──と改良土を組み合わせた補強
　　　　　土壁　28
ジオグリッド補強土擁壁　24
ジオコンポジット　22, 23
ジオシンセティックス　18, 22, 24,
　　27
ジオテキスタイル　22
ジオメンブレン　23
市街地建築物法　86
軸方向鉄筋　39, 58
支承　43, 70
支承改造　64
支承部　72
　　　　タイプA, Bの──　78
地震災害タイプ　1, 3
下地処理　46
シートパイル　53
シートパイル基礎　29, 30
地盤破壊地震　1
地盤補強型基礎　31
締め付け効果　13
ジャッキアップ　74, 75
地山補強土工法　25, 26
斜面崩壊　2
受圧板　7
終局限界状態　9
沓座モルタル　73
ジョイントプロテクター　76, 79
仕様規定型設計　92
書類調査　105
震災予防調査会　86
伸縮装置　63, 67
靱性　40
靱性指標値　107
靱性率　56
深礎工法　31

新耐震　89
新耐震設計基準　95
新耐震設計法　92, 98
震度VII相当地域　92, 93

水中橋脚　53
水中不分離コンクリート　53
水平力ダンパー　64
水平力分散方式　61
スターラップ　49
ストッパー　66
すべり支承　64, 70
スリット　100

制震ストッパー　67
制震装置　51, 66
性能基本指標値　107
性能照査型設計　92
積層ゴム　70
設計遊間量　81
セラミック定着体　49
繊維目付け量　46
線支承　73
全体系を考慮した耐震補強　42, 60
せん断耐力　38
せん断破壊　35, 37, 40, 101
　　　　短柱の──　101
　　　　柱の──　93
　　　　曲げ降伏後の──　35
せん断パネル　51, 67
せん断補強鉄筋　37

層間変位　51
走行性　63
塑性域　41
塑性ヒンジ　46
塑性変形　40

タ　行

第一, 二, 三次診断法　105
耐震改修　109
耐震改修促進法　104
耐震危険度　3
耐震診断　56, 105
耐震性能　42
耐震判定委員会　109
耐震壁　50
耐震補強　81, 109
　　　　全体系を考慮した──　42, 60
耐震補強工法　6, 42
体積膨張（ダイレイタンシー）　21

タイプA, Bの支承部　78
耐力比　56
ダウアリング　25
ダウエル作用　37
多径間連続橋　61
多数アンカー工法　21, 22
垂れ壁　101
段落し　37, 39
段差防止構造　76, 78
単純桁構造　43
短繊維　29
弾塑性応答　41
炭素繊維　46, 47
短柱のせん断破壊　101
ダンパー　51, 66, 68
ダンパーストッパー　62

地下構造物　48
中間貫通帯鉄筋　45, 46
中間貫通PC鋼棒　46
中間層崩壊　95, 96
超高減衰ゴム支承　63
長周期化　36
直角フック　58

低空頭　53
低降伏点鋼（材）　51, 67
定着長　40
定着部　69
鉄筋差込工法　48
鉄道構造物等設計標準　38
テールアルメ工法　17, 21
テンションシフト　40
テンドン　9

動的解析　37
道路橋示方書　38
十勝沖地震　88
トラス理論　38

ナ　行

斜めひび割れ　37

新潟県中越地震　2, 11, 12
二次壁　100

ネイリング　8, 24, 25
ネイリング補強　26
ねじれ振動　95, 98
粘性減衰　51

濃尾地震　85
のり枠工　7

ハ　行

はく離　45
はく離破壊　46
柱のせん断破壊　93
はつり　47
阪神・淡路大震災　90, 92
ハンチ　64
半地下構造物　48
反力分散形式　61

被害調査　4
引き止め効果　13
非構造部材　101, 109
被災度区分判定　92
引張部　7
引張補強メカニズム　19
ピボット支承　70
ヒューズ論　70
兵庫県南部地震　10, 36, 73, 95
表面処理　47
ピロティ　95
ピロティ建物　95
ピン支承　70, 73

フェイルセーフ機構　41
フェイルセーフ機能　77
フェイルセーフ部材　76
復元力特性　40
部材増設　50
部材増厚　44
付着割裂破壊　104
付着破壊　101
フーチング　45
フック　45, 49, 58
部分スリット　100
ブラケット　64, 65, 75
ブリージング　39
フレアー溶接　74
ブレーカー　74

プレキャスト工法　54
プレキャスト製品　55
プレキャストパネル　54, 55
プレキャストブロック　60
フレキシブル橋脚　68
ブレース　50, 51
ブレース増設　42

変位応答スペクトル　36
変位拘束工法　42, 61, 62, 66, 68
変位制限構造　76, 78, 81
変位追随機能　70
変形性能　41
ベント工法　75

膨張コンクリート　74
補強材挿入工法　42, 44, 48
補強材被覆　42, 44
補強土壁工法　21
補強土工法　16
補強土擁壁　24, 26
補強盛土工法　21, 26
保護層　46
ボックスカルバート　48
本復旧工法　5

マ　行

マイクロパイリング　25
巻立て工法　43, 44
巻立て補強　64
曲げ降伏後のせん断破壊　35
曲げせん断破壊　35
曲げ破壊　35, 40, 101
曲げ引張破壊　37
摩擦圧接　49
増し杭工法　50
間詰めコンクリート　56

密閉ゴム支承板支承　65
密閉支承版支承　70
宮城県沖地震　89

目粗し　47
免震　36
免震化工法　42
免震構造　41
免震工法　41, 60, 63, 64
免震支承　41, 61

モーメントシフト　40
モーメント分布　56
門形フレーム　56, 68

ヤ　行

山崩れ・地すべり地震　1, 2, 11

遊間付きストッパー　67

要求性能　31

ラ　行

落橋　70
落橋防止構造　42, 76, 77, 80, 81
落橋防止システム　41, 42, 76, 79
落橋防止装置　42
ラーメン高架橋　56

リフトオフ試験　14, 15
流動化　76
履歴減衰　51

レベル1地震　79
連続繊維シート巻立て工法　45, 46
連続中空床版橋　63
連続箱桁橋　63

ロックボルト　8, 9, 18
ローラー支承　70, 73

ワ　行

ワイヤーソー　74, 75

編集者略歴

二羽 淳一郎
（に わ じゅんいちろう）

1956年　金沢市に生まれる
1983年　東京大学大学院土木工学専攻博士課程修了
現　在　東京工業大学大学院理工学研究科・教授
　　　　工学博士

シリーズ〈都市地震工学〉5

都市構造物の耐震補強技術　　　　　定価はカバーに表示

2012年10月10日　初版第1刷

編集者	二　羽　淳一郎
発行者	朝　倉　邦　造
発行所	株式会社　朝倉書店

東京都新宿区新小川町 6-29
郵便番号　162-8707
電話　03（3260）0141
FAX　03（3260）0180
http://www.asakura.co.jp

〈検印省略〉

© 2012〈無断複写・転載を禁ず〉　　　印刷・製本　東国文化

ISBN 978-4-254-26525-5　C 3351　　Printed in Korea

JCOPY　〈(社)出版者著作権管理機構　委託出版物〉

本書の無断複写は著作権法上での例外を除き禁じられています．複写される場合は，そのつど事前に，(社) 出版者著作権管理機構（電話 03-3513-6969, FAX 03-3513-6979, e-mail: info@jcopy.or.jp）の許諾を得てください．

前東大 茂木清夫著
地 震 の は な し
10181-2 C3040　　　　A5判 160頁 本体2900円

地震予知連会長としての豊富な体験から最新の地震までを明快に解説。〔内容〕三宅島の噴火と巨大群発地震／西日本の大地震の続発（兵庫，鳥取，芸予）／地震予知の可能性／東海地震問題／首都圏の地震／世界の地震（トルコ，台湾，インド）

前東大 岡田恒男・前京大 土岐憲三編
地 震 防 災 の は な し
―都市直下地震に備える―
16047-5 C3044　　　　A5判 192頁 本体2900円

阪神淡路・新潟中越などを経て都市直下型地震は国民的関心事でもある。本書はそれらへの対策・対応を専門家が数式を一切使わず正確に伝える。〔内容〕地震が来る／どんな建物が地震に対して安全か／街と暮らしを守るために／防災の最前線

東京海洋大 刑部真弘著
エ ネ ル ギ ー の は な し
―熱力学からスマートグリッドまで―
20146-8 C3050　　　　A5判 132頁 本体2400円

日常の素朴な疑問に答えながら，エネルギーの基礎から新技術までやさしく解説。陸電，電気自動車，スマートメーターといった最新の話題も豊富に収録。〔内容〕簡単な熱力学／燃料の種類／ヒートポンプ／自然エネルギー／スマートグリッド

西川孝夫・北山和宏・藤田香織・隈澤文俊・荒川利治・山村一繁・小寺正孝著
シリーズ〈建築工学〉2
建 築 構 造 の 力 学
26872-0 C3352　　　　B5判 144頁 本体3200円

初めて構造力学を学ぶ学生のために，コンピュータの使用にも配慮し，やさしく，わかりやすく解説した教科書。〔内容〕力とつり合い／基本的な構造部材の応力／応力度とひずみ度／骨組の応力と変形／コンピュータによる構造解析／他

前首都大 西川孝夫・明大 荒川利治・工学院大 久田嘉章・早大 曽田五月也・戸田建設 藤堂正喜著
シリーズ〈建築工学〉3
建 築 の 振 動
26873-7 C3352　　　　B5判 120頁 本体3200円

建築構造物の揺れの解析について，具体的に，わかりやすく解説。〔内容〕振動解析の基礎／単純な1自由度系構造物の解析／複雑な構造物（多自由度系）の振動／地震応答解析／耐震設計の基礎／付録：シミュレーション・プログラムと解説

西川孝夫・荒川利治・久田嘉章・曽田五月也・藤堂正喜・山村一繁著
シリーズ〈建築工学〉4
建 築 の 振 動 ―応用編―
26874-4 C3352　　　　B5判 164頁 本体3500円

耐震設計に必須の振動理論を，構造分野を学んだ方を対象に，原理がわかるように丁寧に解説。〔内容〕振動測定とその解析／運動方程式の数値計算法／動的耐震計算／地盤と建物の相互作用／環境振動／地震と地動／巻末にプログラムを掲載

京大 宮川豊章・岐阜大 六郷恵哲編
土 木 材 料 学
26162-2 C3051　　　　A5判 248頁 本体3600円

コンクリートを中心に土木材料全般について，原理やメカニズムから体系的に解説するテキスト。〔内容〕基本構造と力学的性質／金属材料／高分子材料／セメント／混和材料／コンクリート（水，鉄筋腐食，変状，配合設計他）／試験法／他

渡邉史夫・窪田敏行・岡本晴彦・倉本洋・金尾伊織著
新版 鉄筋コンクリート構造
26639-9 C3052　　　　A5判 200頁 本体3200円

構造が苦手な初学者に向け，基本原理に重点をおいて解説した，ていねいな教科書。豊富な図解と例題で理解を助ける。〔内容〕材料／曲げと軸力／せん断／耐震壁／床スラブ／基礎／プレストレストコンクリート構造／プレキャスト構造／他

足利工大 宮澤伸吾・愛知工大 岩月栄治・愛媛大 氏家 勲・中央大 大下英吉・東海大 笠井哲郎・法政大 溝渕利明著
基礎から学ぶ 鉄筋コンクリート工学
26154-7 C3051　　　　A5判 184頁 本体3000円

鉄筋コンクリート構造物の設計を行うために必要な基礎的能力の習得をめざした教科書。〔内容〕序論／鉄筋コンクリートの設計法／材料特性／曲げを受ける部材／せん断力を受ける部材／軸力と曲げを受ける部材／構造細目／付録：問題・解答

大塚浩司・庄谷征美・外門正直・小出英夫・武田三弘・阿波 稔著
コ ン ク リ ー ト 工 学 （第2版）
26151-6 C3051　　　　A5判 184頁 本体2800円

基礎からコンクリート工学を学ぶための定評ある教科書の改訂版。コンクリートの性質理解のためわかりやすく体系化。〔内容〕歴史／セメント／骨材・水／混和材料／フレッシュコンクリート／強度／弾性・塑性・体積変化／耐久性／配合設計

東工大 大即信明・金沢工大 宮里心一著
朝倉土木工学シリーズ1
コ ン ク リ ー ト 材 料
26501-9 C3351　　　　A5判 248頁 本体3800円

性能・品質という観点からコンクリート材料を体系的に展開する。また例題と解答例も多数掲載。〔内容〕コンクリートの構造／構成材料／フレッシュコンクリート／硬化コンクリート／配合設計／製造／施工／部材の耐久性／維持管理／解答例

芝浦工大 魚本健人著
コンクリート診断学入門
―建造物の劣化対策―
26147-9 C3051　　　　B5判 152頁 本体3600円

「危ない」と叫ばれ続けているコンクリート構造物の劣化診断・維持補修を具体的に解説。診断ソフトの事例付。〔内容〕コンクリート材料と地域性／配合の変化／非破壊検査／鋼材腐食／補強工法の選定と問題点／劣化診断ソフトの概要と事例／他

前東大 岡田恒男・前京大 土岐憲三編 **地 震 防 災 の 事 典** 16035-2　C3544　　　　A 5 判　688頁　本体25000円	〔内容〕過去の地震に学ぶ／地震の起こり方(現代の地震観，プレート間・内地震，地震の予測)／地震災害の特徴(地震の揺れ方，地震と地盤・建築・土木構造物・ライフライン・火災・津波・人間行動)／都市の震災(都市化の進展と災害危険度，地震危険度の評価，発災直後の対応，都市の復旧と復興，社会・経済的影響)／地震災害の軽減に向けて(被害想定と震災シナリオ，地震情報と災害情報，構造物の耐震性向上，構造物の地震応答制御，地震に強い地域づくり)／付録
京都大学防災研究所編 **防 災 学 ハ ン ド ブ ッ ク** 26012-0　C3051　　　　B 5 判　740頁　本体32000円	災害の現象と対策について，理工学から人文科学までの幅広い視点から解説した防災学の決定版。〔内容〕総論(災害と防災，自然災害の変遷，総合防災的視点)／自然災害誘因と予知・予測(異常気象，地震，火山噴火，地表変動)／災害の制御と軽減(洪水・海象・渇水・土砂・地震動・強風災害，市街地火災，環境災害)／防災の計画と管理(地域防災計画，都市の災害リスクマネジメント，都市基盤施設・構造物の防災診断，災害情報と伝達，復興と心のケア)／災害史年表
西林新蔵・小柳　洽・渡邉史夫・宮川豊章編 **コンクリート工学ハンドブック** 26013-7　C3051　　　　B 5 判　1536頁　本体65000円	1981年刊行で，高い評価を受けた「改訂新版コンクリート工学ハンドブック」の全面改訂版。多様化，高性能・高機能化した近年のめざましい進歩・発展を取り入れ，基礎から最新の成果までを網羅して，内容の充実・一新をはかり，研究者から現場技術者に至る広い範囲の読者のニーズに応える。21世紀をしかと見据えたマイルストーンとしての役割を果たす本。〔内容〕材料編／コンクリート編／コンクリート製品編／施工編／構造物の維持，管理と補修・補強／付：実験計画法
前京大 嘉門雅史・前東工大 日下部治・岡山大 西垣　誠編 **地盤環境工学ハンドブック** 26152-3　C3051　　　　B 5 判　568頁　本体23000円	「安全」「防災」がこれからの時代のキーワードである。本書は前半で基礎的知識を説明したあと，緑地・生態系・景観・耐震・耐振・道路・インフラ・水環境・土壌汚染・液状化・廃棄物など，地盤と環境との関連を体系的に解説。〔内容〕地盤を巡る環境問題／地球環境の保全／地盤の基礎知識／地盤情報の調査／地下空間環境の活用／地盤環境災害／建設工事に伴う地盤環境問題／地盤の汚染と対策／建設発生土と廃棄物／廃棄物の最終処分と埋め立て地盤／水域の地盤環境／付録
防災科学研 岡田義光編 **自 然 災 害 の 事 典** 16044-4　C3544　　　　A 5 判　708頁　本体22000円	〔内容〕地震災害－観測体制の視点から(基礎知識・地震調査観測体制)／地震災害－地震防災の視点から／火山災害(火山と噴火・災害・観測・噴火予知と実例)／気象災害(構造と防災・地形・大気現象・構造物による防災・避難による防災)／雪氷環境防災(雪氷環境防災・雪氷災害)／土砂災害(顕著な土砂災害・地滑り分類・斜面変動の分布と地帯区分・斜面変動の発生原因と機構・地滑り構造・予測・対策)／リモートセンシングによる災害の調査／地球環境変化と災害／自然災害年表
工学院大 長澤　泰・東大 神田　順・東大 大野秀敏・東大 坂本雄三・東大 松村秀一・東大 藤井恵介編 **建 築 大 百 科 事 典** 26633-7　C3552　　　　B 5 判　720頁　本体28000円	「都市再生」を鍵に見開き形式で構成する新視点の総合事典。ユニークかつ魅力的なテーマを満載。〔内容〕安全・防災(日本の地震環境，建築時の労働災害，シェルター他)／ストック再生(建築の寿命，古い建物はどこまで強くなるのか？他)／各種施設(競技場は他に何に使えるか？，オペラ劇場の舞台裏他)／教育(豊かな保育空間をつくる，21世紀のキャンパス計画他)／建築史(ルネサンスとマニエリスム，京都御所他)／文化(場所の記憶－ゲニウス・ロキ，能舞台，路地の形式他)／他

東工大 山中浩明編 シリーズ〈都市地震工学〉2 **地震・津波ハザードの評価** 26522-4 C3351　B5判 144頁 本体3200円	地震災害として顕著な地盤の液状化と津波を中心に解説。〔内容〕地震の液状化予測と対策（形態，メカニズム，発生予測）／津波ハザード（被害と対策，メカニズム，シミュレーション）／設計用ハザード評価（土木構造物の設計用入力地震動）
東工大 林 静雄編 シリーズ〈都市地震工学〉4 **都市構造物の耐震性** 26524-8 C3351　B5判 104頁 本体3200円	都市を構成する構造物の耐震性を部材別に豊富な事例で詳説〔内容〕鋼構造物（地震被害例／耐震性能他）／鉄骨造建築（地震被害例／耐震性能）／鉄筋コンクリート造建築（歴史／特徴／耐震設計概念他）／木質構造物（接合部の力学的挙動他）
東工大 竹内 徹編 シリーズ〈都市地震工学〉6 **都市構造物の損害低減技術** 26526-2 C3351　B5判 128頁 本体3200円	都市を構成する建築物・橋梁等が大地震に遭遇する際の損害を最小限に留める最新技術を解説。〔内容〕免震構造（モデル化／応答評価他）／制震構造（原理と多質点振動／制震部材／一質点系応答他）／耐震メンテナンス（鋼材の性能／疲労補修他）
東工大 大野隆造編 シリーズ〈都市地震工学〉7 **地　震　と　人　間** 26527-9 C3351　B5判 128頁 本体3200円	都市の震災時に現れる様々な人間行動を分析し、被害を最小化するための予防対策を考察。〔内容〕震災の歴史的・地理的考察／特性と要因／情報とシステム／人間行動／リスク認知とコミュニケーション／安全対策／報道／地震時火災と避難行動
東工大 翠川三郎編 シリーズ〈都市地震工学〉8 **都市震災マネジメント** 26528-6 C3351　B5判 160頁 本体3800円	都市の震災による損失を最小限に防ぐために必要な方策をハード，ソフトの両面から具体的に解説〔内容〕費用便益分析にもとづく防災投資評価／構造物の耐震設計戦略／リアルタイム地震防災情報システム／地震防災教育の現状・課題・実践例
前防災科学研 水谷武司著 **自然災害の予測と対策** —地形・地盤条件を基軸として— 16061-1 C3044　A5判 320頁 本体5800円	地震・火山噴火・気象・土砂災害など自然災害の全体を対象とし、地域土地環境に主として基づいた災害危険予測の方法ならびに対応の基本を、災害発生の機構に基づき、災害種類ごとに整理して詳説し、モデル地域を取り上げ防災具体例も明示
東大 平田　直・東大 佐竹健治・東大 目黒公郎・前東大 畑村洋太郎著 **巨 大 地 震・巨 大 津 波** —東日本大震災の検証— 10252-9 C3040　A5判 208頁 本体2600円	2011年3月11日に発生した超巨大地震・津波を、現在の科学はどこまで検証できるのだろうか。今後の防災・復旧・復興を願いつつ、関連研究者が地震・津波を中心に、現在の科学と技術の可能性と限界も含めて、正確に・平易に・正直に述べる。
前東工大 三木千壽著 **橋 梁 の 疲 労 と 破 壊** —事例から学ぶ— 26159-2 C3051　B5判 228頁 本体5800円	新幹線・高速道路などにおいて橋梁の劣化が進行している。その劣化は溶接欠陥・疲労強度の低さ・想定外の応力など、各種の原因が考えられる。本書は国内外の様々な事故例を教訓に合理的なメンテナンスを求めて圧倒的な図・写真で解説する
京大 宮川豊章総編集 東工大 大即信明・理科大 清水昭之・前大林組 小柳光生・東亜建設工業 守分敦郎・中日本高速道路 上東　泰編 **コンクリート補修・補強ハンドブック** 26156-1 C3051　B5判 664頁 本体26000円	コンクリート構造物の塩害や凍害等さまざまな劣化のメカニズムから説き起こし、剥離やひび割れ等の劣化の診断・評価・判定、測定手法を詳述。実務現場からの有益な事例、失敗事例を紹介し、土木・建築双方からアプローチする。土木構造物では、橋梁・高架橋、港湾構造物、下水道施設、トンネル、ダム、農業用水路等、建築構造物では集合住宅、工場・倉庫、事務所・店舗等の一般建築物に焦点をあて、それぞれの劣化評価法から補修・補強工法を写真・図を多用し解説
日大 首藤伸夫・東大 佐竹健治・秋田大 松冨英夫・東北大 今村文彦・東北大 越村俊一編 **津　波　の　事　典** 〔縮刷版〕16060-4 C3544　四六判 368頁 本体5500円	メカニズムから予測・防災まで、世界をリードする日本の研究成果の初の集大成。コラム多数収載。〔内容〕津波各論（世界・日本，規模・強度他）／津波の調査（地質学，文献，痕跡，観測）／津波の物理（地震学，発生メカニズム，外洋，浅海他）／津波の被害（発生要因，種類と形態）／津波予測（発生・伝播モデル，検証，数値計算法，シミュレーション他）／津波対策（総合対策，計画津波，事前対策）／津波予警報（歴史，日本・諸外国）／国際的連携／津波年表／コラム（探検家と津波他）

上記価格（税別）は 2012 年 8 月現在